普通高等教育卓越数学教师教育丛书

数学教育研究方法

叶立军　编著

科 学 出 版 社

北　京

内 容 简 介

本书较为全面地介绍了数学课题研究的前期准备、课题申报立项工作、课题实施的详细过程、具体工作、具体研究方法及其课题研究成果的表述等问题。同时，详细介绍了数学教育研究方法，还介绍了论文写作规范，各种论文写作的方法、选题的途径，并配备了案例加以说明。

本书立意新颖，取材精炼，通俗实用，有较强的科学性、理论性、实用性和可操作性。本书适应当前数学课程改革的需要，对数学教师从事数学教育研究有很好的指导意义。

本书适合中小学数学教师、教研员阅读，可作为高等师范院校本科生、课程与教学论数学教育专业研究生以及教育硕士的教材或参考书，也可作为数学教师培训教材。

图书在版编目（CIP）数据

数学教育研究方法/叶立军编著. —北京：科学出版社，2017.12

（普通高等教育卓越数学教师教育丛书）

ISBN 978-7-03-054642-5

Ⅰ. ①数… Ⅱ. ①叶… Ⅲ. ①数学教学-教学研究-高等学校 Ⅳ. ①G807.4

中国版本图书馆 CIP 数据核字（2017）第 237749 号

责任编辑：石 悦 滕亚帆 / 责任校对：桂伟利

责任印制：张 伟 / 封面设计：华路天然工作室

科学出版社 出版

北京东黄城根北街 16 号

邮政编码：100717

http://www.sciencep.com

固安县铭成印刷有限公司 印刷

科学出版社发行 各地新华书店经销

*

2017 年 12 月第 一 版 开本：787×1092 1/16

2022 年 11 月第四次印刷 印张：12 3/4

字数：300 000

定价：36.00 元

（如有印装质量问题，我社负责调换）

丛 书 序

“国家兴衰在于教育，教育好坏在于教师”，高质量的教育取决于高质量的教师，教师是创造未来的关键。随着基础教育改革的深入，迫切需要能胜任基础教育改革的师资，加强师资队伍建设，保证教育质量是基础教育改革成功的关键。

基础教育改革迫切需要一大批卓越教师，如何培养卓越教师以适应新课程改革的需要，已经成为社会关注的热点话题。2010 年 6 月，教育部联合有关部门和行业协会共同实施“卓越工程师教育培养计划”。2012 年，教育部、国家发展和改革委员会、财政部出台《关于深化教师教育改革的意见》，提出要实施卓越教师培养计划，推进教师培养模式改革，建立高等学校与地方政府、中小学（幼儿园、中等职业学校）联合培养教师的新机制。高师院校相继申报“卓越教师培养体制改革试点项目方案”。2014 年 8 月，教育部颁布《关于实施卓越教师培养计划的意见》。同年 12 月，教育部办公厅公布卓越教师培养计划改革项目通知。

然而，随着高等教育改革的深入，应用型、综合性成为高等学校的主旋律，师范院校争相脱去师范帽子，不少高师院校纷纷向综合性大学转型。地方师范院校转型后，教师教育专业被淡化或者被削弱，许多师范院校远离中小学实践，致使师范性缺失，教师培养质量降低。

针对这一现象，在浙江省数学教学指导委员会的指导下，杭州师范大学、湖州师范学院、温州大学、绍兴文理学院、台州学院、赣南师范大学等地方高院校以提高中学数学教师质量为目的，联合开展了数学教育核心课程建设和教学改革研究。十多年来，建成国家级精品资源共享课程 2 门、省级精品课程 3 门，出版各类教材 20 多部，其中，国家级规划教材 1 部、省重点教材 3 部、浙江省“十二五”优秀教材 2 部。

同时，积极开展了以培养提高数学教师培养质量的教学改革，先后开展省级教学改革项目 10 多项。构建了以高校教授、基础教育专家、一线教师协同育人的 PET 模式，实现了高校、基础教育共赢，每年受益学生达上万人，产生了良好的示范和辐射作用。2016 年，杭州师范大学、湖州师范学院等学校联合申报的成果“课程改革背景下地方高师院校数学教育课程群建设及教学改革的实践探索”获得浙江省高等教育教学成果一等奖。

教材是人类知识及其精神产品的精华，是学校教育资源目标的重要载体，也是教学的重要资源。高校教材是课程体系和教学内容改革的落脚点，只有将编、选、用三者有机结合,才能充分发挥教材在培养人才中的重要作用。

经过十多年的实践表明，以高校优质教学资源共享为途径，构建高师数学专业“3+X”课程体系，并依托高质量课程、高水平教材、高层次项目，着力推进数学教育课程群建设及教学改革，实施校地共育、多校联动，开展合作研究、协同育人，培养卓越中学数学教师，为基础教育提供强有力的人才支撑，显得尤为有效。

为此，在广泛调研并征求广大专家、一线教师的意见基础上，我们编写了本套丛书，旨在探讨教师教育新的培养模式，大力推进教师教育改革，提高师范生的学习能力、实践能力和创新能力，建立一套具有开拓性和探索性的创新教材体系，培养乐教适教的高素质教师，从而为中学培养卓越数学教师。

本套丛书以《教师教育课程标准（试行）》和《中小学和幼儿园教师资格考试标准及大纲（试行）》为依据，侧重对师范生学习能力、实践能力和创新能力的培养，提倡探索案例教学、项目教学等新的教学模式，形成“开放、研究、探索、创新”的教学机制，并结合各高校“教师教育培养计划”的教学方案来建设对应课程的教材。在编写过程中，努力形成了如下的特色：①在教材中融入优秀中学教育教学案例；②满足相关专业规范及专业标准；③要将学科前沿知识、课程改革和教育研究最新成果充实到教学内容中，编写内容要强化学生的教学实践能力。

本套丛书由杭州师范大学叶立军教授担任主编，负责策划，湖州师范学院、台州学院、赣南师范大学等学校教师参与编写工作。

本套丛书适合中小学数学教师、教研员阅读，可作为高等师范院校本科生、课程与教学论和数学教育专业研究生以及教育硕士的教材或参考书，也可作为数学教师培训教材。

本套丛书在编撰的过程中，吸收了许多专家学者的著作和研究成果，在此深表衷心的感谢，也感谢科学出版社石悦编辑为本套丛书付出的辛勤劳动。

同时，由于作者学识有限、时间仓促，书中难免有不当之处，恳请各位专家、广大师生批评指正。

叶立军

2017 年 6 月于杭州师范大学

前　言

《教师教育课程标准（试行）》指出，教师教育课程的目标需要从“教书匠”的训练走向“教育家”的成长，彰显当代理想教师——反思性实践家的专业属性。苏霍姆林斯基曾经说过：“如果你想让教育工作给教师带来乐趣，使每天上课不致成为一种枯燥而单调的义务和程序，那你就要引导每一个教师走上从事科学的教育研究这条路上来。”让教师学会反思，学会研究。

随着数学课程改革的不断深入，人们在关注教学质量的同时也更重视教师的教学水平和开展教育科研的能力，对教师提出不仅是教育者而且是研究者的要求。当前，广大中小学数学教师教学研究的热情高涨，申报课题、撰写教学研究论文的愿望强烈。但是，我从 20 多年的教师培训工作中，感受到中小学数学教师有着丰富的教学经验，数学教科研上存在“畏难”与“困惑”，究其原因，缺乏必要的数学教育研究方法。为此，我们编写了这本书，为中小学数学教师开展教学、科研提供指导和参考。

本书的特点如下：

针对性。我们发现，不少中小学数学教师在教学、科研上有强烈的愿望和迫切的需求，但也存在着诸多困惑，不知如何开展课题研究，缺乏一定的写作基础。本书从中小学数学教师应怎样开展数学教育研究出发，详细介绍了数学教育研究方法、如何开展课题研究、如何叙述研究成果，给中小学数学教师开展数学教育研究提供了思路、方法。

实用性。根据中小学数学教师开展数学教育研究的需要，结合数学教育课题研究和论文写作的体会，选择中小学数学教育中具有代表性的素材，注重典型案例的分析，启发中小学数学教师要从自身教学研究做起，从解决教学实践中的问题入手，研究数学教学中的现象与规律。

可操作性。本书各章节重点阐述“如何开展研究”“如何阐述研究成果”，在确保研究结果科学性的前提下，侧重于介绍研究方法的可操作性、研究的规范性。

本书由杭州师范大学叶立军策划、编撰，董婷婷等参与编写工作，其中，余萍参与了第一章，吴芬芬参与了第二章、第四章第一节，徐丽参与了第三章、第五章第二节，陈丽媚参与了第四章第二节、第六章，周巧巧参与了第四章第五节，叶青文参与了第四章第三节，董婷婷参与了第五章第一节，祝贺参与了第五章第三节、第四节。

感谢科学出版社石悦责任编辑为本书付出的辛勤劳动。

本书在编撰的过程中，吸收了许多专家学者的著作和研究成果，在此深表衷心的感谢。

由于本书作者学识有限，时间仓促，书中难免有不当之处，恳请各位专家、广大师生批评指正。

叶立军

2017 年 5 月于杭州师范大学

目　　录

第一章　数学教育研究概述

学校教育教学研究就其本质而言，就是要为教育教学改革、提高教育教学质量、提升教育管理和育人水平提供理论支撑。通过数学教育研究，我们可以探索科学有效的数学教育教学方法，促进数学教学质量和育人水平的提高，提升教师的理论素养。

近年来，随着数学课程的不断改革和实施，数学教师不但要了解数学课程的发展，了解新课程的理念和具体的教学要求，还要在课程的实施过程中开展相关的研究工作——研究课程的内容和特点，研究数学教学规律，研究学生的学习特点和规律。数学教师不但要上好每一堂课，还要努力成为新时代研究型教师。

在教师的专业成长过程中，数学教育研究显得尤为重要。苏霍姆林斯基曾说过："如果你想让教育工作给教师带来乐趣，使每天上课不致成为一种枯燥而单调的义务和程序，那你就要引导每一个教师走上从事科学的教育研究这条路上来。"由此可见，教育研究是科学研究中的一个特定领域，是学校科研工作中的一个经常而重要的方面。为了全面深化教育改革，提高教育质量，必须以提高课堂教学为中心，以科研促教学，促进数学教育教学改革，提升数学教育质量。

第一节　数学教育研究相关概念

一、科学研究

"研究"（《辞海》）：钻研，推究。今谓用科学方法探求事物的本质和规律。研，是钻研，是分析观察事物。究，是推究，究规律，究真理，究内在联系。

所谓科学研究，是指人们根据一定的条件，运用正确的观点和方法，去探求事物的客观规律性，从而使人们获得新知识的认识过程。其本质特征是创造性。科学研究既要重视设计程序，具有验证性；又要重视逻辑关系，具有逻辑性。因此，科学研究就是在收集事实的基础上，提出假设，编制研究方案，按照研究方案收集资料，然后分析资料，整理结果，进行定性定量分析，进而将规律系统化，形成科学理论。

科学研究的分类很多，可以根据研究对象、性质、结构、需要、用途等进行分类。从研究性质上，我国对文科研究常分为理论问题研究和实际问题研究两类；对理科研究常分为基础研究、应用研究和开发研究三类。对此，联合国教科文组织所编的《科学与技术统计资料指南》一书中对后三类研究的定义如下。

基础研究：指在增加科学、技术知识和发现新的探索领域的任何创造性活动，而不考虑任何特定的实际目的。

应用研究：指任何在增加科学、技术知识的创造性的系统活动，但它常考虑到某一特定的实际目标。

开发研究：指运用基础研究和应用研究及实验的知识，为了推广新材料、新产品、新设计等进行的系统的创造性活动。

二、教育研究

教育科学研究简称教育研究，是科学研究的组成部分，每个研究者观察的角度不同，强调的侧重点也不同，因此教育科学研究的概念也存在着分歧。有学者认为，教育研究是“人们自觉地采用科学的方法对教育问题进行观测、分析和了解，从而发现教育现象之间本质联系与规律的认识过程”①；有学者认为，教育研究是“人们有目的、有计划、系统地采用严格而科学的方法，研究教育科学的知识体系，认识教育现象，探索与发现教育与人的全面发展、教育与社会进步的客观规律，深化教育改革，提高教育质量的创造性认识活动②”；有学者认为，教育研究是“一种特殊的生产活动，其产品是精神产品——教育科学知识，其本质内涵是以创新为前提的精神生产”③；有学者认为，教育研究是“采用系统的方法来研究教育问题的活动”④。我国学者裴娣娜教授将教育研究总结如下：教育研究是按照某种途径，有组织、有计划、有系统地认识教育现象和构建教育理论的过程，它是以教育问题为研究对象，运用科学的研究方法，遵循一定的研究程序，收集、整理和分析有关资料，以获得教育规律为目标的过程⑤。

综上所述，我认为教育科学研究是以教育科学理论为武器，本着科学严谨的态度，有目的、有计划、有组织、有系统的研究方法，它以发现与认识教育的现象之间、事物之间的内在和本质的联系与规律为目的，是通向教育改革和发展的桥梁。它既是一种十分复杂的实践活动，又是一种创造性的认识活动。因此，教育研究以教育教学作为研究对象，同其他科学研究一样，实践观察和理论思维是构成教育科学研究的两大基本要素。

根据不同的目的、内容和标准，对教育科学研究进行多种划分。例如，按教育科学研究的领域划分，可分为基础研究、应用研究与开发研究；按照教育科学研究的范围划分，可分为宏观研究、中观研究、微观研究；按照教育科学研究的层次划分，可分为阐述性研究、综述性研究、创造性研究；按照教育科学研究的时序划分，可以分为历史研究、现实研究、预测研究；按照教育科学研究的方式划分，可以分为理论研究、实验研究、追因研究、调查研究等等。以上各种不同的研究，构成了多元的教育科学研究类型结构体系。这种结构是教育科学研究客观规律的反映，正确掌握教育科学研究类型，对于认识和开展教育科学研究活动，认识和管理科研工作，具有重要的指导作用。

三、数学教育研究

（一）数学教育研究内涵

数学教育研究是教育研究的一个重要分支。数学教育是交叉学科，数学教育研究既

---

① 王坦，张志勇．现代教育科研：原理·方法·案例[M]．青岛：中国海洋大学出版社，1998：9-10.
② 杨丽珠．教育科学研究方法[M]．大连：辽宁师范大学出版社，1995：10.
③ 喻立森．教育科学研究通论[M]．福州：福建教育出版社，2001：31-32.
④ 郑金洲，陶保平，孔企平．学校教育研究方法[M]．北京：教育科学出版社，2003：18.
⑤ 裴娣娜．教育研究方法导论[M]．合肥：安徽教育出版社，1997：3-4.

区别于数学理论研究，又区别于教育理论研究。进行数学教育研究，既要有比较踏实的数学基础，对数学的历史、现状和发展有较好的了解，又要有较多的教育实践，懂得较深广的教育理论和较丰富的教育经验。数学教育研究是数学教育领域内一种有目的、有计划研究数学教学规律的创造性活动。研究活动的开展对全面提高数学教育工作者的素质、提高数学教育质量、促进学生的数学思维具有重要作用。

数学教育研究一般需要经过发现问题、了解情况、深入思考、实践探索、总结提高以及推广普及的科学研究过程。

（二）数学教育研究现状

数学教育研究的内涵十分丰富，不可误解为教学研究或教材教法研究。数学教育研究应该包含数学教育思想、数学教育观念、数学教学论、数学学习论、数学方法论、数学课程论、现代数学教育技术与手段、数学教学评估与检测、数学美学教育等。根据2000年第9届国际数学教育大会（ICME-9）尼斯教授作了题为《数学教育研究的主要问题与趋势》的报告，数学教育研究从研究对象和问题来看呈现了以下的特点。

1. 研究范围不断扩大

从研究学段看，当前数学教育研究的内容涵盖了学龄前儿童的数学教育、基础教育阶段的数学教育、高等教育阶段的数学教育、成人数学教育、职业中的数学教育，几乎覆盖了人的各个发展阶段的数学教育，其中基础教育阶段是被研究最多的学段。

2. 数学教育研究关注的问题范围在拓展

随着数学教育成为一个专门的研究领域，数学教育专业研究队伍的壮大以及数学教育成果的累积，数学教育越来越注重自身作为学科的研究，着力构建独立学科形态的理论体系。

研究问题不断拓展：课题问题（教什么，怎样呈现）—教师教育问题（如何做好教师的职前和在职培训）—学习问题（怎样学，真实的学习过程和学习结果是怎样的，导致错误的因素和机制是什么，概念是如何形成的，如何培养问题解决的良好行为和策略，认知发展的结构和过程是怎样的，学习数学的情感问题，学生对数学的看法等）—课堂教学问题（课堂上怎样做，师生之间、生生之间如何互相影响和交流）—社会、文化、语言问题（社会经济、科技、政治、文化、性别对数学教育的影响）—评价问题（课堂内外评价以及应该如何评价）。

具体地说，数学教育研究关注过符号化、形式化、问题解决、应用和模型、证明和论证、各个学习领域（代数、几何、微积分、概率统计）的教与学和各个教育层次（从学前到研究生）的数学教育问题。

也就是说，从研究内容上看，研究更加全面、精细。研究主题不断扩充，例如，第13届国际数学教育大会（ICME-13）新增了“数学的普及”“早期代数的教学”“基于数学学习的课堂评估”“实证的方法和方法论”“数学教育中的表征系统”，第12届国际数学教育大会（ICME-12）新增了“测量的教学”“数学素养”“数学教育中的理论”，第

11 届国际数学教育大会（ICME-11）新增了“离散数学的教学”“课堂教学研究”“多语言和多文化环境下的数学教育”“任务的设计和分析”“数学课程的发展”“数学在整个课程中的地位”“数学教学知识”，第 10 届国际数学教育大会（ICME-10）新增了“概率和统计的教学”“数系和算术的教学”“数学教学中的直观”等。

研究主题愈加精细，例如，“几何的教学”细化为“小学阶段的几何教学”和“中学阶段的几何教学”，“统计和概率的教学”细化为“统计的教学”和“概率的教学”。

3. 研究方法的多样性

（1）通过说理阐述观点、想法和计划。

（2）展示来自教学实际的经验。

（3）对自己或别人的经验和印象作系统的反思。

（4）作逻辑和哲学层面的观念分析。

（5）通过纪实录像收集数据。

（6）对测试答卷作定性或定量的数据分析和解决。

（7）借助心理学、哲学、历史、人类学或社会学作相应的研究。

（8）对数学本质做纯粹研究。

（三）数学教育研究的分类

一般来说，数学教育研究可以分为数学教育基础理论研究和数学教育应用研究。

数学教育基础理论研究：主要是与中学数学有关的数学理论的研究，涉及基础数学的各个学科和分支。

数学教育应用研究：用科学的方法，研究数学教学全过程，对数学教学过程中的现象进行观察，归纳和分析，认识数学教学的内在规律、参与教学的各个个体、因素之间的关系，并以此为基础，提出实现数学教育的目标应采取的对策，提出解决数学教学过程中的问题的方法、方案，制订切合实际需要的教学实验方案，用科学的方法和手段对实验结果进行分析，对教学规律和参与教学的个体、因素之间的关系再认识、再深入。

（四）数学教育研究的特点

数学教育研究是一种有目的、有系统、有组织、有计划的方法，它采用科学的方法探索未知世界，认识客观真理。因此，它具有研究的性质，是一种科学的研究活动，具有与其他研究活动的共同特征。

1. 客观性与目的性

所谓客观性，就是不受主观因素影响的一种特征。每个人均有不同的价值观念、习惯偏好、生活经验等，这些主观的因素常常会影响到研究者对客观事物和研究对象的看法和判断，如果以主观的好恶来收集资料、选择资料，且以主观的经验和臆断来分析资料、解释资料，那么所得结论必不是客观的事实真相①。数学教育研究，其对象、过程和结果都具有客观性，调查的数据和统计分析要符合实际，实验的结果要忠于事实，它要求研究者必须坚持从实际出发、实事求是，对第一手资料或第二手资料均要有所分析地选用，绝不能抱任何偏见，更不能歪曲事实、断章取义、弄虚作假。

恩格斯说过，技术在很大程度上依赖于科学状况，那么科学状况却在更大的程度上依赖于技术的状况和需要。社会一旦有技术上的需要，则这种需要就会比十所大学更能把科学推向前进②。科学技术的发展必须满足社会需要。同样，数学教育研究及其成果也应当面向社会，尤其要面向数学教育改革的第一线。因此，数学教育研究论文必须要以以下两个“有利”为根本目的：①有利于推动数学教育改革，从而全面推动教育事业。②有利于提高数学教育质量，培养创新人才。

2. 继承性与创造性

研究活动是以人们已经达到的认识水平作为基础，经过科学的研究过程，达到发现和创造的目的。因而研究活动应当了解研究对象的发展状况和人们现有的认识水平，应当明确已经研究了哪些问题、哪些问题已经解决、哪些问题还没有解决或者完全没有解决，应当知道有哪些理论是已经被证明了的，还有哪些理论是需要进一步证明的。已有的研究和认识水平是研究活动的基础，有了这一基础，研究活动就会少走弯路。但同时，研究活动要在已有研究和认识基础上进行新的发现、探索新的规律、寻求新的认识③。而数学教育研究就是从已知领域出发，向未知领域迈进的过程。这一迈进过程本身就是继承与创新的结合。数学教育研究应努力做到：人无我有，人有我新，人新我奇。要尽力去发现新的矛盾，提出新的方法，概括新的结论；要“发前人所未发，言古人所未言，明今人所未明”。在数学教育研究中，一旦缺少了创新性，就势必走旧路，说老话。

3. 探索性和长期性

数学教育研究是人类探索数学教育领域的一种认识活动，是对数学领域从不认识到认识较少，再由认识不多到较多，进而逐步了解，逐步深化的一个过程。它有严格的要求，需要在一定理论的指导下不断探究、不断摸索，是一个不断探索的过程。在这个过程中，会经历一些无法回避的失败或者挫折。并且，许多数学教育研究是十分漫长的过程，其效果的显示具有滞后性，可能需要三年、五年或者十年，甚至更久的时间才能呈现。因此，它需要研究者除了具备一定的专业知识外，更重要的是具有耐心和勇气，不能急于求成，要有坚持不懈和永不放弃的精神。

数学教育是整个教育体系中的一个重要组成部分。同时，由于学科教育的特点，数学教育研究，特别是中小学数学教育研究，它是以中小学数学教育教学活动为研究对象，不同于其他科学研究的显著特点。

---

① 卓挺亚，张亿钧，李汪洋．教育科学研究方法[M]．海口：南海出版公司，2003：3.

② 中共中央马克思恩格斯列宁斯大林著作编译局编．马克思恩格斯选集[M]．第4卷．北京：人民出版社，1972：505.

③ 陈时见．教育研究方法[M]．北京：高等教育出版社，2016：7.

4. 复杂性和难控性

数学教育研究由于受各种因素的制约，不仅涉及教育者、学习者、数学教育内容、数学教育思想、数学教育环境等内部因素，还涉及社会政治、经济、文化、历史等外部因素，这些因素相互影响、相互作用、相互制约，并处于动态发展过程中。因此，数学教育研究变得极其复杂。并且，世界上没有完美无缺的实验，我们总能从中发现它的瑕疵和缺陷。数学教育研究往往难以对研究对象进行精确的操控，难以对无关变量实行严密的控制，因此容易出现社会误差、被试误差和主试误差。综上所述，数学教育研究必须进行周密的研究设计，深入细致的工作，认真选择研究课题，科学设计研究目的，注重研究方法的科学性、研究条件的可行性，综合分析和整体把握教育现象或问题的因果关联和内在本质，以提高研究的质量和水平①。

5. 包容性与整合性

教育是人类特有且极其复杂的一种社会活动，教育研究内涵丰富，外延宽广，与社会环境中的各种因素处在复杂关系中。同时，数学教育的对象是人，任何数学教育活动都与人类的生理、心理活动密不可分。所以，数学教育研究涉及广泛的学科领域，往往需要哲学、社会学、逻辑学、伦理学、心理学、生理学等诸多基础学科领域结合，这使得数学教育研究具有很大的包容性，彼此之间互为依据、互为指导，错综交织，但又不能在其中失去自身的独立性。正如叶澜教授所说："教育研究的恢弘性，使教育研究事业具有极大的集聚力和包容性，但集聚和包容'各路来客'，不是让它们代表其他学科来割据'教育领地'，而是为了共同创建任何单一学科都不能完成的教育学科的全部丰富性，是为了实现各门相关学科在教育领域内的共同耕耘，这里进行的是关于教育和为了教育的研究，而不是其他学科在教育中的应用研究②。"正是因为数学教育研究的包容性，使得研究者不能按照其主观的需要对研究对象加以孤立、封闭或纯化，需要整合质性和量化的研究方法去研究。

6. 广泛性与反思性

数学教育研究的广泛性主要表现在三个方面：首先，数学教育研究的对象非常广泛，一切数学教育现象及其规律、数学教育问题或数学教育活动，都可以作为数学教育研究的对象。其次，数学教育研究的队伍十分庞大，有专业的数学教育科研人员，有数学教育行政人员，有广大一线数学教师，还有政治、经济、文化、科技领域的各界人士，虽然他们选择的研究课题不同，研究视角和重点也不一样，但他们都会提出自己的观点和想法。最后，社会影响非常广泛，因为数学教育本身涉及每一个群体、每一个家庭和每一个人，所以数学教育总是受到社会各方面的广泛关注和重视，其研究成果也相应地受到广泛地关注。并且数学教育研究成果一旦付诸实践，就会对社会方方面面造成影响，甚至影响许多孩子的一生。由于数学教育研究的广泛性，需要研究者在实践中发现问题、

① 刘淑杰．教育研究方法[M]．北京：北京大学出版社，2016：3．
② 叶澜．教育研究方法论初探[M]．上海：上海教育出版社，1999：332．

研究问题，并不断进行自我审视与反思。数学教育研究离不开对教育理论、对同行研究成果的学习，更离不开数学教师对自己日常数学教育行为的思考，否则数学教育研究将失去生命源泉。总的来说，数学教育研究的过程就是不断反思的过程。

（五）数学教育研究的价值

数学教育研究其原初意义是为了解决实践中产生的数学教育问题，解释数学教育现象，开展数学教学活动。因此，为了更好地解决数学教育工作中的问题和冲突，降低数学教育教学过程中的盲目性，使得数学教育更合规律地发展，必须开展数学教育研究。

1. 开展数学教育研究有助于促进数学教育改革

当前，世界各国教育界都在探讨 21 世纪的教育问题，我国教育界也不例外，纷纷进行中国 21 世纪的教育改革的研究和讨论，出台了一系列教育改革的措施和政策。例如，20 世纪 90 年代制定的《中国教育改革和发展纲要》、2010 年发布的《国家中长期教育改革和发展纲要（2010—2020 年）》、2015 年出台的《2016 年国家教育改革和发展规划纲要全文（一）》等，都是对我国未来教育发展目标的界定，同时也是我国教育科学研究的结晶。

数学教育改革的实质是使数学教育工作更加科学化。数学教育改革的决策必须有理论依据，才能提高决策的自觉性，减少盲目性。大到席卷大半个世界的新数运动和当前我国正在进行的数学课程改革，局部的如顾泠沅小组进行的上海青浦县“尝试指导，效果回授”的数学教改实验，小的如教师个人进行的数学教学方法改革实验，都需要经过充分的理论准备，明确理论指导依据，在进行过程中还要不断地将实践经验上升为理论。教育科研是不断认识教育规律、更新教育观念和思想的过程。教育科研是改进教学方法、提高教学质量的研究过程。教育科研是学习、掌握和应用现代科学技术于数学教学的过程。

2. 开展数学教育研究有助于预测未来数学教育发展

数学教育研究能展望未来，预测将来的发展趋势及发展阶段，这对数学教育发展具有重要意义。教育发展具有阶段性，不同发展阶段的发展目标、发展重心、发展方向及相应的发展政策不同，科学定位教育发展的阶段、目标、方向对决策者具有重要作用。今天的数学教育研究是为了明天更加美好的数学教育。比如，我们可以根据学生的智商预测学生的学业发展，根据学生的特长预测其可能在某一特定领域取得成功等。没有教育研究的前瞻，就无法实现“教育面向未来”的要求，决策者和执行者必须从纷繁复杂的教育现象中明确未来教育发展的方向，以此做出符合实际的决策①。

3. 开展数学教育研究有助于促进数学教师的专业发展

数学教育发展需要新型的数学教师队伍，他们不仅要有丰富的数学教学经验，更要有从事数学科学研究的热情和动力，有强烈的教改意识，能够在教师岗位上进行教学实

① 邵光华．教育研究方法[M]．北京：高等教育出版社，2016：8.

验。科学研究正是培养未来新型教师队伍的重要途径之一。在教育科学研究中，数学教师可以总结以往教学活动中存在的经验和不足，探讨发现好的教学方法，改进不科学的教育教学行为，逐步探索、揭示、掌握教育规律，使教师的理论水平得到提高，教学观念、方法、技术得到更新，教育教学能力得到增强，从而为促进学生发展奠定坚实的基础。

4．开展数学教育研究有助于培养新型学生

数学教育研究的一项主要内容是数学教学活动的改进，而教学活动的改进的最终落脚点是提高数学教学质量。许多数学教师在教学中可能一直未得到学生的认同，就在于这些数学教师不了解学生的心理发展规律，教学观念落后，教学方法古板，根本无法调动学生学习的积极性。开展数学教育科学研究，有助于数学教师理解学生心理发展规律，用新的教学方法教育学生，发挥其主动性和创造性，提高学生的综合素质，培养高素质的人才。

第二节　数学教育研究对象

一般说来，对于某一现象的领域所特有的某一种矛盾的研究，就构成了某一门科学的对象[①]。关于教育科学研究的对象，一直是一个争议较大、分歧较多的重要教育学问题，目前学术界主要有教育问题、教育现象及其规律以及教育活动这三类基本观点。

一、教育研究的对象是教育问题

现实的研究对象产生于问题。没有问题，就不会产生研究；只有出现问题，才会吸引人们的注意，引发人们的思考和研究。没有问题的研究或是虚拟的问题的研究都是缺乏科学性的，不是真正意义上的研究。事实上，自 20 世纪 60 年代以来，国际社会就已经把教育研究的重点放在各种研究方法解决教育问题上，各国政府开始资助教育研究项目，以了解学校中存在的教育问题，期望通过系统的教育研究来解决该问题。在我国，随着研究者问题意识的增强，当前人们对教育问题的关注超过了以往任何时期。以“教育问题”为研究对象，有助于提高教育研究的针对性和时效性[②]。那么在教育科研中，什么样的问题我们能称之为教育问题？是否所有的教育问题都能成为教育科研的对象呢？

关于教育问题的概念，许多学者存在着巨大的分歧。有学者认为，教育问题应该是与数学教育密切相关的，换句话说，该问题可能会影响教育课程、教育思想、教育理论等；还有学者认为，一个有待澄清和解决的困惑或疑难，并采取提问的方式加以表达，也能称为数学教育问题。但是，教育问题若仅仅局限于发生在教育领域中的问题，就会缩小教育研究对象的范围。有些问题本不是教育问题，但若是站在教育的立场上思考它，

① 毛泽东．毛泽东选集．第一卷．[M]．北京：人民出版社，1991：309.
② 邵光华．教育研究方法[M]．北京：高等教育出版社，2016：4.

它就会转化成为教育问题[①]。例如，什么是传染病，传染病是由什么引起的，如何预防和治疗传染病，这显然是一个医学问题，而不是教育问题；但如果我们要问，医学知识作为教育内容，传染病的传染率，接触传染病人的正常距离，传染病的病菌增长速率等，就会成为一个数学教育问题。可见，发生在其他领域的问题，不见得就不是教育问题。同样，发生在教育领域中的问题，也未必都是教育问题。例如，发生在学校里面的某些一般性的、普通的管理问题，学校的人事管理、财务管理、后勤服务管理等，大致上讲就不属于教育问题。综上所述，教育问题是没有标准的概念的，我们只能从大致上理解，凡站在教育的立场上，致力于认识、理解、规范、改造、解决教育活动或教学工作中遇到的矛盾或疑难都属于教育问题。

要成为教育研究的对象，教育问题一般具有三个基本属性：①真实性。教育问题要成为教育科学研究的对象，一个重要条件就是它必须是真实存在的，而不能是凭空捏造的，更不能是主观臆断的。②未知性。作为教育研究对象，另一个需要满足的条件就是该教育问题没有确定或现有的答案，是前人不曾解决的或尚未解决的问题，也不能在教科书、字典、百科全书或其他参考资料中找到标准答案，是开放性的问题，每个人都可以从自己的角度出发研究这个问题，从而得到不同的答案。③价值性。作为被研究的教育问题，最重要的就是它本身应具有研究的价值。一个不具有教育研究价值的问题是不值得研究的。教育研究的价值包括理论价值和实践价值。教师在日常教育教学生活中，随时都有可能生成一些颇具研究价值的问题。有心的教师会通过写教学反思和教学随笔等手段，记录一些富有意义的教育教学现象，并透视这些现象，归纳出现实的问题，这样的问题必定是鲜活的有价值的真问题，对其研究、解决会有较大的实践价值[②]。

二、教育研究的对象是教育现象及其规律

教育现象是教育本质的外在表现形式，它从教育问题发展而来[③]。但并非所有的教育现象都能成为教育研究的对象，它必须满足以下条件：一是这种教育现象必须具有潜在的探索价值，个别偶然的、琐碎的现象不属于教育研究的范畴；二是现象作为一种可被观察的“事实”，它本身不会自动成为研究对象，只有当我们被它吸引注意，对它产生疑问，追问此现象发生的原因或意义时，现象才成为研究对象。

在教育领域中，教育规律是蕴藏于教育现象之中并对教育现象起决定与支配作用的内在的、本质的、必然的联系。在特定时空范围内，教育规律具有相对的恒定性，这主要体现在两个方面：其一，教育规律的内容不会因时空环境的转变而更迭；其二，教育规律发挥作用的前提和结果是稳定的，只要条件符合，教育规律就会发挥效用，并成为影响教育活动发生发展的支配性力量[③]。

① 杨小微．教育研究方法[M]．北京：人民教育出版社，2005：10.
② 邵光华．教育研究方法[M]．北京：高等教育出版社，2016：4.
③ 高鹏，杨兆山．“教育现象”何以是教育学的研究对象[J]．教育研究，2014，2：55-60.

三、教育研究的对象是教育活动

教育研究的对象，如果从实践的角度看，可能定为教育活动较为合理。一切以影响人的身心发展为直接目标的人类实践活动，均可称为教育活动。在这种生动、丰富、多变的基本活动中，人们逐渐形成有关教育的意见、观点、思想、理论和学科等；它们可能是粗浅的、常识性的、零散的，也可能是深刻的、科学的、系统的，但它们都是人类教育活动多方面的“认识成品”[①]。从这一角度而言，教育活动是教育研究最基本的研究对象。教育活动的性质和特点，归纳起来有以下四点：

第一，教育活动是人为的社会实践活动。“人为的”即表明了这些活动是人们根据自己的需要、愿望和价值取向等所从事的，是含有价值和意义的活动。

第二，教育活动以人为直接对象，以影响人的发展为直接目的。这是相对于其他的人为社会实践活动而言的教育活动在对象与目的维度上表现出来的特殊性[②]。换句话说，这就把教育活动与我们现实生活中的生产消费、传输交换等活动区分开来。

第三，教育活动具有双边、共时、交互作用性和要素关系的复合性。教育者和学习者作为教育活动的主体，以教与学的内容、方法、手段等为媒介发生双边活动，形成“人-人”关系、“你-我”交往关系，表现出教育活动主体的复合关系。

第四，教育活动具有预测性与活动过程中的动态生成性。教育活动不仅对目的进行预设，而且预先决策和规划过程。正是因为事前进行了预测和规划，教育目的才能通过活动实现。但是，俗话说得好，计划赶不上变化，无论你预测得多么精准，考虑得多么周全，总会发生一些出乎你预料之外的结果，这时就需要进行调整。因此，动态生成性与预测性同等重要，是教育活动的一个重要的特殊性。

第三节　数学教育研究基本原则

数学教育研究是一种包容性、综合性和复杂性极强的研究，在空间关系上，它以多因素、多层面、多场景复杂交互作用为总体特征；在过程状态上，它以确定性与不确定性并存、通过动态相互作用不断地从不确定性中生成确定性为突出特征；在价值取向上，则以追求教育问题有效完美解决、理论与实践相互构成、成事与成人统一实现为理想境界[③]。因此，要想切实有效地开展数学教育研究，必须遵循一定的原则。

一、客观性原则

客观性原则是指数学教育研究必须尊重客观事实，以事物的真实面目为依据，采取客观态度，全面系统地收集资料，反对主观臆断，妄自论断，最大限度地保证研究过程的客观性和研究结果的真实性。研究者在收集资料和数据时，不能只关注能证实假设的资料，不能因为实验数据与预料结果不同而舍弃，更不能因个人倾向而只收集一方面的

① 杨小微. 教育研究方法[M]. 北京：人民教育出版社，2005：7.
② 杨小微. 教育研究方法[M]. 北京：人民教育出版社，2005：8.
③ 杨小微. 教育研究方法[M]. 北京：人民教育出版社，2005：15.

资料。收集资料和数据要实事求是，内容必须真实可靠。数学教育研究的对象是客观存在的，不以人们的主观意志为转移，人们虽然能在一定条件下改变客观世界，但只能是根据客观规律使事物朝着我们期望的方向发展，并不能改变规律或者创造规律。因此，数学教育研究要遵循客观性原则，不仅包括研究资料、研究设计，更包括研究过程和研究结果。

二、理论与实践相结合原则

理论与实践相结合原则是指数学教育研究要从教育的实践需要和发展的实际情况出发，面向数学教育实际，加强数学教育理论研究，并努力运用数学教育理论指导数学教育实践，在实践中发现问题、解决问题，以推动数学教育事业蓬勃发展。教育理论研究的突破与创新，不仅会引起教育革命进而引起文化革命，而且能成为新观念、新理论、新思维的摇篮，进而推动整个社会的文明与进步。教育理论研究不仅是对教育实践经验进行概括和总结的产物，而且也是以已有的教育理论成果为基础进一步发展的结果。理论与实践相结合原则要求数学教育研究者将视野指向数学教育实践，研究数学教育实践，用数学教育理论作为数学教育实践的指向灯，深化对数学教育的认识，获得数学教育科学的新知识。

三、继承与创新原则

继承与创新原则是指数学教育研究应在借鉴和继承前人或他人的研究成果基础上，根据新的实践要求不断发展创新，使批判继承与发展创新辩证统一。科学界中的新成果，无一不是站在前人的肩膀上突破的，数学教育研究也是这样。强调继承，并不是说无条件接受，而是取其精华，弃其糟粕。继承与创新原则要求数学教育研究者从数学史出发，认真钻研和整理传统教育理论，继承优良教育传统，在继承的基础上创新；密切关注研究领域和研究方向上的最新研究动态，及时发现那些还没有被别人研究或者未被完全解决的数学教育问题；要善于从新的不同视角思考、审视问题，从那些已经被研究过的问题中发现新的创造空间；必须根据所要研究的问题，选择最合适的教育研究方法，同时注意多种方法的综合运用，关注其他社会科学研究方法的最新进展，从学科边缘地带寻求新方法，并及时运用到教育研究中来①。

第四节 数学教育研究的一般过程

数学教育研究作为一项认识活动，总体而言，具有一个相对确定的基本过程，一般要经历以下几个阶段，具体如图 1-1 所示②。

① 邵光华．教育研究方法[M]．北京：高等教育出版社，2016：13.
② 邵光华．教育研究方法[M]．北京：高等教育出版社，2016：17.

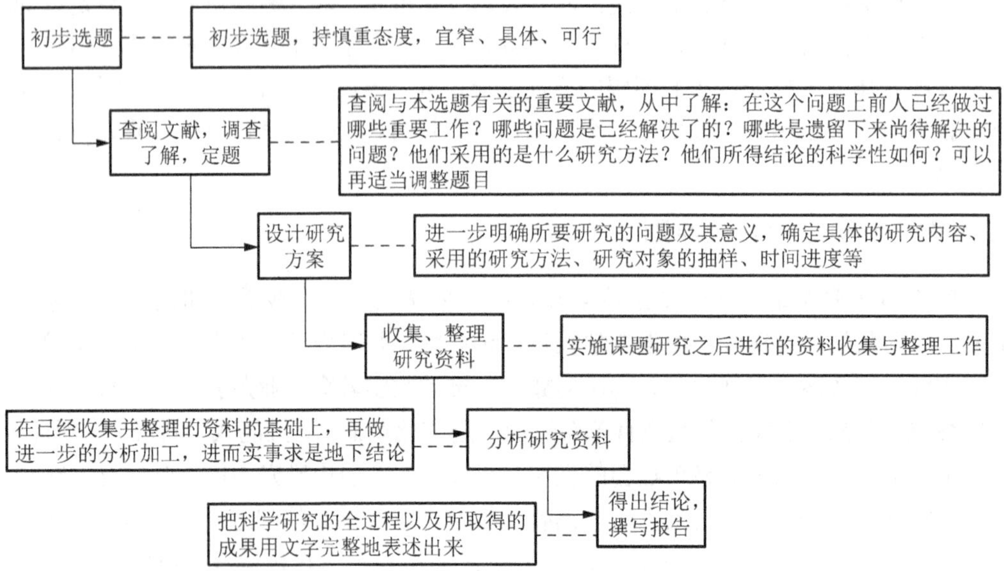

图 1-1

一、确定研究课题

搞好数学教育研究，是提高数学教学质量、提高教师业务素质的需要，也是国内外学习交流的需要。为了搞好数学教育研究，首先需要提出有意义而且切实可行的研究课题。对于数学教育和初等数学来说，课题就是要探索数学教育和初等数学中尚未被认识的规律。在确定课题时，要遵循数学教育科研选题的原则和策略。确定研究课题往往比任何因素都更能决定某一研究的价值。确定研究课题是开展教育科学研究的起始阶段，也是决定研究成败和成果大小的关键环节，一个好的选题是成功的一半。爱因斯坦曾说过："提出一个问题往往比解决一个问题更重要。"由此可见，数学研究者应该花费大量的时间在确定数学教育研究课题上，也许要耗费几天、几周、几个月甚至更长的时间，但是要相信这都是值得的。

二、设计研究方案

数学研究设计是在研究课题确定之后，正式实施研究之前，进行研究方案的设计和论证，即根据研究目的，对研究内容、研究对象、研究方法以及研究结果等预先进行总体的设想和规划。一般包括提出研究假设、确定研究方法、选择研究对象、分析研究变量和形成研究方案等步骤。研究设计是数学教育研究能否达到预期目的的重要保证。为了按时完成研究任务，应该把研究方案分为若干步骤，每个步骤有明确的任务与要求，估计或设定完成每步所需要的时间，根据条件的许可做出限制。

数学教育研究方案，往往都是分阶段、分步骤进行的，对每一阶段、每一具体步骤应开展什么工作，达到什么具体要求及其大致时间、人力、财力的安排都应表述清楚。设计研究步骤就是设计课题实施中分几个时间阶段进行研究（一般有学习宣传阶段、实施操作阶段和交流总结阶段）。研究中每个阶段的工作任务、要求及时间安排，不仅要胸中有数，还要落实到书面计划中。这样，研究者可以严格按每一阶段的安排进行研究，自己督促自己，自我检查计划的完成情况，从而保证研究方案按时保质完成。

三、实施研究阶段

实施阶段是把研究计划变为实际行动，最终变为现实的阶段。从总体上看，实施阶段必须注意的问题是：一方面不要随意改动研究设计与计划，即做到尽量按原计划进行研究；另一方面又不能拘泥于事先的设计与计划，即一旦发现实际可能与原计划有较大出入，或者设计不周密、有错误时，就应做出可行性修改，对设计或计划做出有根据的调整，并且写出修改报告，以备后查和积累经验，提高研究人员的研究能力。对于国家或省部级的重要研究课题，由于是经过批准立项的，其研究计划的修订，一般也需要经过相应批报后方可实施。

实施阶段的中心任务是保证研究质量。在有了总体设计以后，为了实现对某种假设的科学验证，在实施研究设计过程中，要贯彻“步步为营”的精神。对研究结果精确性要求越高的研究，越应重视这一点。教育研究是一项十分复杂、细致的工作，在研究过程中会遇到各种各样的困难，如果没有正确的思想指导，没有领导的支持与同行的合作，没有周密的计划与坚强的毅力，有可能半途而废，甚至前功尽弃。

四、提炼总结阶段

研究的最后阶段也许是最棘手、最复杂的阶段，是对研究成果的分析和提出。一般来说，研究所收集的数据或信息往往结构化程度不高，因此需要通过一定的工具或软件对之进行分析，比如Excel、SPSS等，以使之呈现出一定的结构和规律，方便我们对教育现象的理解。在进行研究分析时，研究者应使定量分析和定性分析相结合，综合地考虑与研究有关的多种证据，以及各方面的因素。在分析数据后，研究者也要能将结果简洁地呈现出来，撰写成研究总结报告或论文。论文或研究报告使研究结果以文字、图表、公式或音像资料形式保存下来，供他人学习、借鉴和探讨。科研成果只有脱离主体的物化或符号化的形式存在，才能产生社会价值，成为人类创造的精神财富的组成部分。

好的工作总结不仅有回顾，而且有展望，有对下一步研究的设想或推广研究成果的建议。此外，研究工作总结除了在研究结束进行外，还应贯彻在研究过程中，以达到及时修正研究过程中出现的偏差与失误。对于一个长期的研究项目来说，分阶段的工作总结同样十分重要。评价是对科研成果确认的一种方式。从总体上看，评价有利于科研水平的提高和科学的发展。作为社会性的评价，总是在科研成果之后，作为研究者个人的自我评价，评价不仅在最后，而且在过程中也是必要的。研究过程中可将评价与总结结合起来，以确保研究的质量。

思　考　题

1. 数学教育研究的内涵是什么？
2. 数学教育的研究对象是什么？
3. 数学教育研究的基本原则有哪些？
4. 请用流程图画出数学教育研究的过程。

第二章　如何选择数学教育研究课题

第一节　数学教育研究课题的类型

一、数学教育研究选题的意义

“万事开头难”，选题是科研工作的第一步，也是十分艰辛的一步。一旦决定好选择什么样的问题进行研究，具体从哪些问题入手开展，后续工作的进行将得心应手。选择什么样的问题进行研究，对于整个研究过程的开展以及最终取得的研究成果，意义深远。

（一）科学研究活动始于发现并提出问题

发现并提出问题是一切科学研究活动的起点。科学研究是对人类未知问题的探索和解答，在这个过程中，又会产生更深、更难的问题。人类的发展历程就是一个不断发现问题、解决问题的螺旋式上升过程。事实上，问题就像是联结已知和未知之间的纽带，正是因为问题的发现和提出，研究活动得以展开和进行。没有问题的产生，研究就失去存在价值。可以说发现并提出一个有科学意义的问题，是科学研究的关键，它决定研究价值的大小，决定研究的成果。正如著名物理学家爱因斯坦所说：“因为解决一个问题也许仅是数学上的或实验上的技能而已，而提出新的问题、新的可能性，从新的角度去看待旧的问题，却需要有创造性的想象力，而且标志着科学的真正进步”①。

（二）正确选题可以指导研究方向，决定研究成果价值

课题是对研究对象、研究范畴、研究内容、研究目标的界定，一经确定，该研究的目标与方向、研究对象和范围、研究主题以及研究的主要方法和步骤在某种程度上都被决定。例如，某位研究者选定“小学数学拓展性课程的开发与实践研究”这一课题后，它的研究对象就被限定为“数学课堂教学”，研究范围限定在“小学”，研究主题是“拓展性课程的开发与实践”，整个研究方案的设计、实施等，都必须紧紧围绕选定的课题进行。研究可能取得什么样的成果及其教育理论价值、实践价值在确定选题时也将被决定，选题甚至决定科研工作能否得到外部的支持。可见，选题恰当与否对于科研能否成功起着决定作用。

“良好的开端等于成功的一半”，课题选得好，研究工作容易找到着手点，研究者可以充分发挥各种有利的内外部因素，避免工作的盲目性，减少研究过程中的无效劳动，研究活动事半功倍，进展顺利。

（三）正确选课能够锻炼研究者科研能力

有价值的课题往往是在观察发现教育理论或教育实践存在的矛盾基础上提出的，因

---

① 爱因斯坦，英费尔德．物理学的进化[M]．上海：上海科学技术出版社，1962：66．

此，选题过程也是一个研究过程。研究者为选取有研究价值与意义的课题会对以往的教育教学实践进行回顾，观察、思考面临的教育现象，整理、辨析遇到的教育实际问题；学习、钻研教育理论，收集、分析相关的教育研究资料；听取别人的讲课，了解前人和同行在教育研究领域的新动态；分析、评估主客观条件中的有利因素与不利因素，显然，选题的过程也是研究者自我提高的过程。

二、数学教育研究课题的分类

教育是一个广阔的研究领域，其中包括一系列活动因素与复杂的内外部联系，它蕴含着丰富的研究课题。要学会选择数学教育研究课题，应该对数学教育研究课题的分类有一个基本的认识。按照不同的标准可以将课题进行不同的分类，在这里我们重点介绍两种分类方法。

（一）按照数学教育研究课题功能分类

1. 基础性研究课题

基础性研究课题是关于数学教育基本规律的理论性研究课题。研究的目的在于探索和创新数学知识，扩展和完善数学教育理论。例如，"数学教育本质的研究""数学教育功能的研究""数学教育目的的研究"等都属于数学教育研究的基础性课题。这类研究侧重探索数学教育现象的本质与规律，试图解决数学教育的根本性问题，强调研究的深刻性和系统性，对于数学教育的发展具有深远的意义和影响。这类研究有的实践意义比较清楚，有的则不能完全预见。

一般来说，基础课题研究要求研究者具有较深厚的数学教育理论功底、良好的数学素养、较强的批判思维能力和宽广的知识面。在课题的研究过程中，研究者需要查阅大量的教育理论、数学理论、数学教育理论文献资料，结合研究者已有的研究基础和成果积累，考虑宏观的数学教育背景资料和国内外研究信息，进而深入地研究数学教育。而这些往往是基础教育一线数学教师难以胜任的，因此，基础性研究课题的研究者往往是高校的理论工作者以及教育科研部门的研究工作人员。

2. 应用性研究课题

应用性研究课题重在解决数学教育实践中的问题。目的主要是通过解决数学教育与教学中实际问题，将已有的数学教育理论研究成果，应用于教学实践，探索数学教学实践工作的规律，具有直接的改革实践意义。它的价值取决于课题对实践可能产生影响的性质和大小。这类课题通常研究如何将实践经验上升为数学教育科学理论，形成对数学教育规律、教育现象的认识。

这类研究不仅对于发现数学教育中存在的问题、提高数学教育质量有重要意义，同时能促进数学教育理论研究的深化和发展。例如，"数学教师对中学生数学学习自信心形成的实验研究""中（小）学数学研究性学习的实践探索"等都属于应用性研究。总之，凡属于教育学、心理学的理论应用于数学教学实践的研究或数学教育实践经验上升为一般规律认识的研究都属于这类课题。

例如，青浦经验——“诱导—尝试—归纳—回授—调节”就是应用性研究课题。

为了大面积提高教学质量，顾玲沅先生自 1977 年开始在上海青浦县进行了教学改革实验，经过二十多年的实践，形成了青浦经验——“诱导—尝试—归纳—回授—调节”教学法。

“诱导—尝试—归纳—回授—调节”教学法立足于“抓起点、抓基础、抓关键”，以实现让所有学生都有效地学习为目的，将原先被当成教学负担的“差生”视作大面积提高教学质量的依据。其主要特点：教师将教材组织成一定的尝试层次，学生在教师的指导下，通过尝试来进行学习，同时，教师十分注意回授学习的效果，以强化所获得的知识和技能的教学策略。研究者将教育改革的立足点和着眼点放在让所有学生有效学习上，青浦经验还积累了：“让学生在迫切要求下学习”“开发自主学习活动，促进学习过程积极化”“活动情感因素，建立新师生关系”等，在基本实现教学质量大面积提高之后，又在宏观与微观层面逐步确立“单科突破，各科迁移，诸誉并进，整体受益”，“加强基础，开发潜能，发展个性，提高素质”等改革思想。

数学教师是数学教育教学活动的实践者，有着丰富的数学教学经验。他们进行数学教育研究，重点是应用研究课题。

（二）按照课题的内容分类

1. 综合性研究课题

综合性研究课题是指同时涉及数学教育若干领域或若干方面内容的课题。例如，“构建素质教育的数学新课程体系的研究”“素质教育下的数学教学模式研究”“中学数学教育课程改革的实证研究”等课题都属于综合性研究课题。综合性研究课题往往由一个人在较短的时间难以完成，或需要分成几个子课题，组织较多的研究者团结协作，用较长的时间来完成。

2. 单一性研究课题

单一性研究课题主要是指对基础教育数学教学的某一方面或某一现象进行的研究。例如，“中（小）学数学课堂教学过程中创新能力培养的实验研究”“现代教育技术与中（小）学数学开放式教学改革的实验研究”等都属于单一性研究课题。由于单一性研究课题的范围较小，所以研究需要的人力和时间也相对比较少，因此，比较适合中（小）学数学教师选择研究。例如，“MM”教学法，即数学方法论（mathematical methodology）教育方式就是单一性研究课题。20 世纪 30 年代起，波利亚运用方法论模式提高美国的教育水平，为美国成为世界数学强国做出明显贡献，同时这种探索法研究为今天美国的“问题解决”等现代教学研究奠定了必要的基础，现今欧美国家正在不断发展波利亚的数学教育思想，大力提倡科学方法论，因而 MM 教学方式日益受到教育界人士的普遍关注。

1989 年上半年，江苏省无锡市开始在部分中学开展了“贯彻数学方法论的教育方式，全面提高学生素质”的教改实验简称MM方案。之后，在天津、山东等地进行了推广，取得了不少成果。该教育方式是：将宏观和微观数学教学方法论基本原理加以分解，形成“MM因子”，再转化为可控变量（即可操作的一些数学措施）的教育方式。这种教育方式在教学过程中遵循数学方法论的各项原则，遵循学生的身心发展规律与学习规律，力求教师的教学、学生的学习与数学本身的发展规律三者同步协调，并引导学生不断自我增进一般科学素养、社会文化修养，形成和发展数学品质，全面提高学生素质。

在运用MM教学法教学过程中，教师遵循数学本身的发现、发明与创新等发展规律，遵循学生的身心发展和认知规律，力求使他们同步协调，并应引导学生不断地自我增进一般科学素养、社会文化修养，形成和发展数学品质，全面提高学生素养。

我们从两个不同角度对数学教育研究课题进行了分类，但是这种分类是相对的。在实际的数学教育研究中，可以根据实际需要加以选择。

第二节　数学教育研究课题选择原则

有人把科学研究分为三个水平：

L水平。L是“Lead”，即“领先”的缩写。L水平是指开辟新的研究领域，或者在一个研究领域超过别人，达到领先的前沿。

C水平。C是“Contribution”，即“有贡献”的缩写。C水平是指在一个研究领域中，虽然未能达到领先的水平，但在局部问题上，作出一些前人未能作出的贡献。

F水平。F是“Follow”，即“跟着走”的缩写。F水平是指只能步他人之后尘，做一些枝节性、说明性的工作。

我们从事数学教育研究工作，虽然希望能做L水平的工作，至少是C水平的工作，但也要从实际出发，必要时不妨从F水平做起。为此，如何选择课题显得十分重要，我们必须遵循以下的选题原则和选题步骤。

一、数学教育研究课题选择的原则

（一）价值性原则

首先要考虑课题是否有研究价值：①社会价值。课题要体现教育的“三个面向”，为提高民族素质做贡献，能够端正教育思想。②理论价值。对创立或发展数学教育理论应该有所贡献。例如，东西方数学教育有许多文化的差异。东方人提倡“熟能生巧”，西方人强调“理解”；东方人看重“集体质量”，西方人偏重“个性发展”。如何从理论上来阐明这些差异，挖掘东西方数学教育文化中的积极性、合理的内核。③现实价值。对指导数学教育实践有现实意义，或者是可操作的。现在全国都在进行数学新课程标准的落实，由此而引发的一系列问题都是值得研究的。例如，图形计算器的应用问题是一个值得关注的话题。④普及价值。能够得到全社会的广泛认可，可以被他人所应用。所提的课题，应该切中数学课程和教学的重点和热点问题，应该切中数学教学改革的要害。

东亚各国都受到中国汉文化的深刻影响，因而在数学教育方面有许多共同点。找出这些共同点，使得各国能够互相学习、取长补短，是东亚数学教育工作者的共同愿望。因此，在东亚国际数学教育研讨会上，张奠宙（华东师范大学）、梁贯成（香港大学）、黄毅英（香港中文大学）三位教授作了联合发言《东亚数学教育的一些特点——来自中国的看法》，他们的发言引起了各国与会者的广泛共鸣。

数学教育研究的选题，应该积极配合国家在数学教育方面的重大举措。例如，《全日制义务教育数学课程标准（2011版）》及其教材的实验研究，《普通高中数学课程标准（实验）》以及新增内容的试验研究等。这些都是当前我国数学教育中的重大问题，既有针对性，又有现实性，具有研究价值。

（二）科学性原则

这意味着数学教育研究课题的选择必须有事实根据或理论根据。一方面表现在课题要有确凿可靠的事实依据，这是选题的实践基础。另一方面，选题的科学性还表现在以教育科学基本原理为依据。

应注意在教育理论的空白区，在教育理论与教育实践相矛盾的地方，在教育理论与应用研究的前沿地带选择课题。

（三）创新性原则

从一定意义上来说，科学研究就是开拓新领域、建立新理论，不断创造新技术，研制新产品、新工艺、新方法等。因此，选题应有创新意义，贵在有新意，见人之所未见，发人之所未发，即使是旧问题，也要做到“旧中见新”，“人无我有，人有我新，人新我实，人实我深。”创新性是科学研究的本质和灵魂，所以科研选题必须有创新性，即要选择那些尚未认识而又需要探讨的问题作为研究对象，切忌重复别人已经做过并已经取得成果的类似课题。

选题应该新鲜、生动、醒目、有吸引力。精彩的选题，其发表的可能性要比平庸的选题多得多。何谓之新？无人注意或少人注意的课题可谓之新，对一些常见题材的独到见解也具有新意。衡量教研论文是否具有创新性，可以从以下六个方面来考虑：一是提出的问题是否有一定的理论意义或实际意义，有没有通过独立研究，提出与众不同的认识和看法；二是提出的问题虽然别人已研究过，但采取了新的角度或新的实验方法，因而所得出的结论在一定程度能给别人以启发；三是以有力而周密的分析澄清了在某一问题上的混乱看法，虽然没有更新的见解，但为别人再研究这一问题提供了必要的条件和方法；四是用较新的理论、较新的方法提出并在一定程度上解决了教学实践中的一些实际问题，取得了一定的效果，或为实际问题的解决提供了新的思路和数据等；五是用相关学科的理论较好地提出并在一定程度上解决了本学科中的问题；六是用新发现的材料（数据、事实、史实、观察所得等）证明了已被前人证明过的观点。

创新性的含义是：课题本身就是新颖的，即前人所没有解决或尚未完全解决的问题，或课题虽然不新，但研究的预期结果是突破性的。

例 1　浅谈传统与现代数学教学方法

简评： 数学教学方法很多,每种都讲一讲,难以深入展开。

例 2　数学与素质教育

简评： 论题过大，容易变成泛泛之谈；论题不集中，难以把握作者意图。

例 3　“重复性训练法”是提高差生数学成绩的好办法

简评： 提高差生数学成绩，先要帮助他们端正学习动机，培养勤奋学风，改进学习方法。而重复性训练，是一种机械学习方法，一般不应予以提倡。

例 4　熟能生巧吗?

例 5　对“先理解，后记忆”的质疑

简评： 后面两个选题敢于突破传统观念，大胆提出新的思考，留下悬念，因而具有魅力，这就是好的选题。

提出数学教育研究课题，包括理论和实践两个方面，它们是相辅相成的。实践问题需要理论的支持，理论问题有待于实践的检验。一个方面问题的解决，必能促进另一方面的研究和发展，从而促进数学教育的繁荣昌盛。

（四）可行性原则

教师选取科研课题，应该量力而行，即选取自己力所能及的课题。一般地说，刚开始进行科研的教师，所选的课题宜小不宜大，宜具体不宜抽象，具体的课题容易切入，小口子课题容易论述透彻。如果论题过大，东讲一点，西讲一点，既不深入，又往往显得力不从心。选择一个课题，应该充分考虑开展这个课题的条件。例如，研究数学教学改革，就应该有机会参加教学实践；研究学生的数学学习心理，就该有机会接触学生、观察学生；如果从事数学教育的比较研究，就应该有机会了解被比较的双方等。

研究课题，从客观条件看，必须具备一定的人力、物力、财力等基础；从主观上看，必须具备自身的知识、能力、时间等情况。如果所必需的基本要素不具备，所需的基本条件经过努力后还是难以达到或者根本不可能达到，那么，不管该课题多么需要，多么具有科学性和创造性，往往也是不能成功的。日本的小平邦彦，苏联的柯尔莫洛夫这些大数学家晚年转入了数学课程、教材的研究，这是因为他们丰富的阅历和过人的才智使他们具备了进行这类大系统的课题研究的条件。可惜的是，由于当时苏联的社会条件不成熟，柯尔莫洛夫的改革还是失败了。

因此，在选题过程中，一定要分析清楚主观条件和所处的环境，做到“知己知彼”。只有遵循可行性原则，才能扬长避短，充分利用现有条件，选择基本符合自己情况的研究课题。

二、如何选择合适的数学教育研究课题

在数学教育研究中，一个研究课题的选定过程没有固定模式和方法。它是一种创造性活动，受研究者个人素质、努力程度、相关领域的研究进展、社会生活中的实际情况等多方面因素的影响。不过，就数学教育研究的一般情况来说，选定一个科研课题并研

究，与教育研究一样，通常有以下几个过程。

（一）萌发研究意向，提出初选课题

数学教育研究课题一般是研究者在自己的教育教学实践中经历某种困惑或成果，或者在阅读、研究文献时对某一观点引起共鸣或反对，受到激发，产生一个初步设想，并有想要研究下去的原始冲动。也许这种设想不够清晰，有时甚至是种朦胧的感觉，研究者如果善于捕捉这些初始的研究冲动，就能不断地为科研选题提供新的线索，不断发掘出新的研究课题。这个阶段仅仅是初步思考，并未深入分析与论证，只能作为选题的初期。

（二）明确研究目标，分析课题

明确数学教育研究课题选题的目标是明确此项研究要解决的教育实践或理论中的具体问题。课题成功的标志之一是达到预定目标，实现课题价值。因此，研究的目标越明确，范围越确定，需要解决的问题越清晰，就越方便找到研究的着入点，研究进展越顺利。

为了防止初选课题时出现研究目标模糊、文不对题的弊病，研究者确定某个主题时，在课题的表述上应尽量避免一些细节错误①。

（1）避免使用宣传口号式的祈使句。论文课题表述上一般为陈述句或疑问句。常用的形式是“论……”或“……的研究”。

（2）避免出现科研课题中看不到论文关键词。一般来说，论文的主题是由论文的主要观点中的关键词加上研究方法构成，比如“初中数学复习课教学存在的偏差及其应对策略”“高中二年级学生阅读治疗的实验研究”等。

（3）避免文不对题或题不对文，即主题的范围与正文的实际内容和方法不对称。

（三）论证课题，制订研究计划

1．论证课题

课题选定后，研究者需要根据课题的特点进行初步的分析、评价和预测，也就是课题论证。课题论证是科研课题选择必不可少的环节，主要是为了避免选题中的盲目性。进行课题论证，必须根据翔实的资料，并用齐全的参考文献和详细的分析支持课题的主张。

课题论证主要包含论证课题的研究价值与课题的可行性。

（1）论证课题的研究价值。首先，须考虑该课题现有的研究水平。其次，须考虑提出的研究课题是否对当前的教育实践和教育理论具有积极意义。

（2）论证课题的可行性。教育科研选题是否可行，受到研究的客观条件和主观条件的限制。论证课题的可行性就是要考虑研究是否具备所需的基本条件。事实上，有些研

① 刘良华．教育研究方法专题与案例[M]．上海：华东师范大学出版社，2014：75．

究单凭研究者个人主观努力，没有适当的外部支持与测量工具，这项研究就无法进行，类似这样的选题必须放弃。

2. 制订研究计划

选好教育科研课题后，还需制订出课题实施方案，即研究计划。制订研究计划的目的是明确研究的范围和目标，具体规划研究的程序，使研究者能有计划、系统地实施研究，顺利完成既定任务。研究计划应包括组织工作、研究步骤和实施进度、成果形式和研究的场所、设备、经费以及在研究进程中会出现的问题与解决对策等。

对于重大课题，常常要写开题报告，并经专家审议。开题报告内容包括课题名称、研究目的与意义、研究主要内容、国内外研究现状、研究的创新与价值，此外还包括研究的步骤、进度、所需经费及其使用、研究成果形式等。

当一个科研课题经过上述步骤，如果证明它确实具有明确的研究目的，具有研究的价值和研究的可行性，那么这个课题可以确定下来。

第三节　数学教育研究课题的来源

21 世纪以来，随着信息技术、大数据的迅猛发展，给数学教育研究带来了新的机遇与挑战，把握新形势下数学教育研究的发展状况与方向对于促进数学教育研究发展至关重要。

一、数学教育研究课题的主要来源

（一）查看期刊每年的选题规划和相关课题信息

一线的教师在忙于教学任务之余，经常翻阅期刊对于选题是很有帮助的。为了帮助作者把握研究热点，期刊每年都会在杂志或网站上发布年度选题规划。这些规划都是根据基础教育发展现状提出的课题方向。比如，数学教育研究者近年来比较关注的是数学核心素养问题的研究。一线教师还可以通过阅读近期发表的论文确定选题或学习论文结构。

例如，《中学数学教育》2010 年 1—2 期合刊上的《怎样确定教学的重、难点》一文对教学重、难点的确定方法做了论述，教师可以就这个选题思考教学中都是怎样突破教学重、难点的，在课堂中关注突破的方法和教学效果，并做好课后反思和笔记，作为以后成文的很好的论据。

例如，《中国数学教育（高中版）》2010 年第 10 期《一道求函数最小值典型问题的教学实践》一文框架是：背景说明（成文背景，教材说明）；教学实践；教学反思。文章共三部分，有背景交代，有教学实录，有课后反思，这种框架对于刚刚进行写作的教师来说是一个很好的范文。

又如，解题方面变式探究的文章，《中国数学教育（高中版）》2010 年第 11 期《抛物线对称轴上点的“相关弦”性质的变式探究》一文的框架结构是：问题提出；变式探究；应用举例。文章共分为三部分，其中第二部分有探究，有证明，一步步进行性质和变式探究，此文被人大复印资料全文转载。对于一些教育理论的问题，可以查阅相关教育书籍，这样使论点更有说服力。

（二）听取专家和同行的讲座

听也是另外一种获取知识的重要途径。由章建跃博士主持的“中学数学核心概念、思想方法结构体系及其教学设计的理论与实践”课题研讨会的形式很好，由几位教师在现场上课，然后大家在一起讨论、点评，形成了很好的研讨气氛，有专家的引领，有同行的示范，使得教师对数学概念等越来越清晰。

例如，《中学数学教育》2009 年第 4 期、第 5 期刊登的是课题组第七次会议的研究成果，章建跃博士做了成果综述——追求数学课堂的本来面目，相关的教研员和教师对“任意角的三角函数”和“曲线与方程”这节课的教学设计和概念的理解等方面做了相关论述，使得问题越来越明白。也许有的教师会说，这样的机会我们也没有啊，当然，能和专家在一起讨论问题是很难得的机会，但是你可以先和自己的同事共同探讨，互相听课，经常看杂志中专家对相关知识点的论述，对数学的概念的理解会更深入，经过听课和研讨这样的过程，那么你对问题的理解会更深入，自己当然也会有很多想法，这时就可以形成相关论文。

（三）教育实践中提出的实际问题

教师的课题研究强调解决教师自己的问题、真实的问题、实际的问题。因此，研究者一般会从教育、教学工作面临的突出问题中选择，或者是从教育、教学的疑点中发现问题。有些教师也会从已取得的成功经验中寻找课题。

例如，向所教的课程寻找课题：

中小学数学课程的内容大多属于初等数学的范畴，初等数学已经有数千年的历史，中外数学家在这块园地上辛勤耕耘，如今已经是硕果累累。专家们指出，初等数学园地仍然生机勃勃，许多课题值得研究。

例　鲍建生：初等几何变换的复数形式及其应用（《数学通报》，1998（07））

初等几何变换是平面上的一一变换，定义在复数集上的函数也可以看作复平面上的一个变换，那么，是否可以用复数形式表示初等几何变换呢？苏州大学鲍建生博士对此问题进行了深入的研究。

又如，从教学对象中找问题：

大量的教师根据自己实际经验发现学生作为数学教学的对象，研究学生可以找到大量的研究课题。例如，在国际数学教育大会（ICME）就有“数学学习心理研究专题研究”。

第 9 届国际数学教育大会（ICME-9）的专题研究组特有的一个主题为“建构主义观点下的数学教育”，探讨建构主义对数学教育各个方面的影响。但是此后的大会没有再出现该具有时代特点的主题。建构主义作为认知心理学的新发展，其影响由心理学领域扩大到教育学领域，其教育观点令人耳目一新，但后来由于其具有浓厚的主观唯心主义成分而逐渐退去热潮。学生的“数学学习和认知”受到研究者的广泛关注，从第 9 届国际数学教育大会（ICME-9）到第 13 届国际数学教育大会（ICME-13）持续作为专题研究主题出现，研究者交流、讨论学生如何学习数学概念、定理、法则，学习中存在怎样的障碍及如何克服等问题。

数学教学中的动机、态度、情感、信念主题出现于第 10 届国际数学教育大会（ICME-10），并成为持续关注的热点问题（表 2-1）。

表 2-1　国际数学教育大会（ICME）中数学学习心理类议题分布表

专题名称	ICME-9	ICME-10	ICME-11	ICME-12	ICME-13
建构主义观点下的数学教育	√				
数学学习和认知	√	√	√	√	√
学生（教师）对数学和数学学习（教学）的动机、态度、信念		√	√	√	√

（四）针对自己教学遇到的困惑或问题进行实证研究

教学，是数学教师们每天进行的工作，如何提高教学质量，是学科教学领域永恒的话题。

作为一线教师来说，每天都能随时随地发现教学中的问题，包括教学情境创设问题、习题设置问题、布置作业问题、学生学习心理问题、教学设计问题等，可以说从教师登上讲台的那天起，教学问题时时伴随着教师。针对这些教学问题，教师要有研究的意识，教师可以从中选题。①从教学中遇到的难题或急需解决的问题中选题。教学中的疑难问题，往往迫使教师反复思考，并努力寻找解决途径。②从教师已取得的成功经验中选题。教科研课题往往来自教学实践的成功感受，因此教师可以到数学教学成功的经验中寻找课题。③从带超前性的热点课题中选题。课题研究要求围绕教科研热点问题和带前瞻性的问题中去发掘，才容易取得成功。事实证明也是如此，当前报纸杂志发表的论文多数是教改热点问题，在课堂教学中培养学生创新精神和实践能力，曾一度成为教科研热点研究问题，很多中小学教师热心研究此类课题，并获成功。

例如，课堂追问这个问题，《中学数学教育》2010 年第 12 期《例谈数学课堂教学追问时机的把握》一文对教师如何追问做了研究，教师追问于粗浅时、矛盾时、错误时、意外时、难点时、困惑时，引导学生不断地由此及彼，由浅入深，深入挖掘，逼近本质，解决问题，培养学生探究习惯，提高学生的思维能力。

二、部分重要研究课题

随着数学教育研究的不断深入，根据当前数学研究的现状，从课程、教学、学习、评价、现代信息技术五个领域提出值得进一步研究的课题，供参考。

（一）课程领域

1. 代数的教与学

代数，除了作为数学分支外，还在数学各分支中起基础作用。代数的语言和技术，为数学结论的一般化、问题解决、数学模型等提供了方法。代数结构展示了不同数学对象的共通性。根据数学对象的某些已知性质，许多其他性质能用代数方法推导出来。当前的潮流是把代数及其思想介绍给越来越年轻的学生。

借助于计算机、计算器技术，代数方法的使用不断增加。代数的结构和关系能利用图像、表格、图表等方法加以描述。美国专家指出，20 世纪 90 年代后期，手携计算机代数系统显示了强大的计算与图像功能，可以在代数教学中发挥巨大作用。在这种条件下，教师的作用需要重新研究。

2. 几何的教与学

几何是数学的古老核心，但是，当今的几何失去了它在数学教学中的中心地位。那么，古代几何的不合理之处是什么？几何教学改革的趋向如何？当前，新技术的出现，以及微观世界教育的可能性使人们重新重视几何问题。计算机给几何教学创造了有利条件，然而，计算机未能完全表达几何教学的复杂性。

3. 微积分的教与学

对于学生的未来工作，微积分长期以来一直是数学、科学、工程、商务、经济以及其他许多领域的重要基础。近年来，新技术、新教法、新的教育研究成果，已经使微积分的教学内容和方法有了新途径。世界上大多数发达国家的高中都有微积分教学，我国正在进行高中数学课程标准的修订，在高中数学课程中如何体现微积分的基础知识及其思想方法也是值得关注的话题之一。

4. 统计的教与学

第 9 届国际数学教育大会（ICME-9）组织了专题组研究高等、中等统计教学问题。主要涉及如下方面：①总结与交流统计教学的经验，并考虑如何利用这些经验，帮助明天的统计教育工作者。②统计教学如何反映科学技术的新成果。③统计教学如何反映发展中国家的建设成就。④统计教育与课堂教学的关系。⑤未来全球性的统计教育。

美国的米哈伊尔教授认为，统计的教学应该注意如下方面：①学生学习统计的某些问题，如对概念的理解、直觉的形成、有关机会的信念。②学生理解和应用（包括误用）数据，如集中数据、离中数据、样本等。③学生对图形以及数据的直观陈列的理解。波兰的拉哥马教授指出，概率统计是一种预告和解释现实世界的工具。他提出了课堂教学实践的构架，用以诊断和评估学生对概率统计知识的理解和应用的熟练程度。

5. 数学教育中的问题解决

学校数学教学中的问题解决在世界范围内越来越受到重视。由于在学习理论中的结构主义观点正在上升，问题解决在课程中的重要性将会进一步增加。第 9 届国际数学教育大会（ICME-9）着重研究了世界范围内问题解决教学的经验，交流实验研究和调查研究结果。根据日本 2002 年中小学数学课程标准，开放性数学问题在未来日本课程中占有重要地位，用开放性方法进行课堂教学，在日本更为普遍。

近年来，学校数学中的文字题在数学教育界中引起热烈争论，多数人认为，文字题不能培养学生建构数学模型的真正意向。比利时的列文教授总结了对文字题的如下批评意见：①学校算术中的文字题被看成是人造的、生硬的怪题。②与其说文字题有联系实际的功能，不如说它是迫使学生用所掌握的现实世界的知识来解决生硬的应用题。③学校数学中的文字题与现实世界缺乏联系。 因此，应用题的改革，就成为中小学数学教学改革的一个热点。 为了提高学生解决问题的能力，必须发展学生的数学语言能力、数学阅读能力和数学交流能力。

6. 数学教育中的推理与证明

推理与证明在数学教育中的地位围绕如下问题被展开研究：①在数学教育中，解释、判断和证明的重要性。②在课堂教学中，建立证明教学的条件。③通过证明教学，帮助学生建立推理论证的数学思想方法。在证明教学中，需要注意几个方面：①从认识论的角度，把数学证明的性质与它在历史上的地位结合起来。②从认知的角度，研究产生猜想及建构证明的过程，阐明证明在提高学生的解题方面发挥的重要作用。③从社会-文化方面思考学生建构证明的问题。④从教育的角度分析学生寻求证明的思路，对证明过程加以研究，并利用研究结果改进课程设计。加拿大吉拉教授指出，为了提高数学教学的有效性，应该注意发挥证明在解释方面的作用；利用形象寻求证明思路；发挥物理论点在数学证明中的作用。

另外，关于课程内容选择和编排的科学化问题也值得关注：学生可以学习的内容很多，但学习时间有限，这就需要研究选择教学内容的标准问题和分量问题。课程内容选取后，因为课程既要考虑数学学科的知识结构，又要考虑学生的心理结构，这就需要研究二者协调统一的优化问题，需要研究教学内容编排的科学化问题。

关于数学史与数学教育的关系问题：包括数学史与数学教材的关系，数学史与数学教学的关系，数学史与数学学习的关系，数学史与数学方法的关系，数学史与培养数学能力的关系，数学史与学生学习兴趣、学习态度的关系，数学史与培养合格的数学师资的关系等问题。

（二）教学领域

1. 关于教材和教学方法

包括数学方法论所研究的对象，数学方法论所包含的内容，数学方法与数学学习的关系，数学方法与培养的数学能力的关系，数学方法与培养数学教师的关系，数学方法与其他科学的关系等问题。研究教材、教法是教师教学工作的核心内容。虽说“教无定法”，但“教学有法”，因此，这里有大量的文章可做。下面的一些论题供教师们比较研究。

“对新教材中加强反证法教学的几点看法”“试验教材第二章‘函数’的教学体会”“椭圆、双曲线第二定义的创新教学设计”“例说数学课堂活动的设计”“关于一道高中课本例题的商榷”“代数概念的特征研究及其教学启示”“平行线分线段成比例定理教学后记”“浅谈到位的课堂提问”“利用计算机进行发现教学的一次尝试”“变数学问题为实际问题是培养学生能力的一条有效途径”等。

2. 关于数学知识的教学与数学思维活动的教学问题

包括两者的区别与联系，这两者与教材内容的选取、编排的关系，与教学过程、教学原则、教学方法的关系等问题。

3. 关于教学方法问题

包括选择数学教学方法的依据是什么，国内外各种教学方法的研究，教学方法与数学思想的关系，各种教学方法的理论，各种数学教学方法的适应范围分析，如何评价一种数学教学方法的合理性问题。

4. 关于教学过程最优化问题

包括什么是最优化，最优化的标准是什么，如何达到最优化，如何评价最优化等问题。例如，教学中既要求提高教学质量，又要求减轻学生的学习负担，就可看成一个最优化问题。

5. 中学数学教学目的问题

包括为什么要学数学，如何处理统一性和灵活性的关系，确定目的的依据是什么，目的中内隐的心理活动与外显的行为动作如何统一或协调，目的中的知识、技能、能力、态度到底如何要求，如何评价，从义务教育的教学目的到可操作、可检查的教学目标，检查的方式方法。

6. 教学过程问题

包括数学教学过程的实质是什么，数学教学原则体系是什么，它们各自的含义和作用是什么，在数学教学中如何实施这些原则。

7. 数学教学组织形式问题

主要是教学的集体化和个别化问题。班级授课制的优缺点，个别化教学组织形式的优缺点。合理的教学组织形式是什么。

8. 数学教学方法问题

主要是如何合理选择适当的教学方法，为此需要研究各种教学方法的特性、功能、适应性与局限性等。

（三）学习领域

1. 关于能力问题

包括什么是能力，什么是数学能力，数学能力的结构是什么，数学能力与一般能力的关系是什么，数学能力与数学技能的区别与联系是什么，数学能力与数学知识的区别与联系是什么，如何培养数学能力，如何评估数学能力等。

2. 关于思维问题

包括什么是思维，什么是数学思维，数学思维的特性、分类和结构是什么，数学思维的过程是什么，思维的模式是什么，还有数学创造性思维、数学思维的指向性（如定向思维、逆向思维、集中思维、发散思维等）、数学思维能力的培养、数学思维的测试和实验等。

3. 关于学习的本质

包括什么是学习，数学学习有什么特点，各种关于学习的理论与数学学习的关系，数学学习的过程、结构、模式，如何激发学生的学习兴趣、促进学生思维的积极性和发挥学生的主动性、创造性，从而达到最佳学习效果等问题。

4. 关于学习过程中的心理活动问题

包括学生在数学学习过程中具有怎样的心理活动，分析、综合、抽象、概括在数学学习过程中的作用和对数学能力形成的作用及对认知结构的完善的作用，在学习数学概念、学习数学定理等的过程中的心理活动的特点等问题。

5. 关于影响学生学习的因素问题

包括学习的动机对学习的影响，学习的兴趣与态度对学习的影响，品格对学习的影响，如何使这些非智力因素对学生学习起促进作用，还有家庭、学校、班级对学生学习的影响等问题。

6. 关于解决问题与创新性问题

包括什么是数学中的解决问题，数学中解决问题的种类，对问题解决的各种提法的评析，学生在解题过程中是如何控制情感因素，解题活动的内部动机是如何产生的，解题过程是怎样发展变化的，解题与学生所掌握的知识以及解题经验的关系，如何发展学生在解题过程中控制、调节思维的能力，如何有效地发展学生的解题能力，什么是创造性，如何理解学生学习的创造性，如何培养创造性能力等问题。

7. 数学思维问题

包括思维与数学教学专题研究的深入，现代社会文化与数学思维教育，“问题解决”中的数学思维教育，数学思维教育的心理学研究，数学思维教育与人的素质发展，“现实数学”中的思维教育，课程教材改革与数学思维教育，数学思维教育实验研究方法，结合学生年龄特征和数学内容的深广度来研究思维发展的规律。

8. 数学学习过程中的心理活动问题

包括在数学学习过程中学生有怎样的心理活动，分析与综合、抽象与概括在数学学习中的作用，对能力形成的作用，对完善认知结构的作用等问题。

9. 数学认知结构的问题

包括数学认知结构的性质、特点与发展过程，影响学生形成数学认知结构的因素是什么，如何在教学过程中确保学生认知结构的完善，认知结构与发展学生能力的关系等问题。

10. 数学学习的性质、特点和基本过程

包括什么是数学学习特点与数学学习特点分类，做中学与接受学、意义学习与“熟能生巧”，数学知识、技能、思维能力的获得与保持，数学学习的动因等。

11. 问题解决与创造性的问题

包括什么是数学中的问题解决，问题解决的种类，问题解决与创造性的关系，如何理解数学学习中学生的创造性，怎样发展学生的创造能力等问题。

12. 学习迁移问题

包括什么是迁移，迁移的分类，数学学习中影响迁移的因素，数学学习中如何促进迁移等问题。

13. 数学学习中发展学生非智力因素问题

包括什么是非智力因素，非智力因素对学习的影响，怎样发展学生非智力因素等问题。

（四）评价领域

1. 关于数学竞赛问题

包括数学竞赛的言责、目的和意义，数学竞赛与数学教学的关系，数学竞赛与数学人才的早期发现，数学竞赛与培养学生学习数学的兴趣的关系，数学竞赛试题的合理性与有效性，数学竞赛命题的基本方法和基本要求，数学竞赛活动的教育功能，数学竞赛的培训，数学竞赛后的分析与评估等问题。

2. 关于数学教育的评估问题

包括数学教育评估的特点、作用以及原则，数学教育评估的方法、程序，定性评估与定量评估，数学课程体系、数学教材的评估方法与程序，数学教学评估的设计与分析，数学学习评估的指标体系与方法，数学能力评估的指标体系与方法，数学教学模式与特殊教学过程的分析等问题。

3. 学生学习评价的标准、工具和手段

诊断性评价、形成性评价和终结性评价的实施方式和方法。

4. 考试命题科学化问题

包括数学中客观试题和客观试题的作用，如何命题才能达到评价的几项指标，数学教学中实施标准化考试的可行性分析等。

（五）现代信息技术领域

包括对现代教育技术教学的评析，实行计算机辅助教学的心理过程的分析，如何评价计算机辅助教学程序，学习计算机知识与理解概念、解决问题的关系，现代化教学手段对教学内容的选择、教学材料的组织、教学的进度和数学中关键概念发展的影响，对学生学习态度、学习方法的影响等问题，现代信息技术对数学教学内容和数学能力的影响和对策，现代信息技术对数学教学方式、方法的影响，现代信息技术软件的开发，现代信息技术的特点、作用和运用，现代信息技术课程的开发与教学等问题。

此外，近年来以下三个方面也引起了广大数学教育研究者的广泛关注。

1. 数学课堂教学研究

虽然数学课堂教学研究是一个相对年轻的领域，国际数学教育研究对这一类议题的关注也比较晚。第 9 届国际数学教育大会（ICME-9）中未出现与这一类别有关的主题。最先出现于第 10 届国际数学教育大会（ICME-10）的相关主题为“数学教学法的革新”。第 11 届国际数学教育大会（ICME-11）中则出现了三个相关主题，分别为持续的“数学教学法的革新”和新增的“课堂教学研究”以及“任务设计和分析的研究和发展”。这两个新增主题保留到了第 12 届国际数学教育大会（ICME-12）和第 13 届国际数学教育大会（ICME-13）中，成为被持续关注和研究的主题。第 13 届国际数学教育大会（ICME-13）增加了“基于数学学习的课堂评估”主题，该主题旨在通过课堂评估提升学生的数学学习质量，其研究内容包括课堂的评价规则，如教师反馈、学生自评、学生互评等，课程、教学和评价的一致性以及评价方式的设计等。

可以从多个视角研究数学课堂教学的重要方面。例如，从国际比较视角分析了中国数学课堂教学的优势和不足；从认知心理学和社会文化视角提供了数学教学设计、评价及实践的各种方案、案例研究以及进一步研究的方向。

2. 数学核心素养

（1）数学核心素养的内涵。
（2）数学核心素养的实现途径。
（3）数学核心素养的评价研究。
（4）数学核心素养的课堂教学研究等。

3. 其他问题

（1）关于数学教育的特定规律问题。包括什么是数学的特点，什么是数学教育的特点，什么方法是数学所特有的方法，如何培养学生的数学观念，如何发展学生的数学能力等问题。

（2）关于数学教学内容的现代化问题。包括现行数学教学内容是否需要大的变化，数学教学内容现代化的含义是什么，如何使数学教学内容现代化，数学教学内容现代化与教师的关系，数学教学内容现代化与学生的关系等问题。

（3）关于数学模型和应用问题。包括如何培养学生建立数学模型的能力，如何帮助学生应用数学模型解决实际问题或对实际问题作出解释或说明等问题。

（4）关于数学师资培养问题。包括中学需要怎样的数学教师，怎样的教师才是一个优秀数学教师，一个优秀数学教师应具备哪些知识和素质，以及培养数学教师的最佳途径等问题。

（5）关于加强双基教学的问题。关于这个问题，我们已经有许多成功的经验，问题是怎样把这些经验上升为理论，找出规律。例如，为了使学生的基本运算准确、迅速，究竟要用什么方法进行教学、用什么方法进行训练，这就需要仔细总结，找出具体步骤和数据，并从理论上加以阐述，从而成为别人也可以重复操作的科学方法。

（6）关于数学教学中的差生转化问题。包括差生的界定标准是什么，差生的特征是什么，差生形成的原因分析，差生的基本类型，智力型差生的转化，非智力型差生的转化问题。

（7）关于数学课外活动问题。包括数学课外活动的目的、意义、内容和基本形式，数学课外活动与课堂教学的关系，数学课外活动与因材施教、激发学生学习数学的兴趣的关系等问题。

（8）关于考试的科学化问题。包括数学中客观试题和非客观试题的作用和评价，如何命题才能使考试达到一定的信度、效度、难度和区分度，数学试题库的建立，在数学考试中实施标准化考试的可行性分析等问题。

（9）关于数学教育的实验问题。包括实验的设计、组织、实施和评价，如何把经验上升为理论、向科学化发展，数学教育中有关问题的可定义性、可测量性以及可操作性等问题。

与此同时，以下问题也是值得研究的问题：①21世纪，信息时代对数学知识和能力提出了新的需求，需对这些新的需求作补充调查和预测。②新课程标准下，数学教学内容增加了如离散数学、集合逻辑、概率统计、向量、微积分等内容，为此有必要对这些内容在中学进行教学的必要性和可行性作进一步的论证。③传统数学教学内容的精选、提炼与改革，特别是几何教学的改革。④数学应用与应用数学（如何加强课内数学知识的应用，哪些应用数学宜纳入教学内容）。⑤影响数学课程发展的诸因素及其地位作用。⑥教学内容的选定、组织、重点的确定应当用什么思想、观点指导？⑦数学课程结构采用什么方法编排顺序，如何处理逻辑顺序与心理顺序的不一致性，能否用一种统一的综合结构取代代数、几何分科，课程体系如何安排才有利于教和学，才科学、合理。⑧课程改革的实施方法。实施课程改革的阻力和助力，实施策略的研究。⑨数学课程改革与教师的观念更新、知识更新与手段更新。中学数学教师知识、能力等方面素质的要求与提高。⑩高校招生考试与数学课程改革。

思 考 题

1．数学教育研究选题的意义在何处？请结合自身实际。
2．数学教育研究课题如何分类？可分为几种？
3．数学教育研究课题的选择原则有哪些？
4．如何才能选择合适的数学教育研究课题？
5．重要的课题领域可以分为几大块？

第三章　数学教育研究课题方案的制定与实施

第一节　数学教育研究课题方案的设计

一、课题设计的意义

教育科研方案设计就是研究计划的设计，是接下来需要具体开展的研究的主要设想，在行动开始前，研究者预先设定具体的内容以及步骤，它是研究工作的统领计划和行动方略，研究方案是教育科研的重要组成部分之一，任何有经验的研究者在开始一项研究之前一定会花费一部分时间开展这项工作，并将研究方案纳入到研究成果。研究方案设计就是在行动前弄明白做什么样的研究，为什么做研究，用什么样的方法进行研究。研究方案设计一般包括课题的确立，研究的目的及意义，研究内容，研究假设，研究方法，研究重点和变量的确定等方面的内容。

一个大型的课题研究往往不能只靠个人完成，需要通过团队分工协作才能顺利完成。此外，各级科研管理部门需要对科研工作进行规范管理，对重要的、有发展前途的科研项目予以支持，并且把已经通过审批的科研项目纳入相应的科研发展规划中，从而形成各级教育科研的管理体系。

选择了研究课题之后，往往需要以某种形式把所选择的课题确定下来，形成一个项目，纳入到各级教育研究的规划之中。在科研规划中，往往采用先进行课题设计、申报、后立项的顺序。为此，对所研究的课题进行设计显得很有必要。

研究设计是数学教育研究能否达到预期目的的重要保证。事先周密的研究设计，一方面有助于研究工作的顺利进行，更重要的方面，是为了研究具有内在的效度和信度。效度是指研究结果在回答课题提出方面的正确程度，研究结果反映事物间存在的因果关系或特征的真实程度。信度是指研究结果的可靠、精确与稳定程度。效度与信度的高低是研究科学性高低的反映，也是研究的生命所在。

通过课题研究的设计，课题组成员可以对课题作进一步的思考，为研究工作创造有利的条件。课题设计的意义：①明确课题研究的目的、重点和难点，对课题研究工作进行初步规划。②组织研究梯队，使课题组成员相互协作，共同完成课题研究任务。③明确课题的研究意义和价值、内容和特色，作出可行性认证，争取上级从人力、物力、设备、经费上给予支持，为课题研究开展创造有利条件。

二、课题设计的过程

课题研究设计是立项前的论证，其目的是，项目主持人向教育领导部门以及有关专家组详细报告所申报课题的意义、开展研究的前期准备情况、课题特色以及开展研究的有利条件，使得申报的课题获得上级相关部门批准后，能够正式立项。数学教育研究课题必须具备以下两个要素才能获得立项。

（一）明确课题研究的目的和意义

俗话说不打无准备之战，设计研究方案是为了在开始研究之前，对整个实验进行全方位的考虑，对整个研究的方向和进程能够形成清晰地认识①，良好的开端是成功的一半，当整个实验有了全方位的计划之后，接下来的其他活动也都可以有组织地顺利地进行。有无研究方案，这关系到研究者能否对整个研究过程有一个清晰的认识和准确地把握。

明确课题研究的目的和意义即开展课题研究的必要性，该课题研究有什么教育价值，有什么特色，与同类课题研究相比较有何创新之处等。通过课题设计，使得研究工作有明确的方向，按既定目标有步骤地开展研究工作；使得上级和课题组成员了解课题的目的、内容和意义，对课题给予支持，如提供试验场地、图书资料等。为此，课题组成员必须对同类研究工作有所了解，努力使所提出和实施的课题研究具有鲜明的特色。

在研究前期，研究者要对实验中可能出现并需要研究的问题、为了解决这些问题可能采用的方法、解决问题后可能得到的结果等因素做到心中有数。这是做任何一项课题都务必要做的研究内容之一，也是研究的前提。在进行研究方案设计的过程中，研究者的任务主要是解决以下三个问题：①研究的问题是什么。②怎样开展此次研究。③研究的预期成果是什么。

（二）提出实验课题假设

研究假设是研究者根据经验事实和科学理论，对所研究的问题预先赋予的有待验证的暂时性答案，是对课题所涉及的主要变量之间相互关系的设想②。对各种教育问题和教育过程中正发生的教育现象，正在进行的，并且尚待证明的初步解释，这些都属于假设性质。假设在课题研究中具有定明方向、限定条件和参照执行的作用，在开始实验的过程中，实验假设占有十分重要的作用。在研究中，研究的问题通过假设的方式进行表述，会使得研究目的更为明确，研究过程更为顺利，研究结果更加正确。教育科研，特别是中小学教育科研通常需要经过探讨自变量与因变量之间的关系，来假设出相应的有关条件和相对的反应之间的关系的表述。比如我们创设了哪些条件，为了这些条件我们需要控制哪些因素以达到实验的严密性，实验过程中我们采取了哪些教育的措施，达到了怎样的实验结果。

提出研究假设通常要遵守以下要点：①假设不能与已经被证实的正确理论或事实相违背。②推测变量关系时要注意合乎逻辑。③研究假设应以陈述句的形式清晰、明确地表达出来③。④掌握一定的方式方法进行数据的收集和事实的验证工作。当然，研究者可根据研究性质决定是否正式提出研究假设。但也有例外的情况，比如，定性研究、描述性研究及单一变量的研究则不一定要预先提出明确的假设。

---

① 李哉平，沈江天．中小学课题研究方案的设计[J]．教学与管理，2009：1.
② 叶立军．中学数学课题研究与论文写作[M]．杭州：浙江大学出版社，2007：24.
③ 赵云山．谈教育研课题方案[J]．宝鸡文理学院学报，18(1)：41-42.

数学教育研究课题有多种，实验课题是其中一种重要的研究形式。所谓课题假设，就是以假设的形式，在一定的条件下，对课题研究的可能结果作出初步的假设，用文字加以表述，从而使课题更加明确化。换而言之，研究者根据已知事实或数学教育科学的原理，对研究的教育现象和规律作出初步的假定，假定有待于通过实验或实践获得验证或修正。

1. 实验假设的类型与特点

研究假设按照不同的标准一般可以分为实验研究和非实验研究。实验研究与非实验研究的假设是不同的，在非实验研究中，研究假设往往是隐含的，变量与变量之间并没有涉及相互关系，但在研究者的心中应该有着明确的认知。在实验研究中，研究假设一般就是实验假设，通常是研究课题之间主要涉及的变量之间的关系，如“某教师通过课堂的观察发现学生的上课表现有着明显的差异”，于是提出问题：“学生的学习成绩是否与学生的睡眠质量有关”，确定这个问题后，教师明确了自变量是睡眠量，学习成绩成为研究的因变量。教师设置了一个对照班和一个实验班，通过一段时间的收集信息和数据分析，得出学生的成绩与学生的睡眠量成正相关，随后通过家访和其他手段改善学生的睡眠状态，从而提高了学生的成绩。这就是实验研究假设的具体体现。

当然，并非所有的研究都存在研究假设，能够在实验之前提出假设的研究被称为有框架研究，而不能够在实验之前提出假设的研究被称为无框架研究。

另外，还有一点不能忽视的是假设的细节。在开始一项研究之前，就应该确定好研究的假设，如果一个假设随着研究的进程而改变，那么这个假设就是十分可疑的。假设一般可以分为两类。一类是描述性假设，描述原因和可能产生的结果。另一类是解释性假设，通过解释由某种原因导致的可能产生的结果并说明产生这些结果必要的一些条件。另外，这两种假设存在一个差异就是预见性，所谓预见性就是在形成假设时可能出现的结果可以被预设出来，这种预设性描述性假设不具有，而解释性假设则具有。

2. 数学实验假设的特点

（1）假设的推测性。数学教育实验假设，是以数学教育的理论、现实或经验为基础，对数学教育实验结果的某种推测。这种推测不是凭空臆想，而是以一定的理论为指导，以经验、事实、观察为依据，以类比、归纳、演绎推理为基础作出的符合经验和常理的假定。由于所作的假定是有根据的，故实验验证假设有一定的似真性。

（2）假设的待验性。经验不一定是规律，但经验往往蕴藏着规律，经验与实践是教育研究假设的源泉。随着时代的发展，人类认识、教育的条件、课程的理念都会发生变化。所有的经验未必适合当前的现实。因此，课题的假设有待于实践的检验。

（3）假设用语的明确性。课题研究的目标应该简明清晰，课题研究的条件应该予以明确规定，课题假设应该给予限定。假设自身应该在逻辑上没有矛盾，在叙述上令人信服。

例[①]　平面几何教学中关于集合、逻辑和论证的实验（主持人：北京师范大学孙瑞

① 叶立军．中学数学课题研究与论文写作[M]．杭州：浙江大学出版社，2007：42-43．

清教授）

实验背景：平面几何的主要目标之一，就是学习逻辑推理，而逻辑推理又与集合知识有很大的联系。初中生开始学习平面几何的时候，往往遇到图形性质方面、逻辑推理方面以及朴素集合论方面的困难，而这些困难结合在一起，构成了学生学习的障碍。为了帮助学生越过这些障碍，克服平面几何入门学习的困难。北京师范大学的孙瑞清教授提出一个试验方案，即在学习平面几何以前，先学习集合与逻辑的初步知识，希望能帮助学生扫清平面几何入门学习的障碍。

实验假设：让学生在学习平面图形知识之前，先学习集合与逻辑初步知识，这样做有以下好处：①有利于对概念的掌握。②有利于学生理解图形的性质。③有利于学生掌握几何的演绎体系。④有利于学生掌握推理论证的方法。

3．研究假设的作用

第一，导向作用。研究假设对实验有着定向作用，即在开始一项研究之前，预定实验的方向，在实验开始后围绕假设进行，如果存在假设，那么内容将会更为具体，在行动过程中，目标将会更为明确，目标将会更为集中。研究者根据研究假设，可以更为方便地把握研究方向，对于其他学习者而言，有助于理解该研究课题的内容。

第二，核心作用。研究假设是研究的核心，在整个研究过程中，实验实际就是围绕着实验假设不断地修正提升开展起来的。

第三，桥梁作用。假设是具体的理论的前身，在假设没有被论证之前，假设就是假设，但当实验开始后，研究者对有关现象进行概括，对有关问题进行研究，直到假设被证实，那么假设就上升到了理论的高度。

4．研究假设的基本要求

在整个实验过程中，研究假设起到了非常重要的作用。在开展一项实验之前，形成研究假设也必须遵循一定的基本要求。

第一，可辨别性。研究者能够清晰明了地辨别研究假设的真伪，并经过之后的研究和实验论证假设的真伪。比如，某教师通过课堂的观察发现学生的上课表现有着明显的差异，于是提出问题“学生的学习成绩是否与学生的睡眠质量有关”，确定这个问题后，教师明确了自变量是睡眠量，学习成绩成为研究的因变量。在实验室开始前，教师就能清晰明了地知道，学生的学习成绩的确与学生的睡眠质量有关。那么在实验结束时，教师通过研究就能得出，学生的学习成绩确实是和睡眠质量有关。

第二，叙述关系。研究假设能够说明变量与变量之间的关系，在实验中，研究者首先要确定因变量和自变量，并且要考虑它们之间的相互关系，比如“学生的学习成绩是否与学生的家庭关系有关”，这里就存在成绩与学生的家庭关系之间的关系。

第三，与事实相符。研究假设应该与大多数已知的事实相符，不能妄自猜测，不能信口开河。

第四，注重简洁。研究假设应该尽量注重简洁，研究者应该避免采用不必要的复杂概念，复杂概念只会让假设显得过为冗长，应该让看的人明白清晰。

第五，单一性。研究假设应该直接解释某个现象和问题，不必附加其他的假设。

第六，假设的论述要适当加上限制和条件。这就需要考虑实验的自变量和因变量以及它们之间的关系和相互影响的因素。这对于接下来进行研究有着非常重要的作用。

5. 研究假设的形成

研究假设并非空穴来风，当然也不是凭空出现的，它需要研究者经过一个特定的思考过程，通过一系列研究、考察，逐渐形成研究假设，研究假设的形成过程大概分为以下几个部分：

（1）观察阶段。任何科学的假设，都不是臆想而得，都需要研究者通过对具体客观的事物或者一些科学结论的研究和观察，特别是在开展实验之前要仔细观察所要研究的对象，考虑到全方面、多角度的因素，提出全面的假设。

（2）提出假设。通过对所要研究的问题的观察和分析，尤其是对形成问题的原因的分析，研究者结合已有的知识经验以及必要的学科知识、教育理论，针对研究问题提出特定的研究假设。

（3）表述假设。对于已经形成的假设，研究者要以恰当的方式进行表述，表述方式要明确、简要。这对于接下来进行实验起到了非常重要的作用。

第二节　数学教育课题研究工作计划的制订

计划是行动的指南，有了课题题目，如何撰写课题方案也是开展课题研究的必备一环。课题方案撰写内容要具体、明确，有关条款要齐全，研究内容操作性要强。研究工作计划的制订建立在研究设计的基础上，是对任何实现某一研究计划的行动规划、时间规划、组织形式规划和经费规划等。研究工作计划的主要内容是划分工作阶段与程序，明确每一阶段的工作任务和要求，估算每阶段需要的工作时间，确定研究的组织形式，列出研究人员之间的分工职责与合作项目，规定对研究工作开展状况的检查时间与方法，以及研究成果的形式、评价与鉴定，研究经费的预算等。研究工作计划是对各个研究过程的全面规划，应把它建立在对研究活动的系统分析的基础上，寻找最佳组合。

研究工作计划的完成，意味着研究准备阶段构思部分的基本结束。在进入实际研究前，往往还有一些具体的准备工作要做。例如，基本的研究经费的筹措，物质、技术的准备和设备的借用或购置，对协助研究人员的情况通报与培训，对具体研究对象和研究环境的初步了解等。这些工作的完成都将为研究工作的顺利开展创造条件。

对于研究准备阶段的质量要求，一般地说，定量研究比定性研究高，实验研究比自然研究高。对有些无假设、无框架的研究课题，通常并不要求事先有严格的研究设计与制订周密的研究工作计划，但对于那些重点课题或上级政府批准立项的课题来说，进行研究设计与制订研究工作计划，都是绝对不可少且绝对不可草率马虎的。

研究工作计划的基本结构如下。

1．明确表述课题的题目

课题的题目一般应包含三部分：①研究问题；②研究对象；③研究方法。教师在课题题目的确定中往往存在着成分残缺、含糊不清的现象，因此要以此规范课题题目。

课题名称一定要具体、清楚、简洁，不可含糊不清，或者外延任意扩大或缩小，使人引起误解。有的学者主张：课题名称应尽可能包含研究对象、研究问题与研究方法。

例如：基于培养学生现代学习方式的数学课堂教学策略与教学模式

点评：课题名长达 26 个字，长了一点，显得有点累赘。左一个“策略”，右一个“模式”，堆砌的名词术语过多，反而给研究和论文的撰写带来麻烦。其实作者的主要意思就是培养学习方式，为什么不说得干脆一点呢？建议作出修改，可以有几种做法：①如何在数学教学中培养学生的现代学习方式。②培养学生现代学习方式的数学教学策略。③培养学生现代学习方式的数学教学模式。④在数学教学中培养学生现代学习方式的研究。

读者还可以提出其他各种修改方案，并对课题的开展和可能遇到的困难作出一些预计。

例如：初一代数自学辅导教学的实验研究

课题的研究对象是初一学生，研究问题是代数自学辅导教学，研究方法主要是实验法。这三部分都能从该课题中得以体现，所以说此课题表述明确，较好地表述了课题的研究对象、研究问题与研究方法。

2．研究的目的与意义

目的和目标在汉语中的意思几乎相同，但在课题方案的陈述中，两者还是存在略微的区别。研究目的是研究者对研究结果的概括、预测以及期望，是整个研究的归宿和方向，显得笼统而抽象，当然这也就是一般人所称的“总目标”。但是数学教育研究要达到预想的目的，一般而言需要将目的根据不同的要素加以分解，提出一系列具体的目标，这些目标具有可操作、可验证的性质。设计研究目标时需要注意：①统筹兼顾，目标不仅要考虑到课题本身的要求，而且要合乎课题组实际的工作条件、研究的基本水平和所需时间等。②课题研究目标不等同于教育教学的工作目标。所谓课题目标是在于探求未知的教育教学规律；而工作目标只是在于完成具体的教育教学任务，实现教学目标，培养更多优秀的人才。课题研究目标就是为教育教学目标服务，为了不断提高教学质量培养更多专业人才。③有些课题研究可能为一个较为复杂的研究，一般会包括多个目标，这些目标应该受到课题研究目的的统领并形成体系。有一些综合性较强的课题，可以分成各个不同的子课题，根据每个子课题之间的关系可以整理出一个多层次的目标系统，形成一个完整的有机结构。例如，《中学数学教学培养学生探究能力的实践研究》，其背景可包括：①现实背景（即目前课堂教学现状及存在问题等）。②理论背景（包括教育部门的教改文件、教学大纲的要求和建构主义及引探教学理论等）。③课题研究的目的和意义。一般认为研究背景的阐述，内容可根据需要进行增减。

3．文献综述

文献综述主要的注意点可以分为以下三点：一是该研究的主要观点、发表的刊物、具体研究者包括哪些、研究的进展和发展趋势，以及之后可能会面临的问题；二是说明该问题尚未解决的问题以及解决这些问题的意义[①]；三是对已有的研究的评价，评价的价值在于可以为以后的任务起到导向的作用。文献综述在研究方案中，不一定写很多，要把这一部分拿出来单独形成一份成果。研究方案里的内容是对这篇文献研究综述的概括。例如，关于“德育研究”，德育研究包含很多内容，如德育的时效性问题、学校德育的方法途径和内容问题、中小学德育课程问题、影响德育效果的家庭原因问题等。例如，“影响德育效果的家庭原因问题研究综述”，可以包括“影响德育效果的家庭原因的研究发展现状”“影响德育效果的家庭原因的研究方面有争议的主要学术问题”“影响德育效果的家庭原因的研究与实践中尚未解决的主要问题”“影响德育效果的家庭原因的研究的发展趋势”四个内容。事实上，任何德育研究领域中的问题的综述都可以从这四个方面着手。作为文献研究，主要要解决的问题也就是这四个方面的问题。如果研究者已经解决了这四个方面的问题，那么，我们的研究一定是在别人研究的基础上进行的，所以任何研究都应该在广泛了解所研究的问题的现状的基础上进行进一步的研究。

4．确定好研究的具体内容

研究内容的确定包括研究对象（关键词）的界定以及课题研究的具体操作要素。研究内容的多少与课题的大小有直接关系，但研究内容必须准确体现研究课题，如《中学数学教学培养学生探究能力的实践研究》这一课题至少包括以下两大方面内容：（1）探究能力概念的界定及培养探究能力的意义；（2）培养中学生探究能力的探索。这是课题的主体部分，应仔细分为以下四部分：①教学中激发动机对探究能力培养的作用。②理解掌握“双基”与培养探究能力的关系。③培养探究能力的关键是什么；（如课堂教学精心设计开放题，实施启发创新教学等）。④培养学生探究能力还有哪些有效途径（如课堂教学运用探究训练教学模式和加强学法指导等）。内容具体，一方面要使观点明确、层次分明、逻辑性强；另一方面还要提供丰富的相关材料。

研究内容的多少与课题的大小有直接关系。如果研究课题大，一般可将内容分部分表述清楚；如果研究课题小，一般研究内容也较少，但也应尽可能表述清楚、准确。

5．研究假设

研究的问题以假设的形式提出，将会显得更为明确。一般来说，研究者应根据研究的实际问题，给出已知事实的解释，并且能对一些能被证实的观察进行预言。假设应越简单明了越好，如果设条件为 A，反应为 B。假设一般取“如果 A，则 B”的形式。假设的真伪判断，是研究者在接下来的实验中用实践和实验来验证的。

---

① 叶立军．中学数学课题研究与论文写作[M]．杭州：浙江大学出版社，2007：44-45．

6. 研究对象

研究对象是研究课题所研究的问题，即接下来需要做什么的问题。研究对象是根据主题形成具有内在联系的问题结构，确定重点，提出与之对应的解决实施构想，从而将较大的问题细化成几个具体且关联的便于操作的，并用陈述句进行表述的子问题。例如，“初中学困生与非学困生的数学学习习惯的比较研究”的研究内容：①调查初中学困生和非学困生在上数学课、数学作业复习和考试习惯上的不同特点。②不同性别的初中学困生和非学困生的数学学习习惯的比较。③不同年级的初中学困生和非学困生的数学学习习惯的比较。④分类调查分析造成数学学习困难生学习习惯不良的因素。⑤提出矫正初中学困生不良学习习惯的对策。

7. 研究方法

研究方法的确定，取决于研究的类型。理论研究、应用研究、技术研究都存在其本身的方法。文献研究方法和思辨方法等一般适用于理论研究；实验方法或试验方法等一般适用于应用研究；试验方法等一般适用于技术研究。一般情况下，任何研究都不仅仅采用一种方法进行研究，而是采用几种方法进行综合运用。

8. 指出课题的重点和难点

研究的重点是指在课题研究中处于关键地位和有重要作用的内容。例如，课题“高一数学教学 GCAI（G 表示高中教学，CAI 表示计算机辅助教学）应用实验”，研究重点就是设计恰当的课件，使得利用计算机或图形计算器能有效地解决中学数学的有关问题。

研究的难点是进行课题研究中相对比较困难的步骤，如课题“当学生进入了数学认知的误区”，研究的重点就是找出有效的办法，帮助学生走出数学认知的误区，研究的难点则是正确分析进入数学认知误区的原因。有时候研究的重点就是难点，但也未必完全一致。具体问题要具体分析。

9. 设计好课题研究的步骤和计划

为了按时完成课题研究任务，应该把课题研究分为若干步骤，每个步骤有明确的任务与要求，估计或设定完成每步骤所需要的时间，根据条件的许可作出限制，一般来说，一个课题研究至少需要一年或更长的时间。

数学教育课题研究，往往都是分阶段、分步骤进行的，对每一阶段、每一具体步骤应开展什么工作，达到什么具体效果，及其大致时间、人力、财力的安排都应表述清楚。设计研究步骤就是设计课题实施中分几个时间阶段进行研究（一般有学习宣传阶段、实施操作阶段和交流总结阶段）。研究中每个阶段的工作任务、要求及时间安排，不仅要胸中有数，还要落实到书面计划中。这样，研究者可以严格按每一阶段的安排进行研究，自己督促自己，自我检查计划的完成情况，从而保证课题研究按时保质完成。课题研究的管理者也可依据此研究步骤对课题研究进行检查、督促与管理。

10．写出课题研究的有利条件

课题研究的有利条件包括研究成员的身份（含职称学历等）、教科研水平和课题原有的研究基础（包括相关课题和论文获奖与发表）。其中研究人员是不是教学、教科研的骨干力量显得很重要；较大的综合性主干课题是不是领导带头申报也影响着课题开展的力度；研究人员对课题内容的理解程度以及课题的可操作性等都可构成课题研究的条件。应该鼓励中学高级教师和学校领导申报课题，并成为课题的主要负责人。

课题研究的选题是教师开展教科研活动的前提，课题计划的设计是教科研活动的蓝图。教师能否有效开展课题研究，除了过好以上“两关”，还有其他几关，如过好审批立项关、材料积累关、过程汇报关、效果总结关、成果推广关等，但前“两关”是课题研究的重要环节，直接影响着以后几关的操作运行。总之，教师从事教科研课题研究，首先要不断提高自己的选题能力，不断提高自己制订研究计划的水平，这样才能使自己逐步成为研究型的教师。

11．研究组成员分工

数学教育研究课题涉及的面较广，时间长，往往需要组织课题组、同行相互协作，可以保证更好地完成课题任务。另外，骨干教师也有责任带动更多的教师进行数学教育研究，促进数学教育的繁荣昌盛。

一个课题可以分为若干个子课题，课题组的分工应该明确：①明确指出课题负责人与子课题负责人。②明确课题组中每个成员的具体职责。

例如，“初中生自学辅导教学的实验研究”，需选取实验教材，指定实验前的调查研究人员、实验班与对比班的教师、实验中与实验后数据的收集与分析人员、论文的撰写人员等。

一般研究成员和协助研究人员等各自有明确的分工与职责，也都应表述清楚。有时对协作单位的工作还需要以书面形式予以明确。

12．研究成果的形式

研究成果的分类：按照课题研究的进程，可以分为阶段性的研究成果与终结性的研究成果两类。

按照成果的形式分类，可以分为调查报告、实验报告、论文、教材、教学参考书、专著、软件、课件、教具、教学改革方案等。在课题研究设计中，所提出的成果设想应该实事求是，量力而为，留有余地。

13．研究经费预算及设备购置

较大或比较重要的研究课题，往往是通过立项的形式，有上级下拨的经费或自筹经费、赞助经费。对每一阶段、每一项研究任务，需要列出什么性质的经费开支及其数额，对其需要的研究设备通过借用或购置、改制，都应一一有所交代。

预算的时间分类：分为阶段性的经费预算与终结性的经费预算两类。

预算的内容分类：分为资料费、设备费、调查研究费、学术会议费、专家讲学费、研究劳务费等。

如果暂时争取不到经费，可以不写出此项。

14．研究成果的鉴定与推广

较大或较重要的研究课题，往往需要组织专家鉴定，鉴定形式有通讯鉴定、形成鉴定等。对其鉴定的形式与推广的方式、途径等也应考虑周到。

第三节　数学教育研究课题方案的实施

一、课题研究的实施

实施阶段是把研究计划变成实际行动，最终变成现实的阶段，从总体上来看，实施阶段必须注意的问题有：一是不要随意更改研究设计和研究计划，尽量做到按照原计划进行研究；二是不能过于拘泥于原有的设计和研究计划，一旦发现与原有的计划有着很大的出入的时候，或者计划不周密、有着明显的原则性错误的时候，应该做出及时性修改，对设计或者计划作出有根据的调整，并且写出修改报告，以备今后的经验，提高研究人员的能力。对于国家或省部级的重要研究课题，由于是经过批准立项的，其研究计划的修订，一般也需要经过相应批报后方可实施。

实施阶段的中心任务是保证研究质量。在有了总体设计以后，为了实现对某种假设的科学验证，在实施研究设计过程中，要贯彻“步步为营”的精神。对研究结果精确性要求越高的研究，越应重视这一点。教育研究是一项十分复杂、细致的工作，在研究过程中会遇到各种各样的困难，如果没有正确的思想指导，没有领导的支持与同行的合作，没有周密的计划与坚强的毅力，有可能半途而废，甚至前功尽弃。

二、实施阶段要完成的具体任务

（一）搜集整理资料，形成科学事实

为了完成研究课题，必须形成对客观存在的有关事实的科学认识。为此，应通过多种途径运用多种方法来搜集和获取资料。例如，要对某一年级进行数学教学改革，必须首先提出改革方案，必须了解教学改革的动态，掌握该年级数学教学的现状与历史。

在搜集与事实有关的材料中，除客观条件允许外，特别应注意避免由于研究者本身的观念、倾向而造成的认识上的偏差。

为了保证搜集资料的系统性、可靠性与典型性，遵守下列整理资料的步骤是很有必要的。

（1）资料审核。资料审核就是对搜集的原始资料进行检查，核实其真伪，将不合格的资料删除，有缺陷的资料补填清楚，然后清点全部资料总数，如有不足，还需要进一步搜集补充，以确保搜集资料的质量。

（2）资料评定。资料审核以后，应该根据标准答案对合适的原始资料逐一进行判分和评定等级。

（3）资料分类、汇总。将原始资料审核、评定后，就要对合适的原始材料按性质相同的标准归在一起，这就是资料的分类、汇总，进而将汇总的资料数据，按照类别列表登记，以便进一步计算与分析。

（二）分析科学事实，形成新的科学理论

形成科学理论是数学教育研究实施阶段较高的研究任务，是我国以往的数学教育研究中较薄弱的环节。例如，我们平时在报纸、杂志上，不乏读到这样的一些经验总结：文中列举了大量生动的教育事实，却只是用来证明或说明教育学中某些理论的正确。我们也会看到这样的调查报告：其中有丰富的资料、详细的统计，却没有提出富有启发性的问题，或重要的理论观点、假设。显然，这都不是理想的经验总结或调查报告，也就失去了其应有的指导意义或参考价值。

（三）撰写论文或研究报告

这是实施阶段的最后一项任务。论文或研究报告使研究结果以文字、图表、公式或音像资料的形式保存下来，供他人学习、借鉴和探讨。科研成果只有以脱离主体的物化或符号化的形式存在，才能产生社会价值，成为人类创造的精神财富的组成部分。

通常一个研究课题，其研究报告或论文总是在研究的最后阶段完成。如果研究者从事的是一个比较复杂或长期的研究项目，那么，就有可能产生中期报告。一个课题未必只呈现一篇论文或一个报告，也可能呈现的是系列论文或系列报告。成果既可能是单篇的文章，也可能是多篇文章，甚至是一本专著。这应视具体研究条件与研究深度而定。此外，不要把研究论文、研究报告与随感录、心得体会、工作总结等混同起来，原则上，它们根本不能代表研究论文或研究报告。

三、课题总结阶段

（一）总结的意义

总结阶段的主要任务是对研究工作的总结与评定。

总结是指对研究工作的总结，评定是指对研究成果的评定。这一阶段工作的主要意义在于未来，所以常常被急功近利、注重即时效果的人所忽视。

对完成的国家、部省级研究课题，通常都需要进行总结工作。就一般课题而言，对研究工作的总结虽然并不直接构成研究成果，但研究人员对自己已经完成了的研究实践的全面反思，无论对于提高以后的研究质量，还是寻找新的研究课题，增强研究人员的研究意识，运用研究方法的能力与水平都十分重要的。它也是科研人员自我提高的重要手段。

（二）总结工作的主要内容

好的工作总结不仅有回顾，而且有展望，有对下一步研究的设想或推广研究成果的建议。此外，研究工作总结除了在研究结束进行外，还应贯彻在研究过程中，以达到及时修正研究过程中出现的偏差与失误。对于一个长期的研究项目来说，分阶段的工作总

结同样十分重要。

评价是对科研成果确认的一种方式。从总体上看，评价有利于科研水平的提高和科学的发展。作为社会性的评价，总是在科研成果之后，作为研究者个人的自我评价，评价不仅在最后，而且在过程中也是必要的。研究过程中可将评价与总结结合起来，以确保研究的质量。

四、数学教育科研课题的结题（提纲）

（一）数学教育研究课题验收的程序及要求

（1）准备好结题材料。

① 课题申请书和课题立项批文。

② 课题实施方案、各阶段的研究工作计划和研究工作总结。

③ 阶段性成果（如调查报告、实验报告、论文、典型课例、案例等）。

④ 研究过程有关材料及附件（观察记录、调查方案、调查问卷、调查结果、实验方案、实验记录、实验结果、行动研究方案、行动研究观察记录、行动研究反思总结、研究工作记录、活动总结、照片、获奖证书等）。

⑤ 课题研究工作总结。

⑥ 课题研究总报告等。

（2）撰写好课题研究总报告（市级课题要求先交给市教科所科研室初审）。

（3）向科研主管部门提出结题申请（提交结题申请报告），经批准后填写结题申请表（在市教科所文印服务部购买，填写一式 3 份），落实鉴定专家组人选、鉴定方式、鉴定时间和地点。

（4）向鉴定组专家送交鉴定材料（提前一周）。

（5）鉴定组专家进行成果鉴定（会议鉴定或通讯鉴定）。

（6）科研主管部门进行最后验收及颁发结题证书。

（二）研究成果会议鉴定的主要程序

（1）课题组负责人作研究工作总结汇报。

（2）课题组负责人作研究成果汇报。

（3）鉴定组专家审阅课题有关材料及附件。

（4）课题成果答辩。

（5）鉴定组专家汇总鉴定意见。

（6）鉴定组反馈鉴定意见。

思 考 题

1．数学教育研究课题的设计过程有哪些步骤？请用流程图展现。

2．数学实验的特点是什么？

3．如何制订数学教育课题研究工作计划？

4．在数学教育研究课题方案的实施阶段要完成的具体任务是什么？

第四章　常用的数学教育研究方法

第一节　文　献　法

牛顿曾说过：“如果说我比别人看得更远些，那是因为我站在巨人的肩膀上。”一般来说，在确定数学教育研究后，必须围绕该课题广泛、全面地查阅相关文献资料，了解课题的有关背景，查看前人在相关领域的研究成果与进展，在前人的基础上找到自己研究的切入点，搭建研究框架。这是在继承前人智慧结晶的基础上突破的开始，关系着研究是否进展顺利、研究的最终成果与质量。每一个教育科研人员都应该掌握文献法，学会高效、快速、全面地检索与整理文献资料。

一、文献检索概述

（一）文献资料概念

“文献”一词在我国《文献著录总则》（GB/T4894-1985）定义为“记录有知识的一切载体”，可以理解为用文字、图形、符号、声频、视频等技术手段记录人类知识的一种载体，也可以理解为古今一切社会史料的总称。现在，我们通常理解为图书、期刊等各种出版物的总和。文献是记录、积累、传播和继承知识的最有效手段，是人类社会活动中获取情报的最基本、最主要的来源，也是交流传播情报的最基本手段。

教育科学文献是记录有关教育科学的情报信息和知识的载体。[①]它们对教育研究有一定的历史价值和资料价值，是教育科学研究不可缺少的一部分。教育科学研究，必须充分地查阅收集资料，进行文献分析与整理，以掌握有关的科研动态，在继承他人研究成果的基础上有所创新，这是每一个科研工作者进行科研的必经之路。

运用文献法进行研究的具体工作步骤是：①确定研究课题；②搜集整理文献；③分析文献资料，得出新的论点，形成新的理论；④撰写论文。

随着数学科学的日益发展和数学应用的日渐广泛以及数学教学改革的不断深入，当今数学科学与数学教学的文献浩如烟海，其学科之众多，数量之庞大，类型之复杂，文种之多样，是任何时期所无法比拟的。中学数学教师学会文献的检索方法，这对开启人类数学知识宝库，提高数学教育质量和科学研究水平与效率具有十分重要的意义。

（二）文献检索在教育研究中的作用

1．全面正确地掌握所要研究的问题，选定研究课题和确定研究方向

文献资料中含有人们在各种活动中的经验教训、研究成果和事实数据等各方面有用数据。通过自觉地查询文献信息，可以开发研究者智力资源，拓宽视野，开阔思路，激

① 裴娣娜．教育研究方法导论[M]．合肥：安徽教育出版社，1994：89．

发创造力，在阅读他人文献的基础上勤于思考，可以学习他人长处。

在选题没有确定之前，研究者可以通过翻阅专业杂志或网络文献的方法来获得启发。在选题确定之后，研究者可以根据自己的选题和关键词进行系统的文件搜索。在搜索过程中，往往需要了解该课题前人或他人的主要研究成果，研究的重点，研究的方法、经验和问题。了解哪些问题已经基本解决，哪些问题有待于进一步修正和补充，从而进一步明确研究的突破口。

科学劳动，首先必须继承前人的结果，而研究者对所研究课题领域有关文献资料的掌握，在很大程度上直接影响研究工作的质量水平。因此，任何研究人员只有在充分掌握与研究问题有关的一切文献，才能了解这个问题的研究成果、研究动态，发展历史与现状，发展趋势，以此选定有价值且值得研究的课题与方向。

2. 为教育科研提供科学论据和研究方法

教育科学研究文献的数量和质量，也是判断该教育学科发展水平的重要标志之一。在教育研究过程中，我们必须了解国内外最新的理论、手段和方法。文献资料的搜集与整理能使研究者掌握国内外研究学术思想和最新成就，吸取已有研究的经验教训，并获得新情报信息。通过查阅文献资料，不仅能找到科学的研究课题过程，提供丰富的事实和数据资料，而且研究可以在各种理论的基础上提出不同的概念架构，发掘新的研究方法与途径，验证相关研究。

3. 避免重复劳动，提高科学研究的效益

查询文献资料是教育科研方法中不可缺少的研究步骤。研究者在选择研究课题、确定研究方向时，参考已有的文献，可以避免重做前人已经解决的问题和已提出的观点，甚至避免犯前人已犯过的错误，将精力集中在有意义的课题上，提高研究的效率。一直以来，由于缺乏对文献体系、检索工具的知识，导致进行科学研究时重复劳动，浪费大量时间与精力。目前文献检索结果存在两个问题：信息冗余或信息缺失以及顺序排列对文献之间关系的忽略。

有研究者认为，查阅他人文献只是一个阅读的过程，并没有直接发挥创造性作用，花费大量的时间和精力在查阅文献上，是一种不明智的行为。实际上，从选题，初步调查以及论证课题，制订计划，搜集整理和分析研究资料到形成研究报告，都离不开有关课题文献的检查和利用。我们应该看到，查阅文献、了解他人研究成果的过程，实际上也是磨炼我们的思想和思维方法的过程，只要做得深入透彻，付出在查阅文献的时间和精力终究会有汇报。据美国科学基金委员会、美国凯斯工学院研究基金会调查统计，一个科学研究人员在一个科学研究项目中用于研究图书情报资料的时间，占全部科学研究的 1/3 至 1/2，如下表 4-1 所示。

表 4-1　社会科学和理工科各项研究活动的时间比例①　单位：%

	选定课题	情报收集与信息加工	科学思维 科学实验	学术观点的形成（论文）
社会科学	7.7	50.9	32.1	9.3
理工科	7.7	30.2	52.8	9.3

4. 提高研究者的独立工作能力和科研能力

搜集文献资料的过程，也是熟悉科学文献的查找方法和资料积累方法的过程，在这个过程中，需要研究者对文献内容进行价值选择、判断，对现有研究的现状及存在的问题等方面进行逻辑梳理和比较分析。这一过程不但可以进一步丰富研究者的基础知识，而且还能提高研究者归纳、分析问题的能力，有利于提高研究者独立研究的能力。

二、数学教育文献的种类及主要分布

（一）教育文献的种类

我国的教育文献极其丰富，种类多、数量大、形式各异，按照不同的分类标准，可分成不同类型的文献。下面主要介绍三种分类标准所划分的文献类型。

1. 按文献的载体形式划分

文献按载体形式分类，可分为印刷型、缩微型、电子型和声像型四种。

（1）印刷型文献。印刷型文献是以纸张为载体，主要通过铅印、石印、胶印、油印等印刷手段形成的文献。印刷型文献是传统的文献形式，也是目前文献的主要形式。其优点是便于阅读和传播，不受时间、地点和条件的限制；缺点是存储密度太低，篇幅庞大，体积笨重，不易管理和保存，难以实现自动输入和自动检索。

（2）缩微型文献。缩微型文献是一种印刷型文献的缩微复制品，是以感光材料为存储介质，以缩微照相为记录手段而产生出来的一种文献形式。它包括缩微胶卷、缩微胶片和缩微卡片。随着激光和全息照相技术的发展，相继出现超级缩微胶片、特级缩微胶片。据统计，一张全息胶片可存储 20 万页文献。它的优点是体积小、存储密度高、保存期长、传递方便，便于收藏和管理。一般情况下，利用缩微型文献可节省 95%以上的储藏空间，成本只是印刷型的 1/10 左右。其主要缺点是不能直接阅读，需要借助缩微借读器。

（3）电子型文献。电子型文献又称机读型文献，是指采用高新技术手段将图、文、声、像等信息存储在磁光电介质上，通过计算机或具有类似功能的设备阅读使用的电子出版物。它包括电子图书、电子期刊、各种联机信息库和光盘数据库产品或软盘、磁带等产品。电子文件的数字化，使文件的记录方式发生了根本性变革。其优点是具有多媒体存储和传递功能，形式多样，生动直观，数据具有通用性和易复制性，检索方便，传播速度快且范围广，信息存储容量大。电子出版物的诞生开始了人类历史上最快捷、高

① 裴娣娜．教育研究方法导论[M]．合肥：安徽教育出版社，1994：91．

效的知识生产和传播。其缺点是使用条件要求较高，信息可信度较低，电子文献的保存对载体有较高的要求。

（4）声像型文献。声像型文献又称视听文献或直感文献。这是一种以磁性材料或感光材料为存储介质，以电磁转换或光电转换技术为记录手段，直接记录声音、图像的一种文献形式。它包括电影片、电视剧、唱片、录音带、激光唱盘、幻灯片、多媒体学习工具等。这种文献存储密度高、内容直观、表现力强，易被观众理解接受，传播效果好，尤其在帮助人们观察罕见的自然现象、探索物质结构等方面，起到良好的促进作用。声像型文献不仅适用于表现难以用文字表达的信息，也是快速传播信息的有利工具。

2. 按文献内容、性质、加工程度划分

按文献内容的加工和传递层次，将文献分为零次文献、一次文献、二次文献、三次文献。

（1）零次文献。零次文献，通常称为第一手文献，是指经历过特别事件或行为的人撰写的目击描写，是未经发表和修饰的最原始的文献①。例如，未发表的日记、学生作业、教师备课教案、谈话记录、开会记录、材料等。

（2）一次文献。一次文献，指直接记录事件经过、研究成果、新知识、新技术的专著、论文、调研报告等文献，又被称为第二手文献，是事件实际目击者和参与者的证据的叙述报告。一次文献具有以下特点：一是内容有独创性和新颖性，是作者本人的工作经验、观察或者实际研究成果；二是文献内容叙述具体、详尽，有供研究者参考、学习和利用价值；三是一次文献数量庞大、分散在各种期刊、媒体、会议论文集、图书、连续性出版物、特种文献之中。

（3）二次文献。二次文献又称为索引性文献，是对一次文件进行加工整理（包括摘录内容要点、整理特征），使之系统化、条理化的检索性文献。例如，各种文摘、题录、书目、索引和书目等出版物。二次文献具有报告性、汇编性和简明性，是对一次文献的认识，是检索工具的主要组成部分。

（4）三次文献。三次文献是在利用二次文献检索的基础上，对某一范围的一次文献综合分析写成的述评、综述，具有分析、比较、鉴别的再造资料。如果说一次文献具有原始性，二次文献具有客观报道性，那三次文献则具有主观综合性、浓缩性、参考性，因为它反映了加工者的主观见解。

从一次文献到二次、三次文献是由广博到精简，由分散到集中，由凌乱到系统化的过程。通常一次文献是最重要的情报信息源，是文献检索的主要对象;二次、三次文献是检索的手段和工具。

按文献的学科性质，目前数学学科分类为古典数学、初等数学、高等数学、数理逻辑与数学基础、代数与数论及组合理论、数学分析、几何与拓扑、动力系统理论、概率与数理统计、运筹学、控制论与信息论（数学理论）、计算数学、应用数学等。每一学科又分为若干二、三级子学科。其中，初等数学包括算术（四则运算、比例、百分法、

① 杨小薇．教育研究原理与方法[M]．上海：华东师范大学出版社，2002：216.

利率、开方、心算法、速算法、珠算、筹算）、初等代数（代数式、方程式、不等式、排列、组合、二项式定理、极大与极小、对数与指数、级数）、初等几何（平面几何、立体几何、几何各论、极大与极小、轨迹与几何作图、三角形与圆几何学、近世几何学）、三角（平面三角、球面三角）。

3. 按出版形式划分

按不同的出版形式及内容划分，文献可分为图书、连续性出版物、特种文献三大类。

（1）图书。联合国教科文组织规定，页数达到 49 页以及 49 页以上印刷品称为图书，页数小于 49 页的称为小册子或传单。图书包括专著、教科书、参考工具书、丛书等。如果我们想对一陌生领域获得初步认识，或对范围较广泛问题获得一般性知识，参考阅读有关图书较为合适。

（2）连续性出版物。连续性出版物是连续以分册发行的刊物，其分册有期数、年度、月份，但没有预定的终止期。它包括定期出版物和不定期出版物，如期刊、年鉴、会议录、报纸等。

（3）特种文献。特种文献一般单独成册，有的不公开发行，有的还需要保密，如科技报告、专利文献、政府出版物、会议文献、学位论文、工程图纸、技术标准。特种文献内容广泛新颖，从不同角度反映了当前科学技术的发明创造、最新水平和发展动向，它独特的情报功能对于生产和科学研究具有十分重要的参考价值。

（二）数学文献简介

1. 图书

（1）教科书。这是严格按照教学大纲编写或选用的教学用书，具有出版量大、内容相对稳定的特点。目前，中学数学教材包括统编通用教材、各类实验教材。同时，高师院校的初等代数研究、初等几何研究、中学数学教法教材也对中学数学教学有直接的指导意义和参考价值。

（2）教学参考书。这是按照教学大纲的基本精神编写的，供教师教学参考、进修提高自学阅读的用书，在目前中学数学文献中占有很大的比例。教学参考书包括与教科书配套使用的教学参考书，分知识单元或年级编写的一般教学参考书以及介绍有关解题思想、方法的用书和习题集等。

例如：

《中学数学教材研究与教案选》		北京师范大学出版社
《数学解题指导》	王大同等编	山东科学技术出版社
《解析几何解疑》	章士藻等编著	北京师范大学出版社
《巧设辅助线》	蒋省吾等编	河南教育出版社
《初中数学题典》	左宗明、蒋声主编	江苏科技出版社

（3）专著。这是某一学科的专题著作，专门就一个分支的课题进行系统全面论述的书。

例如：

《古今数学思想》　M.克莱因著　上海科技出版社

《数学的发现》　G.波利亚著　科学出版社

《初等数论》　陈景润著　科学出版社

《初等几何研究》　梁绍鸿著　人民教育出版社

《中学数学教育学》　章士藻著　江苏教育出版社

《数学教师课堂教学行为研究》　叶立军著　浙江大学出版社

（4）丛书。这是将各种单独著作冠以总名而连续出版的图书，其早期形式为综合性的，近代也有将性质相近的文章汇编成书，而冠以“丛书”或“丛刊”的。

例如：

《现代数学基础丛书》　科学出版社

《大学基础知识自学丛书》　上海科技出版社

《数理化自学丛书》（其中数学 9 本）　上海科技出版社

《数学小丛书》　人民教育出版社

《数学方法论丛书》　江苏教育出版社

（5）工具书。这是针对某些读者或某些部门的需要经常使用的书，包括百科全书、字典、辞典、年鉴、手册、指南、数学用表、数学标准等。

例如：

《数学手册》　人民教育出版社

《中学生数学手册》　河南人民出版社

《公式和数表》（中学数学基础）　人民教育出版社

《中学数学辞典》　黑龙江人民出版社

《自然科学年鉴》　上海科技出版社

2．期刊

期刊又名杂志，是定期或不定期的连续出版物，每期版式基本相同，有固定名称，按卷期或按年月顺序号出版，有专业性和综合性两种。期刊具有出版周期短、刊载论文速度快、数量大、内容新、品种多、范围广且发行面宽、流通量大、能及时反映当前最新研究水平等特点。

在中学数学中，目前国内历史较久，发行量较大的期刊有《数学通报》（北京）、《数学通讯》（武汉）、《数学教学》（上海）、《中学数学》（江苏）、《中学生数学》（北京）、《中等数学》（天津）、《数学教学通讯》（重庆）、《中学数学教学参考》（西安）、《中学数学研究》（广州）、《数学教师》（河南）等。

3．资料

我国习惯上将非书、非刊，即非正式出版的文献称为资料。如讲义、札记，非正式出版的学术报告、研讨班报告等。它们过去以油印本居多，现在随着印刷条件的改善，也多为印刷本，这些资料在近期内有一定的参考价值，但长期保存意义不大。

三、数学文献的检索过程和整理

从浩如烟海的文献中快速搜寻所需的文献，不但是一个资料查找搜集过程，同时也是剖析、研究过程。在文献检索过程中，相关领域的研究脉络逐步清晰，当主要文献被系统检索后，研究者的问题和思路逐渐呈现，这比盲目选题，蒙头搞研究，重复他人劳动高效得多。通常，查阅文献活动可以参照流程图 4-1 进行。

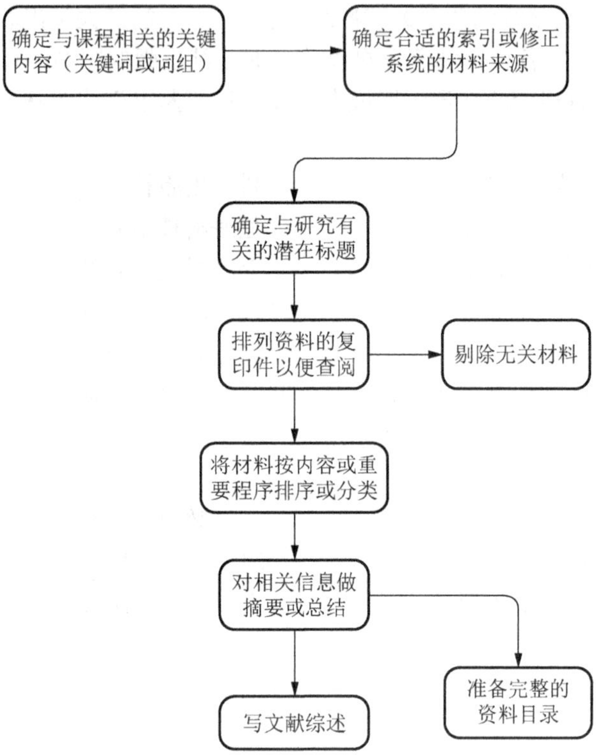

图 4-1　查阅文献活动流程图①

这一流程大致可以分为分析和准备、搜索以及整理三个阶段。

（一）分析和准备阶段

这一阶段的主要任务是分析课题，明确自己准备检索课题的要求和检索范围，确定检索标志，以确定所需文献的作者、文献类别、表达主题和摘要内容，进而选定检索工具，确定检索途径与方法。

1. 明确检索目的与要求，确定检索范围

“机会都是留给有准备的人”，在开始查找文献资料时，首先必须对所要查找的课题进行一番分析研究，探讨琢磨，明确查找的目的和要求，知道需要什么，不需要什么。

① 威廉·维尔斯曼．教育研究方法导论[M]．袁振国译．北京：教育科学出版社，2010：54．

比如，确定要查找的学科范围，是要取得有关某一问题的所有文献资料，还是只要一段时间的文献资料；是要获取某一地区或某一国家对某一问题发表过的文献资料，还是只要某一学者有关这一问题的文献资料。查找目的不同，检索过程截然不同。

2. 选定检索工具

文献资料的查找，离不开检索工具，但并不是任何一种检索工具都能将所需要的文献资料囊括其中。因此，在文献资料查找之前，还需了解现有的各种检索工具，再根据选定的课题，分别选择相应的检索工具进行查找。常用的检索工具有以下几种。

（1）书目。书目是图书报刊文献目录的简称，统计和反映某一时期内全国出版的图书总目、期刊目录、报刊目录及其他文献目录。优秀的书目能反映某一时期某一学术领域的概貌，具有重要的参考价值，同时书目能传递目录信息，报道较全面的研究成果，介绍图书内容，反映出版和收藏情况，供查参考书的流传和储存。根据编制目的和馆藏情况，可分为国家书目、地方书目、联合书目、馆藏书目、专题书目、个人著作书目等。

例如，目前可供查用的书目有：《四部总录算法编》，丁福保编，文物出版社，1984年版；《勿庵历算书目》，〈清〉梅文鼎撰，中华书局，1985年版；《数学西文图书联合目录》，北京大学图书馆编，1964年印；《全国数学外文期刊馆藏联合目录》，全国高校数学情报网编，1989年印等。

正常出版，目前被经常采用的书目有：《全国总书目》（年刊）；《北京图书馆外文新书通报》（月刊）；《国外科技资料目录：数学》，数学目录协作组等编，科技文献出版社重庆分社，月刊；《国外科技资料馆藏目录：数学、力学》，中国科技情报所编，科技文献出版社，双月刊等。

（2）索引。索引是根据一定需要，把书刊中的项目或各种题名摘录下来，标明出处、时间、刊名、页码等，按一定的次序编成简短的条目，以供人查阅的资料。按检索内容和途径，索引可分为篇目索引（题录、论文索引）、字词句索引、专名索引（人名、地名、书名等编排）、主题索引（内容按主题集中编辑）。索引收集的内容丰富，文字简洁，引导研究者找寻文献资料。

例如，目前可供查阅的索引有：《中国数学专题研究索引》，陕西师范大学数学系编，1981年印；《全国报刊索引》（科技版），上海图书馆编；《数学通报索引》，上海技术师范学院编；《中小学数学能力的培养及中小学数学改革、实验论文索引》，湖南师范大学编，1987年印等。

（3）文摘。文摘是以简明扼要的文字摘述文献的主要内容和原始数据，向读者报道最新研究成果、传递文献的情报信息和查寻文献线索的一种文字载体。它不仅记录文献的基本书目信息，而且提供文献的内容梗概，是系统报道、积累和检索文献的重要工具。文摘著录的内容包括篇名、作者、刊登的文献名、期数、页码及内容提要。它可分为期刊文摘、报刊文摘、书本文摘和卡片文摘等。

例如，目前可供查阅的有：《中国数学文摘》，中国科学院文献情报中心主办，季刊，公开发行；《中国数学文摘（A）》，安徽师范大学编印，双月刊；《中国中等数学文摘》，张友余编，陕西科学技术出版社，1980年；《中学数学文摘》〈1951～1966〉，冯长河编，天津师范大学数学系编印等。

3．确定检索途径和方法

（1）检索途径。检索途径是指利用什么样的检索工具和通过什么样的方式进行文献资料检索。检索者一般可以根据文献的外表特征和内容特征两种途径进行文献检索。

从文献外表特征查找文献的途径可以分为题名途径、作者途径、文献序号途径。①题名途径是根据文献的名称（书名、篇名等）来查找文献的途径，适用于某一文献名称的专指性检索，以馆藏书名目录使用率最高。通常中文书名或篇名的字顺，有的按首字笔画多少排列，有的按首字拼音音序排列；西文书名或篇名的字顺则按首字字母顺序（A-Z）排列。②作者途径是根据文献作者姓名进行文献查找的检索途径。根据作者姓名检索时，常常在同一目标下，查阅到一批同类或相关的文献资料，甚至该作者的其他著作。③文献序号途径即以文献的专利号、登记号、报告号、入藏号等编号特征来查找文献的途径。

从文献的内容特征查找文献的途径有分类途径和主题途径。①分类途径即按学科分类体系，以类号和类目名称为标识查找文献的途径。特点是学科系统性好，能满足检索要求。按分类途径检索文献时，首先要熟悉学科分类法，确定所要研究的课题或所要资料归属于哪一类，然后查明代表该类的符号和数字，再按此分类号检查分类目录或分类索引。②主题途径是以能代表文献内容实质的主题词作为标识进行检索的途径。常用工具为主题索引，索引按主题词的字顺排列，检索时就像查字典，不必考虑学科体系，应用起来十分灵活。

（2）检索方法。在检索途径确定后，需针对课题的具体内容和要求，选择正确的检索方法进行检索。检索文献的方法大致可以归纳为四种：顺查法、逆查法、追溯法、综合查找法。

顺查法是以相关研究开始出现的时间为起点，按时间顺序由远及近、由旧到新的查找，直到查到的文献信息满足要求为止。按照这种方法，基本可以把相关文献查全，但是费时、费力。

与顺查法相反，逆查法是一种逆时间由近及远地查找文献的方法。这种方法多用于新开课题或有新内容的老课题，需要的是近期发表的文献，以便掌握最近一段时间该课题所达到的水平及研究动向。因此，一旦掌握了所需的文献信息即可中止搜索。此方法的优点是节约时间，缺点是漏检率高。实际上，研究者可以根据实际情况（时间、精力）确定往前查找的时间段长度和设计的期刊范围大小。

追溯法是以掌握的文献中所列的引用文献、附录的参考文献为线索逐一追踪，顺藤摸瓜，不断扩展，从而发现所需要的文献资料的方法。主要过程是："先找几篇与研究课题有关的文章阅读，在阅读中了解与此有关的范围及从这些文章所列的参考资料中发现新的线索，再扩大查找对象。一般地看，在几篇文章中都提到的篇目，是参考价值较高的文献[①]"。这种方法的优点是直观、方便、不断追溯可查到某一专题的大量参考文献，

① 叶澜．教育研究及其方法[M]．北京：中国科学技术出版社，1990：179．

这是在没有检索工具或检索工具不全的情况下扩大信息源的一种好方法。缺点在于，查的文献资料受原作者引用资料的局限性及主观随意性影响，资料往往比较杂乱，没有时代特点。

综合查找法是将多种方法结合使用的一种综合性检索方法。

4. 获取原始文献

获取原始文献是文献检索的最终目的，利用各种查找方法，通过不同的检索工具，查到了所需文献资料的线索。只要获取文献的线索，就可以查找到原始文献，也就完成了文献查找工作。

（二）搜索阶段

搜寻阶段的任务是搜索与研究问题有关的文献，从中选择重要的和确实可用的资料，分别按照一定顺序阅读，通过做摘录、卡片、读书笔记等方式记录收集资料。

1. 文献资料的查询方式

文献的检索可以采用手工的方式，但在网络比较发达的地方，一般借助搜索引擎和网上图书馆。

（1）手工检索。手工检索是文献检索的初始状态和传统状态，主要包括查阅图书馆的目录索引、辞典、百科全书等工具书、教育报刊和专著等。传统手工检索的第一个办法是查阅图书馆的“主题索引”或“著者索引”。这种方法正逐渐被拒绝、遗忘。第二个办法是查阅《全国报刊索引》、《中国教育年鉴》、教育词典和教育百科全书等。虽然费时，但严谨的研究者还是愿意选择查阅这些比较权威的工具书。第三个办法是直接查阅教育报刊和专著，现在依然比较流行。

（2）利用“搜索引擎”。随着信息技术的快速发展，计算机和网络的应用越来越普及，这不仅改变了人类的社会生活，也改变了学术研究的状态。多年以前，研究者选择“手工检索”方式寻找文献，现在，研究者很少有拒绝网络搜索而单纯采用手工检索的方式，网络搜索成为研究者首选的检索方式。

目前，研究者主要依赖百度（http://www.baidu.com）和雅虎（http://www.yahoo.com）两个搜索引擎。两种引擎各有优势，百度适合搜索中文文献，Yahoo 是搜索引擎的“前辈”和“领袖”。

此外，一般研究者也常用“搜狗”搜索引擎。“搜狗”引擎的网址是http://www.sogou.com/。有时，在百度、雅虎搜索不到的文献，能惊喜地在“搜狗”中获得帮助。

（3）利用“网上图书馆”。网上图书馆又称为数字图书馆、电子图书馆。如果说手工检索需要依赖传统的图书馆，那么，未来的网络检索将逐步转向数字图书馆。国内影响最大的数字图书馆是 CNKI 数字图书馆和超星数字图书馆。CNKI 是“中国知识基础设施工程”（China National Knowledge Infrastructure）的简称，它是我国最大的电子图书馆。目前 CNKI 已建成的数据库有“中国期刊全文数据库”（CJFD）、“中国优秀博硕士学位论文全文数据库”（CDMD），“中国重要会议论文全文数据库”（CPCD）、“中国重要报纸全文数据库”（CHKD）等[①]。其中，“中国期刊全文数据库”是目前世界上最大的中文期刊全文数据库之一，一般称之为“中国期刊网”（http://www.cnki.net）。

超星数字图书馆（http://www.ssreader.com）也是比较有影响的网上图书馆。一般读者可以从中查找到文献的题名、作者和出处等，若购买超星图书卡，那么可以获得查找、下载和阅读图书的权利。

2. 文献资料的积累

文献搜集到一定程度，需要分门别类地保存，使之逐渐系统化。此时，可以通过做卡片、写读书摘记、写读书笔记等方式，有重点地采集文献中与研究课题息息相关的部分。

（1）做卡片。这是以卡片为载体积累资料的一种方便有效的方法。常用的卡片有目录卡、内容提要卡、文摘卡。在目录卡的基础上，加上思考后对该文献的内容提要，就成了内容提要卡。如果在目录卡上摘录研究者认为重要的、有价值的一段文字的全文，标明该段文字在文献中的页码，就成了文摘卡。卡片体积小，一张一篇文献名称，方便查阅和保管。同时，文摘卡片尽管只摘录了研究者感兴趣的部分内容，但在意义上有所不同，它不但反映了文献的内容，也反映了制作者思想中的兴奋点，有利于研究者分析研究课题和文献之间的关系。

（2）写读书摘记。研究者在读到一些较有价值的文献，或者读到一些在主要观点和总体结构上很受启发的资料时，把它的主要观点和结构的框架摘记下来，这就是读书摘记。摘记可以加评语，也可以不加评价。总的来说，摘记的重点在“摘记”，不在于“评价”。

（3）写读书笔记。与摘记不同，读书笔记的重点在“评”。评论的方式有总评、分章节评、重点选评。写得好的读书笔记，不仅仅是能提出新思想和新观点的读书笔记，也是一种科研成果。它逐渐积累了文献中对研究者来说具有价值的部分，也积累了研究者对文献的评价和在研究过程中出现的新思想和新观点，这是富有创新意义的积累，它对研究的继续进行起着重要影响。

（三）整理阶段

“鸟的翅膀无论多么完善，如果不依靠空气支持，就决不能使鸟体上升。事实就是科学家的空气。没有事实，你们就永远不能沸腾起来；没有事实，你们的理论就白费心机[②]。”教育科学研究工作，搜集资料和进行研究是共生体，搜集资料的同时就要进行整理、研究；而最后分析研究工作，也是在搜集和整理大量资料的基础上进行，并得出可靠结论。但是，面对搜集来杂乱无章的文献我们首要工作就是整理，在此基础上才谈得上对这些资料的利用。

---

① 马景娣．实用信息检索教程[M]．杭州：浙江教育出版社，2004：87-93．
② 巴普洛夫．巴普洛夫全集[M]．北京：人民卫生出版社，1959：16．

1. 加工文献

要从搜集到的文献中提取有用的信息，就必须对这些文献作一番去粗取精、去伪存真、由表及里的加工工作。这个过程主要包括剔除假材料、去掉较重复、老旧的过时资料；根据研究需要评价资料的适用性，保留其中全面、完整、深刻和正确地阐明所要研究问题的内容，以及汉语新观点、新材料的一切资料。在资料和类型很多的情况下，需要对这些资料进行分类编排，编制目录、索引。对准备利用的文献资料，必须擦亮眼睛，对其可靠性和真实性进行鉴别和评价，放弃、删除不必要的冗余情报。

2. 撰写文献综述

文献综述是在研究者全面收集、阅读大量有关研究文献的基础上，通过选择、比较、整理、归纳、分析和鉴别，对某一问题的研究状况、特别是近年来的最新研究成果和发展趋势、存在的亟待解决的问题进行综合叙述、评价的文章。“综”即收集“百家”之言，并对其进行综合分析整理；“述”即结合作者的观点和实践经验对文献的观点、结论进行叙述和评论。

文献的收集、整理、分析都为文献综述的撰写奠定了基础。如果可能且必要，应将文献检索的结果写成文献综述报告，其主要内容是：①分阶段理清研究问题的发展过程。②重点阐明该课题范围内当前研究的重点和热点问题。③在研究方法上反思已有研究。

文献综述由标题、前言、正文、结束语和参考文献几个部分组成。写好文献综述的前提是客观、全面地收集文献，同时，要求引用具有代表性、可靠性和科学性的文献，在写作过程中，要注意详略得当，分清重点，且不能把文献中的观点与研究者本人的观点混淆起来。

事实上，查阅的文献书目比文献综述所需的要多得多。综述可以只包括 7～10 本和 15 篇左右的文章，但这不意味着研究者只读过这些资料；许多内容可能都已读过，但只有最相关的材料才被提及。

总之，文献的检索和整理是非常系统化的工作，应以适应性和全面性为目标，检阅要全面，认真细致，平时勤于积累，善于思索，这样收集的文献才有价值，才能激发创作的灵感。

第二节 观 察 法

一、数学教育观察法概述

威尔弗雷德·特罗特说：“知识来源于对周围事件中相似和重现情况的注意。”观察，无论是在现实生活还是科学研究中，都占有重要的地位。在教育中，通过观察能发现教育现象的变化规律，有利于认识教育中行为现象的表现。俄国科学家巴甫洛夫就以“观察、观察、再观察”作为座右铭，他强调观察在科学研究中的重要性。

（一）数学教育观察法的定义

观察是指在自然发生的条件下，人们对周围事物的现象与发生过程的一种有目的、有意识的感性认识活动。有效的观察不仅要注意某一事物，并且要将它与已有的经验或已知的事物联系起来，并且赋予一定的意义。因此，观察并不简简单单地指眼睛所看到的事物，也应该包括思维的要素。与间接的或推理的方法相比，将即时意识或直接感知作为一种主要的研究模式，有可能产生更加有效或真实的材料[①]。

1. 广义的观察法

观察法是人们最早采用的科学研究方法，“观”是指看，用感官去感知；“察”是对感知到的现象进行研究分析。广义的观察法是指在自然科学研究中逐渐形成的一般日常的观察。它通过观察者的亲身感受与体验获得感性的材料，带有一定的自发性与偶然性。但是在一般日常的观察中，很难对一些复杂的情况作出报告，并且要对简单的事实进行准确描述与观察也不是一件简单的事。

2. 狭义的观察法

狭义的观察法是指科学研究的观察，或者学校教育观察法。教育观察法是观察法在教育科学研究中的具体运用。一般情况下指定性观察法，它是一种有目的、有计划地运用感官和辅助仪器，在自然状态下对教育现象的外部表现进行能动地感知与描述，并通过搜集材料获得对问题较深刻认识的一种系统考察法。

3. 数学教育观察法

数学教育观察法是指教育研究人员，在数学教育活动中有目的、有计划地对各种处于自然状态下的数学教育现象进行考查，如对数学课堂、数学教研活动、数学拓展性教学、学生课后数学学习情况等进行观察，作出准确、具体、详尽的记录，从而获得数学教育经验，全面地了解中学数学教育有关情况的一种科学研究方法。数学教育观察法有利于认识各种数学教育现象，并且有利于搜集第一手教育资料，是发现问题、提出问题的前提和产生理论假设的手段，是教育科学知识发展的源泉。

课堂观察是教育观察中运用最为广泛的一种观察法，也是数学教育观察中常见的观察。课堂观察是指在课堂教学情境下，观察者运用感官以及仪器，有目的、有计划地根据课堂行为量表或者一定的分析框架考查师生课堂行为的一种方法[②]。开展数学课堂观察的目的是提升课堂教学质量，改善学生学习效果，提高教师专业发展水平。因此，数学课堂观察的目的不是单纯评价一堂课的好坏。

建立数学教育观察不是消极地注视，而是像数学研究一样，是一种积极的思维过

---

① 刘易斯·科恩，劳伦斯·马尼恩，基思·莫里森．教育研究方法[M]．程亮，宋萑，杨丽萍等译．上海：华东师范大学出版社，2015：578．

② 顾永安．教育研究方法[M]．南京：南京大学出版社，2015．3．

程[①]。随着科学技术的发展，可以运用一些先进的技术手段辅助观察，扩大观察法的应用范围，使观察法在数学教育研究中起到更好的效果。

观察对于认识教育现象，收集研究的第一手资料起着重要的作用。无论是发现课题，还是获得原始资料，检验科学假设，都离不开对客观事物的观察，可以说，掌握观察法是科研人员的起码要求。因此，观察法是教育科学研究中一种最基本的方法。

（二）数学教育观察法的特点

教育观察法是一切研究的基础。这一方法在教育科学研究中广泛使用，与其他教育科学研究的具体方法相比，它具有自己独特的优点，也有其局限性。

数学教育观察具有目的性。观察要在一定的数学理论知识以及教育科学理论知识的指导下，为解决或验证某一事实与假设而进行。并且对观察到的结果进行分析，也必须依据一定的理论基础。这种观察并不是日常生活中偶然地、随意地、盲目地观察，是具有主动性、目的性、选择性、计划性、系统性的观察。有的科学家指出："研究人员必须运用其绝大部分的知识和相当部分的才华，才能正确选出值得观察的对象。这是一个举足轻重的选择，往往决定几个月工作的成败，并往往能把一个卓绝的发明家同一个只是老实肯干的人区别开来[②]。"在数学教育观察中，需要集中于预先确定的目标以及对研究课题有价值的事物，以根据课题需要或解决问题而进行。在观察前要明确观察的对象、范围、形式与方法，使得观察朝着一定的目的指向进行。例如，为纠正学生不良的学习行为与习惯，数学研究人员观察课堂学生的学习习惯与行为，而不是观察教师的语言艺术，师生教学互动情况，只有在预先目的的确定下，才能排除无关条件的干扰，使得观察活动有效地进行。

数学教育观察具有客观性。观察需要在目的的引导下，对自然状态下的事物按照一定的方式，进行明确、详细、周密的记录。虽然存在个人感官或主观上的误差，但是保持对事物特性的最大保留与呈现，体现第一手资料的价值。与实验法最大的不同是，观察法是在自然环境下，在观察中不掺入人为因素，能使被观察者表现真实、一般的状态，具有一定的真实性与客观性。在运用观察设置与仪器时，能完整地保留观察的内容，研究者能进行多次观察，多人观察，而不是简单地回忆想象臆造观察内容。因此教育观察具有客观性。例如，在一次有效良好的数学课堂观察中，观察者要与被观察者保持一定的距离，保证原本课堂的积极性、师生互动的数学思维过程不被干扰，保持数学课堂的原汁原味。数学教育观察的客观性还体现在观察所得的材料是客观真实的，研究过程中，观察人员在教育现场直接观察和收集对象各种材料，根据研究的需要对现场情景进行直接、客观的感知，因而所得材料比较符合实际，具有较高的真实性。

数学教育观察具有能动性。观察是一种有目的、有选择的能动的实践过程，既是一种感知过程，也是一种思维过程。这种能动性体现在观察者能动地制订计划、选取典型对象与内容，并在后期用科学的理论分析理解观察结果。不同观察者拥有不同的知识背

① 贝弗里奇. 科学研究的艺术[M]. 陈捷，译. 太原：太岳文艺出版社，2015：111-138.
② 贝弗里奇. 科学研究的艺术[M]. 陈捷，译. 太原：太岳文艺出版社，2015：119.

景，研究经历，看待事物有着自己不同的理解，对同一事物进行观察甚至会得出不同的结果。总之，相关的知识经验越丰富，理论基础越扎实，观察到的东西就越多，对事物的认识就越深刻①。在观察过程中，观察者是自觉主动的，这种能动性在一定程度上会受主观因素的影响，因此在教育观察中，会对研究人员进行专业培训。在这种有意识有选择的观察中，要求观察者与被观察者建立良好的关系，这就需要观察者发挥主观能动性，尽量控制现场异常情况的发生，进行深入的观察，消除被观察者的防御心理。观察者在此过程中要根据自己的目的，进行能动地观察，感知行为事件后学生的情绪变化与现场氛围，记录下真实的情况。例如，在一堂数学课中，教师讲速度的概念，他说明自己步行的速度，紧接着让学生举例比步行更快的速度，学生积极发言，列举了很多与速度相关的例子，课堂氛围十分活跃，但是此环节在整堂课中也耗费了不少时间。有的观察者记下了课堂中师生互动的活跃实状，详细记录速度概念的呈现与教师启发性的语言，就此认定这是一堂成功的课，因为它使得原本沉闷的课堂一下子变得生动起来。他们在记录时，就会被自己的主观意向所左右。但是有经验的数学老师通过观察认为，这是一堂失败的数学课，因为数学课启发的是学生的数学思维，这样看似“热闹”的课，其实并没有起到实质活跃思维的作用，并且这样的设计导致的后果是——没有完成相应的教学目标。他们在观察记录时，更多的是从整体去把握，详略得当，于细微处探讨导致这种现象的原因。因此，观察者应该丰富数学教育理论基础，有扎实的基本功，能透过现象看本质，发挥有效的主观能动性。

（三）数学教育观察法的作用与局限

1. 数学教育观察法的作用

观察法是科学研究中广泛使用的一种研究方法，在科学研究中具有十分重要的作用。

教育观察法可以揭示有关教育现象的本质及其规律。观察法容易获得对事物比较真实、客观与直接的认识，属于第一手资料，有助于发现、提出问题，有助于科学地分析、说明所研究的教育现象及其发生、发展过程，总结教育经验，揭示教育现象的本质属性及必然联系，促进教育科学理论的发展。因此，教育观察法也是研究总结教育经验的基本方法之一。教育观察法往往贯穿教育的始终，在搜集资料、观察对象发展变化、在实践中验证事实理论正确性的过程中，都能运用到观察法。

通过观察可以较深入地了解学生的个体差异，理解学生的具体表现，有助于对学生作出正确的教育评价，进而提出有效的解决问题的措施。如教师通过观察学困生在课堂上的学习表现、平时学习的态度、与同学交流的情况等，找出学生学习困难的原因，为他们制订计划，帮助他们解决困难。

教育观察法是检验改革措施或教育科学理论观点是否正确的重要途径。科学始于观察，观察是假设、观点和理论产生的前提，有助于研究课题的选择与形成，对开拓研究方向与领域有一定的推动作用。教育研究假设所推导出来的关于未知事实的结论，只有

① 刘淑杰．教育研究方法[M]．北京：北京大学出版社，2016：124．

通过观察到的事实加以检验后才能被证实是科学的、有价值的。“理论之所以能够成立，其根源就在于它同大量的单个观察关联着，而理论的‘真理性’也正在此[①]”。观察也是弥补其他科研方法不足的基本手段。

教育观察法有助于教育研究课题的选择和课题研究方向的确定。教育实践是教育的源泉，通过观察研究，可以启发、促进新的研究课题的形成，开拓教育新的研究领域和研究方向。同时，通过观察及对所得材料的分析，研究人员可以更好地把握实践中的问题所在，明确什么样的现象和问题最有研究价值，从而有助于确定某一研究课题的主要研究方向，为课题的深化研究奠定基础。

2. 数学教育观察法的局限

由于各种条件的限制，当观察对象人数较多且分散时，观察则较为困难。

观察易受主观因素影响，进而影响观察的信度。首先表现在观察内容选择的不准确、不普遍上；其次由于复杂的教育会伴随着环境的迁移与人的变迁，教育观察可能会由此中断；然后也会受观察者对观察内容记录的表现上的影响，产生一定的误差。因此，在观察实施前须对观察者进行一定的培训，对确定的标准与规则进行统一地说明，保证除了观察者自身修养素质之外的其他可控因素得到把握，确保观察的记录与结果具有一定的可信度。

教育观察的对象会因为环境因素或者其他因素产生一定的变化，作为鲜活的个体，其状态缺乏可控性。因此，在观察中应尽量采取隐秘观察，或者匿名观察，避开敏感话题，保护受观察者的隐私，遵循伦理道德规范。

教育观察只能表现现象的发生过程，如“有什么”和“是什么”的问题，不能揭示“为什么”这类因果关系的本质问题。“单凭观察所得的经验，是决不能充分证明必然性的”，“必然性的证明是在人类活动中、在实验中、在劳动中[②]”。因此，观察只有配合一定的知识背景、思维逻辑、实践验证才能提供有效的结论。

（四）数学教育观察法研究的基本原则

数学教育观察法是一种科学的观察方法。为保证观察结果的真实、可靠性和研究价值，在观察过程中，应遵循教育观察的全面性原则、目的性原则、客观性原则和自觉性原则。

1. 教育观察的全面性原则

教育观察的全面性原则，要求对教育现象的观察要全面、真实、系统、完整。一方面，观察要全面，能够如实地反映教育现象的全貌，并形成记录材料完整地保存下来；另一方面，观察过程要坚持做到连续、系统、完整，不得随意间断，以获得教育现象延续、发展的完整材料。由此而获得的材料，能够从横向和纵向上全面反映教育现象，透过这些材料，能够较好地抓住教育现象的本质。否则，获得的材料则可能是局部的、支

① 爱因斯坦．爱因斯坦文集[M]．第一卷．北京：商务印书馆，1976：115．
② 恩格斯．自然辩证法[M]．北京：人民出版社，1971：207．

离破碎的，不但无助于正确揭示教育现象的本质，甚至还可能对研究结果产生误导。

贯彻教育观察的全面性原则，首先，观察人员应处于能够把握总的全貌而非局部的位置。当教育现象呈现时，观察人员应处于能够从总体把握的位置。如果场面较大，应配备足够的观察人员或利用摄（录）像设备、录音设备予以帮助。避免只观察到局部的现象而以偏概全。其次，要根据需要控制观察计划，进行全过程的观察，形成系统的研究材料。另外，观察记录要完整、详细，全面放映观察到的实际情况。

2. 教育观察的目的性原则

教育观察的目的性原则，要求在观察过程中，观察者必须明晰课题研究的目的、任务和每次观察的目的、重点，并将其贯穿到整个观察的全过程，围绕课题的目的和每次观察的目的认真观察，如实记录。教育观察是有目的、有意识的科学观察，无目的的课题及研究活动是不存在的。

贯彻教育观察的目的性原则，首先，应围绕观察目的精心设计观察计划，并使每一个研究人员、观察人员了解观察目的。其次，要善于捕捉符合目的、要求的材料。另外，对观察中的偶然现象和看似与观察目的无关的现象，也应给予重视，使获得的材料更好地满足课题需要。

3. 教育观察的客观性原则

教育观察的客观性原则，要求在观察过程中，努力排除主观因素的干扰，采取客观的、实事求是的科学态度，做好观察资料的记录、保存工作，避免因主观因素而影响资料的科研价值。

影响教育观察客观性的因素主要有：

（1）观察者的原有观点。在观察中，观察者的原有观点会因先入为主而影响观察的客观性。其影响主要有如下表现：一是表现为观察者只关注、收集那些能够直接或间接证明自己观点的材料，而对其他可能是很有价值的现象则没有给予应有的重视；二是表现为观察者可能利用原有的观点和已有知识经验修正、补充观察中的现象和材料。

（2）假象和错觉。观察过程中，假象和错觉都会使事物的本质和形式脱节。假象是事物形式对本质的虚幻表现，而错觉则主要表现为主体对观察对象判断上的谬误，对此两者在观察中都是应该尽量避免的。

上述两个因素，都可能导致对观察对象本来面目的歪曲，从而导致错误的结论。

贯彻观察的客观性原则，其实质就是观察所得材料能够比较真实地反映客观事实。坚持这一原则，首先，应尽可能从多方面、多角度进行观察，以掌握时间发展变化的全貌，避免以偏概全。其次，全面掌握观察对象活动过程的各种影响因素及关系，排除观察过程中的主观感情色彩。最后，观察者在做好观察前的知识储备的同时，应主要避免这些已有知识和原先所持观点对观察的影响，克服偏见，不带框框，实事求是地进行观察和记录。

4．教育观察的自觉性原则

教育观察的自觉性原则，要求观察人员不以消极、被动者的身份进行观察，而要以积极主动的态度进行观察，确保观察能够真正全面地揭示事物发展的本来面貌。

教育观察是人积极主动地认识教育现象的能动活动。人作为认识的主体，不是消极被动的。只有做一个积极主动的观察者，才能更好地对教育现象的存在及发展过程进行感知，抓住其本质性的外部表现。在观察过程中，每个观察者对观察对象所呈现的材料能够观察到多少、观察到什么程度，完全取决于其积极主动性的发挥。因此，观察人员应是一个自觉的、善于观察的思想者，而不是一个消极、被动的注视者、记录者。

贯彻教育观察的自觉性原则，应从提高观察人员素质、明确观察的目的要求，加深观察人员对观察现场及观察对象的了解等方面着手。首先，提高观察人员的素质，这是发挥其积极主动性的前提。观察人员必须具有一定的教育科学理论修养和教育科研能力，并对观察的教育现象有一定的知识储备，使其在观察过程中能够对教育现象发展变化的影响因素、因果关系等有一个比较科学的认识。当然，还应注意避免观察者的主观因素对观察结果的片面影响。其次，观察人员应对观察的目的要求非常明确。观察的目的要求是观察活动的指挥棒。明确观察的目的要求，观察人员才能在观察中正确区分那些本质和非本质的、主要和次要的因素，从而使那些本质的、主要的因素得以突出。再次，加深观察人员对观察对象的了解。观察之前，观察人员应掌握观察现场及观察对象的基本情况，尤其注意与观察对象之间应形成比较协调、亲密的关系，以避免观察过程中因双方陌生感，不适应观察情景等而导致的被动局面。

上述关于教育观察的原则，是进行教育观察应遵循的一些基本要求，以保证观察的真实、有效，提高观察质量，具有重要影响。

二、数学教育观察法的类型

根据观察研究最显著的性质，可以将观察法分为定量观察法和定性观察法。此外，根据观察的实施方法、情境与条件、是否直接参与观察对象活动、观察方式、选取的行为样本等，可以将观察法主要分为结构性观察法和非结构性观察法，实验观察法和自然观察法，参与观察法和非参与观察法，直接观察法与间接观察法，时间取样观察法和事件取样观察法。当然还有其他的分类标准，不再具体整理，可以直接参考著作的分类描述。在实际应用中可以多种方法结合使用，如在自然观察的前提下，采取非结构性的参与式的直接观察，如图 4-2 所示。

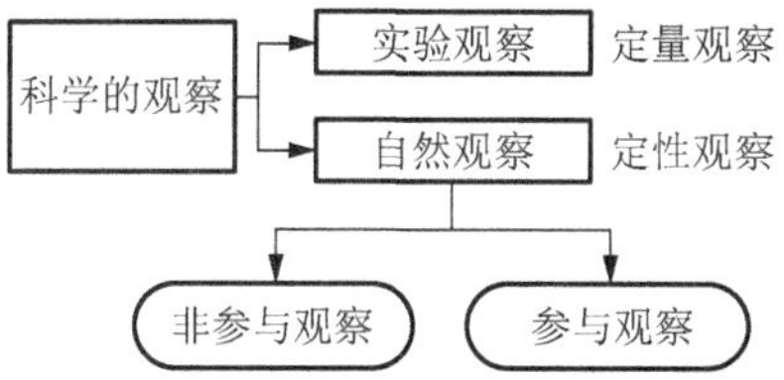

图 4-2

这些不同类型的观察法，虽然都以有目的地观察自然情境为特征，但在具体操作、适应的情境和场所以及资料的积累与分析等方面存在一定的差别。明确其类型，对选择科学的观察形式，保证研究成果的质量有重要意义。

（一）定量观察法和定性观察法

定量观察法被称为系统的（systematic）、结构性的（structural）、标准化的（standard）观察[①]，依据“计量系统”（图 4-3）实施，有时采用实验观察法的形式。在定量观察中首先会界定观察的变量，建立一系列的观察变量列表。这些观察变量可分为三类：描述性观察变量、推论性观察变量、评估性观察变量[②]。描述性观察变量是指观察者能直接判断，而不用推论的变量。这种变量的优点是能获得可靠的数据。推论性观察变量是指观察者根据行为表现推论得出的一种概念的变量，如自信、混乱、不确定、担心等，都是通过行为推断出的心理。因此，这种变量收集时难度较大。评估性观察变量不仅要求观察者作出推断，还需要作出一定的评估性判断。这种评估性判断往往需要事先对观察者进行培训，实现确定由优到劣的连续性标准。如教师对数学概念解释的质量，这就是一种评估性判断的变量。定量观察法有助于高效系统地获得确定而真实的材料信息，并且记录容易，便于处理与分析，得出客观的结论与发现。但是在设计观察时理论要求高，对突发情况的处理不利。

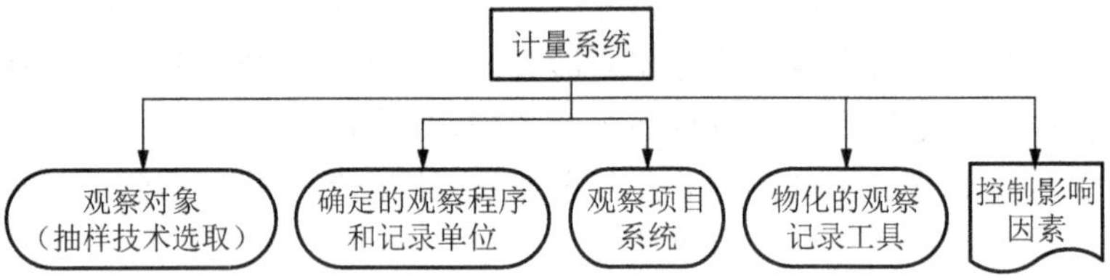

图 4-3

定性观察法是研究者在一个真实的情境中对被观察的人或事所作的开放性观察。在这样一个开放、可变的观察过程中，只有事前确定的大致的观察主题、思路与注意点，因此要求观察者要做详细且原原本本的记录。可以通过录音或录像的方式获得更真实、完整的资料，必要时进行多次观察。与定量观察法不同的是，定性观察法在观察中会融入自身的经验与情感因素，观察的重点会更加明确与突出，并且观察的重点通常会更加广泛。观察者往往不会由于过分倾向于具体细节而忽视整体，他们能站在整体的角度看待问题。但是定性观察易受观察者的主观因素的影响，结果的代表性不高。其一，在自然环境中，存在诸多难以控制的干扰因素；其二，选取的观察范围与内容是否具有代表性尚需商榷。

① 吴康宁．课堂教学社会学研究中的现场观察[J]．教育研究与实验，1998，(01)：27-34，71．

② 梅雷迪斯·M．高尔，沃尔特·博格，乔伊斯·J．高尔．教育研究方法导论[M]．许庆豫，译．南京：江苏教育出版社，2012：376．

（二）结构性观察法和非结构性观察法

依据观察目的性、计划性特征进行划分，可以将教育观察法分为结构性观察法和非结构性观察法。结构性观察法也叫定量观察法、正式观察法，非结构性观察法也叫定性观察法、非正式观察法。

结构性观察法是指在实施过程中，要有事先准备与确定的提纲、观察的总体范围、观察的具体项目、具体的观察对象、标准化的观察记录卡片，按照一定的步骤进行的有计划的观察方法。这种方法的预设性强，要求考虑全面，包括研究的各个要素与注意点，组织严密，获得的材料研究价值高，可用于描述性和实验性研究的资料搜集。因此，结构性观察法是一种系统的、可控的、程式化的观察，由于计划性较强，在实施过程中便于掌控，并且观察结果可以进行量化，有利于统计与分析。但是结构性观察法实施比较耗时，预设性较强，缺乏弹性。

非结构性观察法是指在确定目的的前提下，只需要有一个大致的观察思路，对观察范围与步骤采取弹性态度的观察方法。因此观察的目的仅限于对观察课题的一般性了解。这种观察的生成性较强，因此要求在记录过程中要真实具体，以便能进行补充与完善。它可以分为现场观察法与实地观察法①。前者仅局限于短时间内得到基本资料的一种观察，如对一些时间地点不确定的偶发情况或者集体行为的观察研究。后者发生的时间地点一般较为固定，并有明确的目的性。如教育行政部门对各级学校的检查工作、开展的社会研究调查等。相比于结构性观察法，非结构性观察法便于操作，灵活性较大，实施简便，一般适用于对集体行为以及偶发事件的研究或探索性研究。但是，通过非结构性观察法获得的资料往往较散乱，难以进行定量分析与进一步地进行研究对比工作。在非结构性观察中需要及时将第一印象记录下来，虽然没有详细的计划，但观察者应有明确的目的。非结构性观察法可用于日常生活学习中对集体行为的研究，如日记法、轶事记录法等。

结构性观察具有一定的全面性，适用于研究的初期，如关键要素与行为的确定等资料的搜集，待到有一定的感性认识后，需进一步提炼经验，完善观测的项目指标与记录方式，使得观察更具针对性、高效性，提高信度与效度，为非结构性观察与深入探索做准备。

（三）实验观察法和自然观察法

依据观察情境与条件有无人为控制与干预进行划分，可以将教育观察分为实验观察法与自然观察法。

自然观察法是指在一般的自然状态下，不对观察环境的各种条件予以人为的改变和控制，等待行为目标自发出现的观察法。在人类学与社会学研究中，这种观察法也称为“田野观察”，在教育观察中，也可将教室、操场、课堂、劳动场所作为自然场地，进行这种田野观察。在采用自然观察法时，要思考是选择隐蔽观察还是选择公开观察，最好

① 张湘洛．教育科学研究方法[M]．北京：国家行政学院出版社，2013：103．

是师生间形成稳定、熟悉的人际关系。例如，在平时一般性的听课活动中，为了能得到最真实与自然的课堂，听课者最好事先不通知老师与学生，并且提前进入课堂坐在不容易被注意但容易观察的地方，以减少对被观察者的影响，这也可以算得上是一种自然观察①。因此，这种方法能收集到观察对象客观真实的外部行为的材料。

实验观察法是指观察者对周围条件、观察环境、观察对象等观察变量作出一定的控制，即在人工控制的环境中，借助外界刺激来诱发目标行为的发生，或者将影响被试的有关条件进行控制，使被试的言行等方面产生相应的反应，采用标准化手段进行观察②。这种观察通常要求观察程序标准化、观察问题结构化，以便探寻事物之间的内在联系③。实验观察法服从于实验法的特点和要求，广义上属于教育实验法的范畴，但也可视为教育观察法的一种类型。

实验观察法的一般要求如图 4-4 所示。

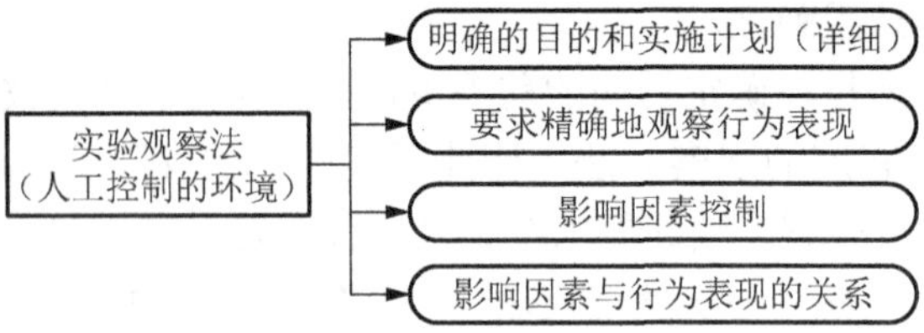

图 4-4

（四）参与观察法和非参与观察法

依据观察者是否直接参与观察对象活动而进行划分，将教育观察法分为参与观察法和非参与观察法。

参与观察法是指在教育社会学的研究中，观察者把自己作为研究对象群体的一员，亲自参与到学校、班级等活动中去，观察教师期望与师生交互作用，观察师生关系、学生伙伴关系及班级文化等现象，并通过深入内部体验记录被试行为表现与活动过程的方法。在观察中观察者一般不暴露真实身份，融入集体，这样将不会影响观察对象的活动，不破坏和影响观察对象的原有结构和内部关系，因而能够获得较深层的结构和关系的材料，使得观察结果更加真实、感性。但是一旦沉浸在这种氛围中，容易被观察对象同化，并且事后记录时会由于感官等限制遗忘一些细节以及重要信息。处理不当易影响观察的客观性。另外，要注意科研道德，不去观察个人不愿公开的隐私。若选择参与观察，又需在“参与者的观察”和“观察者的参与”之间作出选择（不一定是两者择一，有可能选择不同的参与程度）④。要注意在观察过程中尽量使观察者不要有心理上的忧虑，让他们明白研究并不会带给他们伤害。

参与者的观察是一种比较理想的观察水平，即观察者成了被观察者所接纳的成员，被观察者不会因为观察者在场而改变其典型的行为表现。例如，师生在游戏活动中建立

① 徐红．教育科学研究方法[M]．武汉：华中科技大学出版社，2013：71．
② 杨晓萍．教育科学研究方法[M]．重庆：西南师范大学出版社，2006：66-110．
③ 顾永安．教育研究方法[M]．南京：南京大学出版社，2015：91．
④ 杨小微．教育研究方法[M]．北京：人民教育出版社，2005：72-79，107-113．

亲密信任的关系，教师在游戏参与中对学生进行行为观察。观察者的参与是指观察者虽说也参与观察对象的活动，但不被观察者所接纳，仍被观察对象视为局外人[①]。

非参与观察法是指观察者以一种“旁观者”“局外人”的身份，不参与到研究对象的活动中的一种观察记录被试行为表现与活动的方法。这种观察法比较客观，但是也比较表面化，不容易捕捉对象的心理等深层次的材料信息。并且当观察者意识到自己被观察时，会有一种心理戒备，行为会发生一定的变化。

（五）直接观察法与间接观察法

依据观察方式的不同进行划分，可将教育观察分为直接观察法与间接观察法。

直接观察法是指凭借观察者的感官，与研究对象进行直接接触，进而进行感知与描述的观察法。优点是能直接、生动、具体地获得真实的第一手资料，充分发挥主观能动性，在观察中能捕捉细节，如被观察者的情绪、语气等行为表现。但是直接观察会受到各种限制，如感官自身的限制、时间场景的限制等，并且会导致行为现象不能被完整地记录，难以再现原始的情境。

间接观察法是借助一定的仪器或技术手段，如单向镜（单向观察屏）、照相机、录音、录像等方式对观察对象进行考查。（如微格教学）能突破感官观察的局限，能从更远的距离进行观察，避免对被观察者产生更大的干扰，扩大观察的深度和广度，提高效率与精确度。例如，借助单向镜进行观察时，能避免被发现，使得观察研究更加真实与自然。如利用图书馆资料的正常磨损程度，可以分析哪些书受学生欢迎；利用图书馆借书单的积累测量，可以分析学生的阅读倾向，间接获得学生阅读兴趣、思想倾向等方面的材料。

（六）时间取样观察法和事件取样观察法

根据行为样本的不同可以将记录法分为时间取样观察法和事件取样观察法。

取样观察法是一种以行为为样本的观察法，特点是对观察的行为或事件进行分类，把复杂的事件或行为转化为可以数量化或可限制的材料进行记录[②]。取样观察法也是结构性观察法的一种。

取样观察法的操作程序如下：

第一，分类。要做到具体明确、详细充分，遵循详尽性与相互排斥性的原则。

第二，操作定义。操作定义就是用具体的、可感知的或可度量的事物、事件、对象对类别作界定[②]。

第三，记录表单设计。要求表单具有两方面的功能。其一是具有实施功能，能够据此合理分配注意力，不会遗漏或分散注意力；其二是记录功能，能系统记录资料，以便后续整理。

时间取样观察法是指以时间作为选择标准，在事先确定的时间段或时刻中，观察记录对象某种行为是否出现、出现的种类、频率以及持续时间的全面的观察法。时间取样

① 杨小微．教育研究方法[M]．北京：人民教育出版社，2005：72-79，107-113．
② 杨晓萍．教育科学研究方法[M]．重庆：西南师范大学出版社，2006：66-110．

法有两种记录的形式：一种是采用核查记号，如打钩√来判断行为是否出现；另一种是采用记录记号，如记录出现的次数与划记“正”。因此在时间取样法中，通常需要判断在规定的时间内某种行为出现与否和出现的种类，并且记录在规定时间内行为发生的频率与行为持续的时间。

事件取样观察法是指事先选取出具有代表性的行为或对象，对这种现象进行等待并记录其发生的原因、经过、结果以及持续时间等方面的观察。如对班集体、群体结构分析的观察。事件取样法与时间取样法的区别是，时间取样比较关注行为的存在，事件取样法着重行为的特点与性质，不受时间限制，观察的范围更广。事件取样观察法较为灵活，可以提前编码记录，也可以观察者自行编制适用的记录表格，或者运用叙述性记录。但是，时间取样观察法必须被动等待行为事件的发生，关注点往往只在事件本身，而不是其发生的条件与环境。事件取样观察法见表 4-2。

表 4-2　教师各教学提问次数统计表

教学环节	管理性提问	识记性提问	重复性提问	提示性提问	理解性提问	评价性提问
引入						
新知讲解						
例题讲解						
课堂练习						
小结						
汇总						

最后，需要指出的是，任何观察法都会存在一定误差。这种误差的原因，固然有主观上的思想因素、知识因素、生理因素与心理因素等，同时，也有客观上的人力、物力和财力的限制。

三、数学教育观察法的操作步骤

教育观察法的实施是一个具有目的性、计划性、系统性特征的观察、分析、研究过程，在非结构式观察法中也体现着这些特征。对于这一过程的构成，尚存在多种不同的观点。对观察进行实施是教育观察的核心，要秉持严谨的科学态度，努力做好每一个细节。教育观察法的操作实施包括四个阶段：①观察准备。②制定记录表与代码系统。③实际观察。④整理、分析资料并得出结论。

一般实证性观察的步骤是直线模式，如图 4-5 所示①。

图 4-5

但是观察法的实施步骤应该是循环模式，如图 4-6 所示①。

① 裴娣娜. 教育研究方法导论[M]. 合肥：安徽教育出版社，2000：183-194.

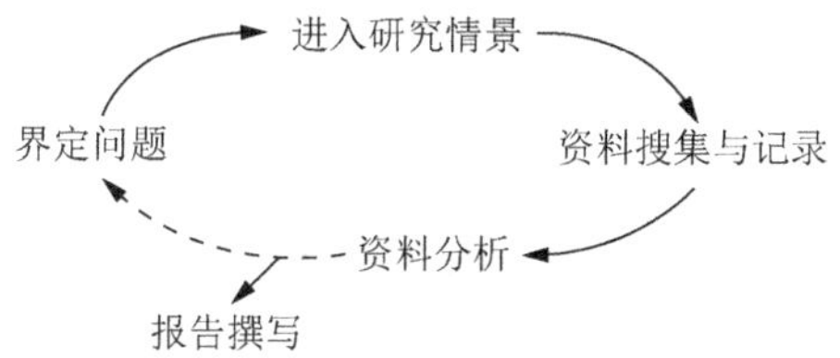

图 4-6

在观察中要保持观察法的特点，坚持观察的目的性、客观性，坚持辩证唯物主义的基本观点。恩格斯指出，“道义上的愤怒，无论多么入情入理，经济科学总不能把它看作证据，而只能看作象征[①]”。

在观察中尽量不要干预其活动，要进行多次、反复观察。

（一）观察前准备工作

教育观察的设计好坏决定实施的成功与否。

首先，需要确定研究的内容，明确观察的目的以及意义，这是观察研究的前提。

研究者要对研究问题有一定的认识，研究问题是研究者在所研究的现象中提炼出来的学术界或实践界尚有疑问的，研究者认为有必要回答的问题[②]。例如，确定研究课题是“如何帮助数学成绩差的学生提高成绩”，目的就是通过找出学生成绩差的原因，并且采取适当措施提高成绩。意义是从学生角度来看，能帮助学生提高学习的信心，使得每一位学生都接受良好的数学教育。从教师的角度来看，能帮助教师进一步分析学生成绩差的原因，改善教学工作，在与学生的互动中，建立良好的师生关系。

其次，需要制订计划，具体包括以下项目，如图 4-7 所示。

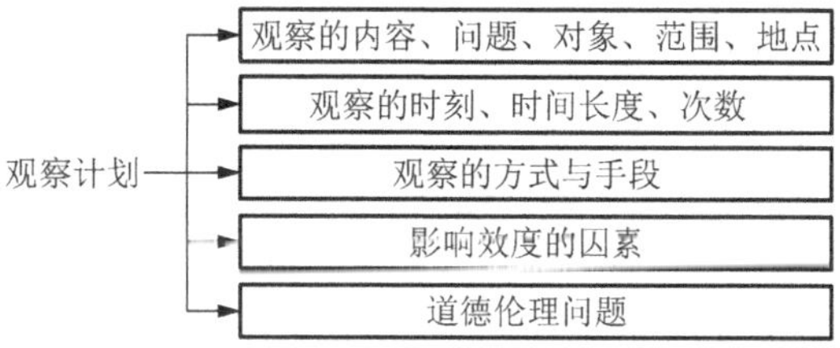

图 4-7

观察的问题是指研究者在确定了研究的问题之后，决定选择使用一定的观察方法，根据观察的需要而设计的、需要通过观察活动来回答的问题。观察的问题是为完成研究问题使命的一个工具[②]。例如，在课题“如何帮助数学成绩差的学生提高成绩”中研究对象的确定时，要弄清楚什么样的学生是成绩差的学生，应该有一定的标准。并且要选取一部分成绩差的学生进行观察，即如何确定观察的样本。因此，可以把观察的问题，根据影响成绩好坏的因素进行整理，可以分为学习态度、学习动机、学习习惯、学习能力、学习方法等，进而可以对每一个问题进行细化。

① 中共中央马克思恩格斯列宁斯大林著作编译局．马克思恩格斯选集[M]．第 3 卷．北京：人民出版社，1995：189．
② 杨晓萍．教育科学研究方法[M]．重庆：西南师范大学出版社，2006：66-110．

在观察的时刻上可以确定为平时的课堂、自习课、考试前、考试后等，观察的时间长度可以是半个小时，观察次数可以是 3 次。可以借助摄像机进行观察，或者在必要的时间进行现场观察。

然后，设计观察提纲。在设计提纲时要注意遵循可观察性与相关性原则，包括 Who，What，When，Where，How，Why。需要事先了解学校的时间安排，确定观察对象为具体的某个年级哪些学生。观察提纲只提供一个大致的框架，在观察时需要根据实际情况而变动。例如，制订提纲如下。

对数学成绩差的学生的观察研究计划

课题的提出：数学课程标准中要求“人人都能获得良好的数学教育”，但是却总有一部分学生数学成绩不理想，极大地打击了其学习数学的信心，影响了其良好数学教育的获得。因此，采用教育观察法对本课题进行研究。

观察目的：通过观察部分数学成绩差的学生的学习表现，采取适当措施帮助其提高成绩，以此增强学生数学学习的信心，改善数学教师的教学效果，提高中小学的数学办学质量。

观察内容：学生在课堂听课的情况，在自习课上完成数学作业时的状态，考前复习与考后总结情况。

观察对象：选取某个中学七年级 2 个班学习成绩差的 20 名学生为观察样本。

观察的途径与方式：采用非参与性间接观察法，用隐形摄像的方式在班级中对数学课、自习课等进行观察。周一、周三、周五的数学课采取非参与式直接观察法。

观察时间、地点、次数：

两个班级数学课上课时间（第八周）：

七（1）班：周一第 1 节，周二第 2 节，周三第 3 节，周四第 2 节，周五第 5 节。

七（2）班：周一第 2 节，周二第 3 节，周三第 2 节，周四第 4 节，周五第 3 节。

中午静校自习时间：每天 12:30 ~ 1:20

数学自习课时间：七（1）班 周四第 6 节，七（2）班 周四第 7 节。

观察地点：班级教室

观察进程：

第七周：取得学校授予观察的权利，并培训观察人员，进行前期的试探式的观察，调整观察策略。

第八周：实施观察，并且整理、统计观察材料。周末完成材料分析。

第九周：撰写报告，并把材料归档。

观察工具：摄像机两台，录像机一台；记录卡片若干。

注意事项：观察要认真仔细、真实客观，可进行多次观察。记录尽量详细，尤其是进行现场观察时，不可打扰到学生，不可与学生事先透露观察的目的。

最后，最好安排观察预备期，并且训练观察者，使得不同观察者之间、同一观察者在不同时间内的观察保持一致，以提高信度。对观察者的训练包括：准确理解观察的目的；熟悉所采取的观察方法的基本要求、特点、实施步骤以及技巧；对一些意外事件的处理；掌握记录方法。

（二）制订观察记录表和记录代码系统

观察记录方式可以分为描述记录法和观察表记录法。在观察时有必要制订观察记录代码系统。记录代码指为方便记录有价值的、可观察和处理的行为类别而制订的符号系统，使得行为单位与符号具有一定的对应关系。

1. 描述记录法

描述记录法是指在自然状态下，记录观察对象所处的情境以及行为，然后对搜集到的资料进行分类，并对记录内容加以分析的方法。描述记录包括日记描述法、轶事记录法（记录有价值的、感兴趣的）、连续记录法。

在现场笔记记录尽量做到：

（1）个人感受与初步印象记录要及时，并将观察现象的资料分开记录。

（2）对某些现象的分析与推论予以记录。

（3）观察过后尽可能快地记笔记。

（4）现场遗漏或未及时记录的内容，可以通过事后回忆，或者观看视频补充记录。

（5）现场笔记要在尽快的时间内整理并尽可能地打印成文。

（6）现场笔记至少制成两份，便于多方研究。

叙兹曼和施特劳斯（Schatzman & Strauss, 1973）将现场的观察笔录分为四个部分：
实地笔记（FN）：看到和听到的事实内容；
个人笔记（PN）：在实地观察时的感受；
方法笔记（MN）：具体使用的方法及其作用；
理论笔记（TN）：初步的理论分析。

2. 观察表记录法

除了普通的观察表记录，还有行为核对表，它只判断行为出现与否。

根据不同的观察法，对应不同的观察表。如取样观察法中要有具体的时间分段或事件分类，在实验观察法中则有控制变量的对比项目等，以下将列出典型的观察记录表，见表 4-3 和表 4-4。

表 4-3 “课堂教学交往的主体构成”观察项目清单

师生交往	生生交往	
○教师与学生个人交往	○学生个人与个人交往	○学生小组与小组交往
○教师与学生小组交往	○学生个人与小组交往	○学生小组与全班交往
○教师与学生全班交往	○学生个人与全班交往	

表 4-4　师生交往符号代码系统

代码符号	行为特征内容
A	学生举手
B	学生举手并被老师提问
C	学生举手并被老师提问，只回答了一个字
D	学生举手并被老师提问，回答一般
E	学生举手并被老师提问，回答良好
F	学生举手并被老师提问，回答很好
G	学生没有举手，但被提问
H	学生没有举手，但被提问，只回答了一个字
I	学生没有举手，但被提问，回答一般
J	学生没有举手，但被提问，回答良好
K	学生没有举手，但被提问，回答很好
L	学生没有举手，但被提问，不做回答
M	学生问一个问题
N	学生没经过老师允许，自己讲话

除了设计观察项目清单，还可设计成类目系统的形式进行记录，例如“弗兰德斯师生互动观察类目系统”是运用时间取样观察法记录师生互动的成功案例[①]。具体见表 4-5。

表 4-5　弗兰德斯师生互动观察类目系统

教师语言	
作出反应	1. 接纳情感：以平和的方式接纳与理清学生的积极或消极的态度、语气。包括预料到并唤起学生的情感。 2. 表扬或鼓励：包括开玩笑以消除紧张，而这种玩笑不伤害第三者；点头同意，或者说“是吗？”或“继续下去”。 3. 接受或利用学生的想法：理清、发展或拓展学生的看法。但如果教师所说的更多的是自己的看法则归入范畴 5[②]。 4. 提问：基于教师的看法提出内容或程序方面的问题，以期待学生的回答
主动发起	5. 讲授：示明内容或程序方面的各种事实或观点；表示自己的看法，作出自己的解释，或引证权威（不是学生）的观点。 6. 指令：给予指示、命令或要求，以期学生遵从。 7. 批评学生或维护权威：明言正告，以使学生的不可接受的行为变为可接受的行为；责骂学生；阐明自己所采取的行为的理由；强调自身的绝对权威
学生语言	
作出反应	8. 反应性说话：由教师引发交往，或要求学生阐述，或营造情境。
主动发起	9. 主动性说话：由学生主动说话。学生表明自己的看法；引出一个新的话题；自由拓展自己的观点与思想方法，比如提出一些有创见的问题；超越现存的结构。
停顿	
	10. 沉默或混乱：暂时中止谈话，短时间的沉默；或短时间的混乱使得观察者无法了解交谈内容。

上述 10 种反应分别对应代码，要求观察者每隔 3 秒记录一次师生行为活动。一共要求记录 5 分钟。记录表见表 4-6。

① 杨小微．教育研究方法[M]．北京：人民教育出版社，2005：72-79，107-113．

② 吴康宁．课堂教学社会学观察中的现场观察[J]．教育研究与实验，1998，(1)：27-34，71．

表 4-6　师生行为活动记录表

1 分钟																		
2 分钟																		
3 分钟																		
4 分钟																		
5 分钟																		

如“对数学成绩差的学生的观察研究计划”制订后，需要进一步制订观察记录表，其中对课堂观察的记录表可设计如表 4-7 所示。

表 4-7　学生课堂学习行为的观察记录表[①]

观察内容 \ 时间点		1	2	3	4	5	6	7	8	9	…	40	总计
学习行为	听课												
	笔记												
	答问												
	参与讨论												
	课堂练习												
非学习行为	交头接耳												
	瞌睡												
	张望												
	做其他事												
	情绪状态												

注：记录时，每节课 40 分钟，分为 4 个时间段，每个时间段 1 分钟。在每个时间段出现哪些行为就在相应行为栏内作出标记。该表省略了中间段。

（三）实施现场观察

为保证观察的顺利进行，研究人员要解决两个问题[②]：

（1）证明自己要进行的观察研究是合法的。

（2）进入现场的要求不被拒绝，最好能在得到允许的基础上取得有关部门人员的积极配合。

在观察时可以掌握以下两点技巧：回应式反应；灵活观察，全面与焦点相结合。

回应式反应是一种有效的观察策略，即观察者不主动采取行动，而只是对当事人发起的行为做出相应的回应[②]。这种技巧有利于观察者对目标行为的记录，使观察者更好地觉察目标行为的发生。

全面观察是指观察者的观察活动并没有特定的焦点，而是注意场所中所有研究对象的活动的一种方法。焦点观察是通过逐渐缩小观察的范围，将观察的内容集中于某些特

① 邵光华. 教育研究方法[M]. 北京：高等教育出版社，2016：160.
② 杨小微. 教育研究方法[M]. 北京：人民教育出版社，2005：72-79，107-113.

定的对象上的一种方法[1]。在观察时，要求灵活观察，采取适当变换的策略，注意局部与整体，从远近、主次、动静等多角度观察。

不同时期的观察应该有自己的特色与聚焦点，因此可以将观察阶段进行划分。这种阶段可以在整个大的研究背景下，逐渐递进，或者只是在一次观察中实施。

1. 初始阶段——全方位的开放式观察[2]

在这个阶段应以叙述性观察为主，要求观察者对观察情景的事物进行敏锐地察觉，对人物、空间、活动、环境、情绪等看到的、听到的与体会到的内容尽可能详细地记录下来，包括对观察对象的第一印象。

2. 中期阶段——逐渐聚焦

当观察者对教育情境有一定的熟悉之后，就应该进入逐渐聚焦的状态。聚焦的程度由研究的问题而定。

一般来说，可以有狭窄单一和开阔视野两种视野。前者要求聚焦在典型的对象个体的行为或者事件上，甚至可以连续几天地持续观察。后者要求对整个事件进行全方位的关注。

3. 末期阶段——找出研究焦点后进行选择性观察

此时需要再一次缩小观察范围，选择几个特定的教学行为，进行观察、比较，探求其规律，异同的原因，得出对策等。

对于取样观察来说，需事前对研究的问题有一个基本的认识，在研究进行的中期进行有针对性的时间取样或者事件取样，因此在逐渐聚焦阶段可以考虑加入取样观察，使得研究更加精准。

课堂观察是一种现场开展的研究活动，多少会对课堂产生一定的影响。因此，要想介入研究，必须征得被研究人的同意，并且遵循伦理学的问题，保护被研究者的隐私，避免对其权益产生侵害。任何研究都必须遵循科学和伦理两条基本原则，缺失了任何一条，都不会是优秀的研究[3]。

（四）整理、分析资料并得出结论

整理分析主要经过以下步骤，如图 4-8 所示。

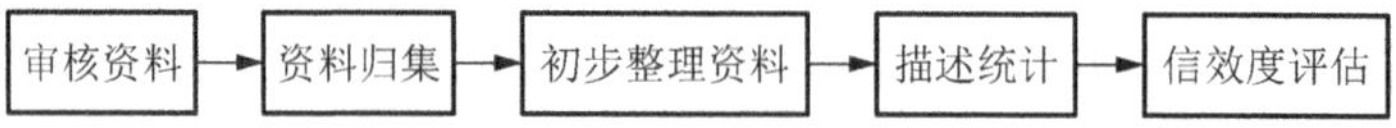

图 4-8

在初步整理资料时，要完善记录。补充时可以考虑对现场情况的具体描述，对原先来不及或忘记记录的内容进行回忆，并且列出自己待做的事。在分析时，要提取原先记

① 杨小微．教育研究方法[M]．北京：人民教育出版社，2005：72-79，107-113.
② 杨晓萍．教育科学研究方法[M]．重庆：西南师范大学出版社，2006：66-110.
③ 邵光华．教育研究方法[M]．北京：高等教育出版社，2016：172.

录的个人感受与印象，并且分析自己的思想感情产生的原因、阶段，判断自己是否带入偏见以及对这种偏见采取预防措施，通过不断的反思提高自身的科研能力。

对于不同种类的资料，分析的方法也不尽相同。如对于定量观察的研究，可以采用统计分析的方法进行分析。对于用定性观察法的研究，可采用逻辑分析的方法进行分析。逻辑分析的常用方法主要包括分析与综合、抽象与概括、演绎与归纳等①。

1．观察结果分析及信度分析②

观察信度通常是指对同一行为或现象的两个以上的观察的一致性程度。

信度的种类：

（1）一致性系数指不同观察者同时观察的一致性情况。

（2）稳定性系数指同一观察者在不同时间内观察的符合度。

（3）信度系数指不同观察者在不同时间内观察的符合度。

信度的计算②：（当观察信度即相关系数≥0.8时，即视为可靠）

（1）每个观察者计算出每类行为出现的次数。

（2）观察者之间对每类行为记录相同的次数。

（3）用观察者观察记录的行为总数去除以记录相同的次数。

（4）最后将结果乘以观察者的人数。

记录相同的次数越多，说明信度越高。

用公式大致表现为：

$$信度=\frac{一致性次数}{一致性次数+不一致性次数}$$

2．观察结果分析及效度分析

观察效度是指一个观察对于它要观察的行为观察到什么程度③。

观察效度一般包括两个问题：观察的目的与对其观察的事物要达到多好的程度。

影响效度的因素有：

（1）选取的观察方式、时间、地点、内容问题的合适性。

（2）操作过程的规范性。

（3）观察者的主观因素，如情感因素、观察的敏锐性与记忆力。

（4）被观察者效应。

因此，可以针对以上的因素，提高观察的效度。

最后，在分析完资料后，就可以对本次观察活动进行总结，撰写观察报告。课堂观察的最终目的并不是为了论文的发表，而是为了真正改善教学实践，促进学生与教育事业的发展。因此，在有了一定的成果后，及时和任课老师进行反馈，给其教学提出建议，促进课程的实施发展。

① 刘淑杰．教育研究方法[M]．北京：北京大学出版社，2016：158．
② 黄秀兰．学校教育研究方法[M]．海口：海南出版社，2002：62-75．
③ 杨晓萍．教育科学研究方法[M]．重庆：西南师范大学出版社，2006：66-110．

第三节　调　查　法

现今的大教育学术界，习惯用思辨的文字加一点点数据润色。究其原因，是因为在现代的大数据背景下，凡事讲究实证。数学教育研究作为教育研究中的一个重要分支，自然不能落于其后。教育研究作为年轻的学科研究，其方法大多衍生自己有完备体系的社会性研究和心理学研究方法。调查法作为社会性研究中不可缺少的一部分，自然有其在教育研究方法中至关重要的地位。然而在数学教育研究中，我们又将赋予调查法独特的色彩。

一、数学教育调查法概述

教育调查是指根据科研要求或为了解某项教育任务的执行情况，运用科学的方法，有组织、有步骤地对所研究的对象（如学校、班级或其他教育机构）搜集原始资料的一种方法①。事实上，无论是什么学科、哪种方向、怎样的研究，它最先要做的就是发现现象、了解现象、分析现象，从现象去捕捉本质或发现规律。数学教育调查法作为一种典型的描述性研究，是我们收集有关数学教育数据，了解数学教育现状，研究数学教育规律的一种有效手段。

（一）研究对象和目的

数学教育调查法是一种在数学教育理论指导下，运用访谈、问卷、测量表等方式，了解数学教育现状，考察数学教育事实，收集有关数学教育材料，从而对数学教育的现状作出科学分析的研究方法。与一般性的调查方法不同的是，数学教育调查研究对象一般是有关学生、有关数学的教育现象，如学生对数学的喜好程度，学生的数学学习情况等。

有些人认为完整的数学教育调查法应在收集有关数学教育数据、了解数学教育现状、研究数学教育规律的基础上再加以结论的分析。实际上，以数学教育研究现状而言，过早地对一些现象下结论未免过于武断。

通过对近年来年发布论文数在时间序列上的分布，绘制发文趋势图如图 4-9 所示。

图 4-9　1933～2015 年文献分布图

① 张念宏．教育百科辞典[M]．北京：中国农业科技出版社，1988：420．

由图 4-9 可见，1994 年后，每年产出的教育研究方法文献论文数与时间序列基本呈比例增长①。当以 1994 年作为原点，经过年数为自变量、期刊论文数为因变量后，输出结果如图 4-10 所示。

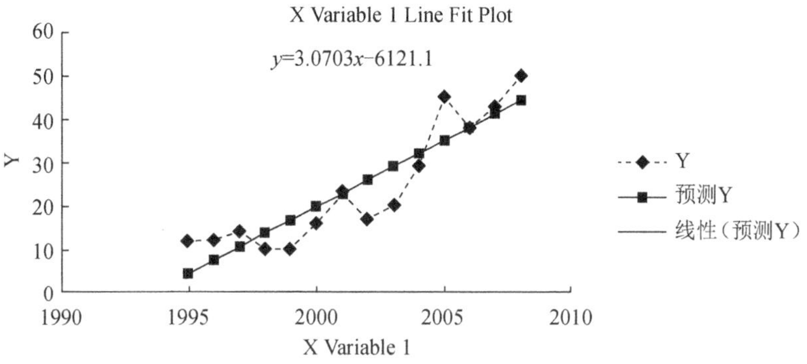

图 4-10　一元线性回归分析图

从上面的数据显示，自 1994 年以来教育似有巨大发展，而事实上，教育研究的结果多是一些理论，且在实际运用中并无普适性。教育研究领域的研究人员们在他们的“专业领域”内，可谓是步履维艰。故而国内有关数学教育研究的文章内容一直偏高偏大，喜欢在大背景、高观点下对数学教育进行研究，以避免在具体应用中出现问题。固然，有大背景、高观点的指导，数学教育研究方向不易偏颇，大局观也符合中国的传统学术习惯。然而，若总是处在宏观的视野下，一些细节便难以被人重视。而教育学，作为指导教师实行教育实践的一种科学，最不应该忽视的就是经验的积累。

“皮之不存，毛将焉附。”没有依据的理论只能是空洞的。即使这个理论是人们公认的真理，若无例子举证，那也只是“正确的废话”。所以，数学教育调查法的研究对象，或者说数学教育研究的对象，应该是有关数学的教育现象，而非是研究数学教育的现象。换而言之，它一般是以数学教育现象为研究的对象，而不是以研究数学教育事实为对象。

（二）作用

对期刊信息进行统计和分析聚类后，可将其中的高频关键词的共词作成如下树状图 4-11 所示。

① 罗唱，孙忠梅．教育研究方法发展现状及演变趋势——基于教育研究方法的全样本文献计量和共词分析[J]．高教学刊，2016，(10)：8．

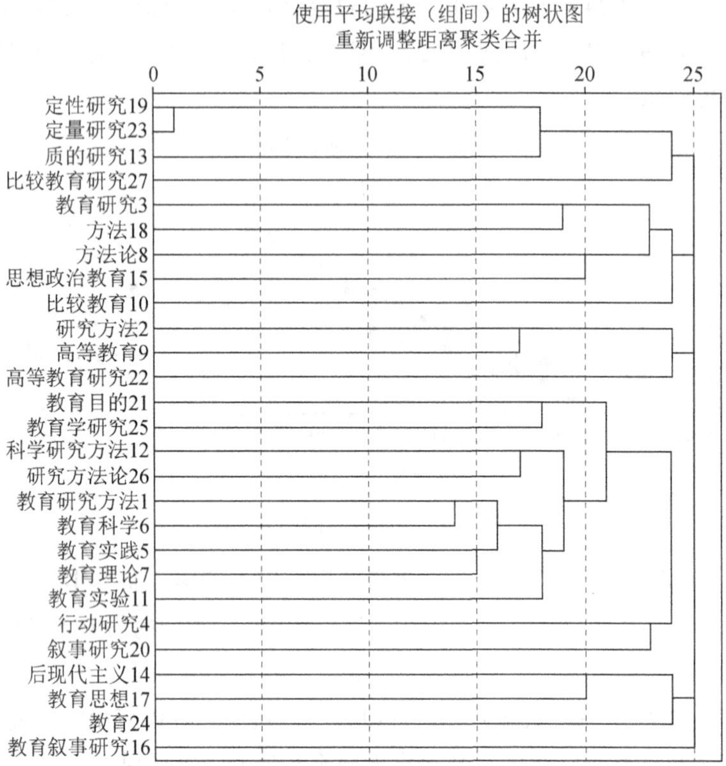

图 4-11　聚类分析树状图

从树状图可以看出，文献集中反映出教育方法研究有以下四个热点：

（1）定量定性研究相结合，质的研究在比较教育研究中成为了一个新的趋势，而且标志着比较教育研究主题和研究内容的转移。

（2）行动研究、教育实践与教育实验分不开。要在实践中实施、验证、修正而得到研究结果。

（3）高等教育研究中思想政治教育研究方法论显得尤为重要。

（4）后现代主义作为一种思维方式，是对“现代性”的反思，叙事研究的后现代意识也越来越重要①。

而在数学教育科学研究中，收集事实材料的主要方法之一就是数学教育调查。数学教育调查在数学教育科学研究中具有广泛的应用范围，它既可以用在研究数学教育现状上，如对某一地区学校数学教育质量的调查；也可以用于研究人们对于数学的教育理想、信念、态度、观点、意见等问题，如对数学教师的教育理想和信念的调查；同时有关数学教育的比较研究也可以用调查法，如国内外数学课堂教学行为的比较研究。此外，在数学教育文献法、数学教育观察法、数学教育实验法等中也离不开数学教育调查法的运用。

---

① 罗唱，孙忠梅．教育研究方法发展现状及演变趋势——基于教育研究方法的全样本献计量和共词分析[J]．高教学刊，2016，（10）：10.

数学教育调查法运用一定手段对数学教育现象进行研究，以揭示其本质性、必然性联系，在数学教育事业发展和教育科学研究中具有特定的功能：

（1）为数学教育科学研究人员提供既定研究课题的第一手材料和数据。

数学教育调查法往往是研究数学教育问题的不可省却的起步阶段和基础阶段。进行某项科研课题的研究，首要的问题就是要弄清楚基础现状如何，否则下面的工作就难免无的放矢。通过调查可以获得大量的关于数学教育研究课题的第一手材料和数据，在此基础上进行理论分析、概括，从而推动数学教育科学事业的发展。

（2）为各级教育行政部门制定政策、法令法规和制订有关数学教育发展计划提供依据。

科学的调查报告通过搜集数学教育现象的事实材料，能使人明了教育科学的现状，发现新的研究课题、先进的数学教育经验或教育上存在着的问题，为各级教育行政部门制定有关数学的教育政策、法令法规、教改方案、规划及解决有关数学的教育问题提供事实依据。

（3）对数学教育现象、数学教育问题的发展变化，影响因素及发展趋势进行广泛调查，揭示其本质和规律，促进有关数学的教育决策和教育管理的科学化。

本质寓于现象之中。数学教育的研究人员可以通过大量的数学教育调查结果，分析、实验、总结出其本质特征或规律。

（4）通过调查研究，为论证某一种教育假说提供事实根据。

所有的现象，都是一种结果。我们可以在现象中去进行演绎分析，当然也可以对之进行归纳猜想。

（三）分类

数学教育调查研究可以从不同的角度，作出不同的分类。

按照调查途径，可分为直接调查和间接调查。

按调查对象的范围和选择对象的方法，可分为全面调查（亦称普遍调查，也就是常说的普查）和非全面调查。普查——专门组织的一次全面调查。其优点在于可以了解全面情况，缺点则是要花很大的人力和财力。非全面调查又可分为随机抽样调查和典型调查（有些人也将非全面调查分为随机抽样调查、重点调查和典型调查）。随机抽样调查——它是从总体所包含的全部个体中随机地抽出一部分个体作为调查对象，借以推断总体、说明总体的一种调查方法。典型调查——在对调查对象进行具体分析的基础上，有意识地从总体所包含的全部个体中，选择若干个具有代表性的典型个体作为调查对象，借以推断总体（重点调查——选择一部分重点所作的调查）。

按照调查目的可分为常规调查和比较调查。常规调查，即了解教育的一般情况，或寻找一般数据；比较调查，旨在比较两个群体、地区或两个时期的教育情况。

按照调查内容的性质可分为事实调查和征询调查。事实调查，即要求调查对象提供现成的事实或数据；征询调查，即要求调查对象提出自己对某个问题的看法和意见。

按照调查范围大小和事项多寡可分为综合调查和专题调查。

（四）主要特点

1. 综合性

在实际调查工作中，各类调查研究方法不是截然分开的，它们相互依存，共同作用于同一调查过程，特别是那些复杂的大型调查，必然要综合运用各种调查研究方法和手段。

2. 灵活性

数学教育调查法运用的途径、方法多种多样，主要有问卷调查、调查表调查、访谈调查、实地调查等类型，可以根据课题研究的需要进行选择。与数学教育观察法、实验法等其他研究方法相比，它具有更多样的调查研究手段和获取研究资料的渠道。

数学教育调查手段的灵活性主要表现在：一方面，调查方式的运用具有灵活性，可以单独使用，也可综合运用，可以同时选择、运用几种调查方式；另一方面，调查范围的确定具有灵活性。运用调查法，调查对象的范围可大可小，可集中可分散，在符号科学研究取样要求的原则下，可以灵活确定。

3. 间接性

不像观察法那样直接用感官去感知现实，数学教育调查过程中，研究人员不必进入现场对研究对象之间进行观察获得研究材料，而主要是通过问卷、访谈等手段获取研究资料。这种间接性特征，避免了研究人员与调查对象的直接接触，使材料具有更好的客观性与可信度。如邮寄问卷、调查表这类方式，所获材料一般具有更高的真实性。

4. 自然性

调查法可以在自然的过程中收集材料，而不必像实验法那样控制实验对象。数学教育调查过程中，若方法得当，调查对象将处于自然状态下，其活动不受研究影响，没有条件的控制。如问卷调查、调查表调查等，调查对象是在完全没有来自研究者的条件控制的状态下，根据自己的意愿和认识回答相应的问题。

二、数学教育调查法的实施方法

（一）访谈法

访谈法是根据研究目的选择一定的调查对象，就研究的有关问题进行访问、谈话获取资料进行研究的一种调查方式。旗下还可分为座谈调查等。根据访谈的进程，访谈过程一般分为三个阶段：准备阶段、访谈阶段、结束阶段。

1. 准备阶段

实施访谈调查，首先要做好访谈的准备工作，包括制订访谈计划，把握调查内容，选择适当的访谈形式，设计好访谈调查表或访谈提纲以及记录表格，选择访谈对象，初步了解被访者的情况，选好访谈的时间、地点、场合等[①]。

需要注意的是，为取得科学、全面的调查结果，选择访谈对象时应考虑对方是否拥有研究所需要的有价值的事实材料以及对方是否愿意提供有关材料。在选定访谈对象后，还需了解被访者的相关信息，并就访谈内容与访谈时间，访谈双方需提前作下约定。最后，访谈问题的设置需符合研究主题和心理规律，其语言需通俗易懂，且保持中立。

2．访谈阶段

在进入访谈现场时，访谈者须尽快接近被访者，建立融洽的访谈气氛，按计划进行访谈并认真做好访谈记录。

访谈是一种人际沟通的形式，是一种社会交往的过程。故而为取得真实可靠的访谈结果，访谈时应在正式访谈前建立起相互信任、积极有效的合作关系。交谈中所提问题要简单明了、易于回答。同时访谈人员要时刻注意被访者的心理变化，必要时，访谈人员可运用一定的交流技巧，使被访者处在放松、自然的环境下，但切记不可诱导提问。

3．结束阶段

结束访谈是访谈活动的最后一环。在结束访谈前，访谈者需把握时间，掌握被访者行为，而后用得体的结束语向被访者表达谢意。每次访谈结束后，需立即对该次访谈的记录资料进行初步整理，看看是否获得了研究所需的信息，是否需要重新访问。

最后，根据研究的目的对加工处理过的资料进行分析综合。

（二）问卷法

问卷法是根据一定的研究目的设计问卷，通过对所调查问题的分析，揭示一定教育现象的本质及其规律性的调查方法。问卷调查一般可分为以下五个阶段：

1．明确调查目的

调查目的是问卷设计的灵魂[②]，是问卷调查的出发点和中心。只有从目的出发，才能更好地估计可能的阻碍因素，注意相关的问题。

2．确定问卷的内容

一般来说，问卷调查常常用于了解个人态度或具体行为等方面的问题。为了解不同群体对问题的态度和选择，在制作问卷时，都会在问卷中安排“个人基本情况”这一部分内容。因此，问卷的主体常常由三部分组成，也就是个人基本资料（事实问题）、态度问题以及行为问题[③]。

3．编制问卷

调查问卷的编制需要考虑到信度和效度等复杂问题，有效问卷的编制更是一个漫

① 陶保平，黄河清．教育调查[M]．上海：华东师范大学出版社，2005：108.

② 袁方．社会调查的原理与方法[M]．北京：高等教育出版社，1990：200.

③ 陶保平，黄河清．教育调查[M]．上海：华东师范大学出版社，2005：7.

长、反复的过程。在使用问卷调查法时最好选用已有的、专业的问卷，或是聘请专业团队进行问卷编制。

4．问卷的试用与修改

由于问卷调查一旦进行，发现错误就难以弥补，所以设计好的问卷，一般要经过反复多次的试用与修改才能完稿。

5．问卷的发放与回收

问卷调查的质量不仅取决于问卷的设计，也取决于问卷从发放到回收各个环节的工作。问卷的回收率是影响问卷质量的一个关键问题。根据有关专家研究测定，成功的问卷回收率应达到70%以上，而50%的回收率是送发问卷调查的最低要求，如果回收率不到50%，调查结论的可靠性就难以保证①。

（三）测量法

数学教育调查的研究对象通常是学生，研究主题常常围绕学生的数学发展与数学学业，收集的资料会涉及学生的心理能力、人格特征、数学能力、学业成就、态度倾向等个体的内在特质。这些特征仅靠观察、文献、访谈、问卷等方法来收集，不一定合适。因此，数学教育调查中经常需要运用标准化的测验、量表作为收集资料的工具。

数学教育测量是根据一定的客观标准，依据一定的规则，对数学教育领域中的事物或现象予以数量化的描述。换而言之，数学教育测量法是对学生经过数学学科学习和训练后所获得的数学知识和数学技能测量的方法。

为使研究结果具有客观科学性，测量调查最好找到与研究目的相配的、具有权威的标准化测验或测量量表②进行。测验的编制有标准化的程序，测量的实施也有标准化的要求。实施标准化测验一般被框定为以下几个方面。

1．选择合适的测验工具

教育测验种类繁多，功能特点各不相同。因此，研究者应根据研究目的，从现实和适用着眼，考虑测验工具的性能和价值，选择合适的测验工具。事实上，在实际的数学教育调查研究中，研究人员常常由于找不到合适的测验量表来收集所需的实证资料，又没有可能自行编制测验量表，以至于最后不得不放弃很多有价值的研究课题。

2．按标准化测验的要求施测

有了合适的测验工具，还必须按测验的规定，严格实施测验。

3．客观、准确地记录被试的反应

测验过程中，研究人员要客观、公正地对待每一个被试，评分标准要统一、客观准

① 陶保平，黄河清．教育调查[M]．上海：华东师范大学出版社，2005：81．

② 根据史蒂文斯（S.S.Stevens）1951 年创立的测量表分为类别量表（nominal scale）、顺序量表（ordinal scale）、等距量表（interval scale）、等比量表（ratio scale）共四种不同水平类型．

确、前后一致。有些标准化测验还需对评分人员进行必要的培训以统一评分标准。

4．合理解释测验结果

标准化测验是一项严肃的、学术性很强的工作，尤其是对测验结果的解释，通常要求经过专业培训的人员主持。在解释测验结果时，要做到有依据，有分寸，不武断地作绝对性的结论，也不作无限度的推论①。

5．测量调查的注意事项

在进行测量调查时应遵从以下几点：遵守测验的职业道德；做好测验试题的保密工作；测验主试应具备必要的专业知识；确保测验过程的标准化。

尽管测量法与问卷法形式相似，且都有专业化、标准化的要求，然而问卷法一般用于了解个人态度或具体行为等方面的问题，具有一定的主观性，测量调查的内容则涉及学生的心理能力、人格特征、数学能力、学业成就等个体的内在特质，较为客观。两者所涉及内容略有交叉，却又截然不同。在实施方面，问卷法相对简单，前期准备步骤相对较少。

三、数学教育调查法的一般步骤

根据人们对客观事物的认识规律和问题解决的一般心理历程，可将数学教育调查研究分为五个相互关联的主要步骤：明确调查目的；制定调查方案；收集调查资料；整理与分析资料；撰写调查报告。这五个步骤循序渐进，符合科学中人们对现象的认知规律，且构成一个相互联系的循环，如图 4-12 所示。

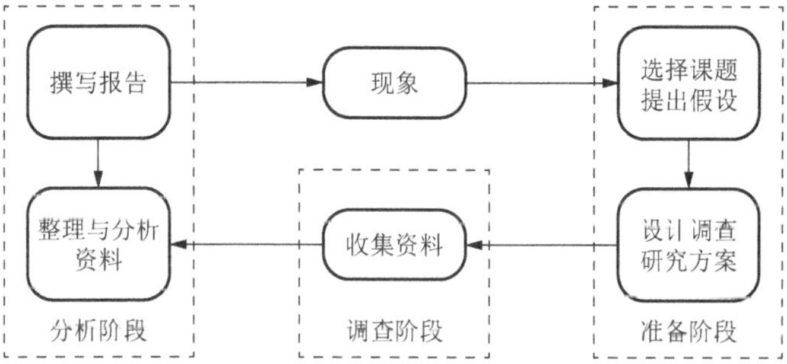

图 4-12　数学教育调查法的一般步骤

这五个主要步骤构成了调查研究的三个阶段。

（一）准备阶段

有些人认为调查法的第一步应是根据有关数学教育的现象，或发现问题，或结合有关理论提出假设，或进行推演猜想，从而确定研究课题。然而，我们数学教育毕竟不是纯科学，不应也不能完全地照搬科学的研究方法。例如，1987 年国家教育委员会组织了

① 陶保平，黄河清．教育调查[M]．上海：华东师范大学出版社，2005：149．

全国范围内的大型数学调查。该调查完全无法按先猜想假设后调查验证的步骤来施行。

1. 明确调查目的

数学教育调查研究的第一步应是明确调查目的。只有清晰了自己的调查目的，之后的调查行为才会有了方向，有了意义，有了动力，才能更精准地确定调查对象与调查计划，从而拟定出较为合理的调查方案。

调查目的的明确不是一蹴而就，拍脑袋决定的，它可以是研究团队或个人根据某一数学教育现象的猜想而来，也可以是收集并查阅前人文献后思考而来，甚至可以是为收集某一数学教育现象而来。调查目的是研究行动的指南，是构建理论的桥梁。有了调查目的就可以更明确地规定研究内容，也便于理解研究内容。

2. 制定调查方案

正式施行数学教育调查应该是一个十分繁琐、慎重的过程。调查方案的制定绝非开次会就能顺利解决。固然现今的许多数学教育的研究都是孤独的单打独斗，无需统筹，许多步骤都能精简。但是，我们既然希冀于能像实证学科一般将数学教育研究做到科学、合理、严谨，那么，一个细致小心、反复修改的调查方案是必不可少的。

首先，研究人员应基于已明确的调查目的，去分析研究内容、研究对象，去思考研究的真正需要、实际的限制条件、现存的方法要求等。其次，研究人员可以从这些思考中选择调查方法，设计初步的调查方案。而后，研究人员按照初级方案，在小范围内实施，并记录施行情况。最后，小组讨论试验性的实行结果，并针对其中出现的问题进行商讨，修改方案。若试行结果良好，可以在修改方案后直接定案；若试行结果中有许多问题，则可再次试行，修改……如此反复，直至完美定案。

一般情况下，制定调查方案需要反复试行，多次修改。然而在现实情况下，研究人员将面对许多限制，如时间限制、资金限制、被试限制等，从而难以完成试行，常常直接将初次的方案作为定案。而在这种情况下，后续研究的调查阶段和分析阶段中将注定面临种种问题和挑战，却已难以挽回。

调查方案设计的主要内容包括调查目标、调查类型、调查内容和工具、调查地域、调查时间、调查对象、调查方法、调查队伍、调查经费以及调查工作安排等。若该方案中涉用量表或是问卷，则应按其要求作出科学合理的量表或问卷。

一个好的调查方案可以预先减少许多后续施行的困难。

（二）调查阶段

调查阶段作为整个数学教育调查过程中与现场的接触阶段，调查阶段的主要任务是按照调查设计要求，采取适当方法做好现场调查的协调与指导工作。对于该次调查的领导者和组织者来说，要特别注意做好这个阶段的外部协调和内部指导工作。若其中涉及访谈法，则需要预先对访谈人员进行培训，或是直接聘用专业人员。

实行调查法时应注意：要甘当小学生，虚心求教；要忠于事实，不带框框；要深入调查，不要浮在表面；要有数量观念[①]。

（三）分析阶段

分析阶段的主要任务是审查、整理资料，统计分析和思维加工。分析阶段是对调查阶段所获取的调查数据进行整理、分析、加工的阶段，是一个信息系统化、精细化、理论化的过程，对于研究结论和成果的最终得出起着不可替代的作用。

在这里我们需要注意的是，数学教育调查法作为收集现象资料的一种重要方法，在分析现象资料时应避免其主观性。

四、调查报告的撰写

数学教育调查研究的最后一个步骤便是撰写调查报告，评估和总结调查工作。一方面，调查组要将所获得的研究结果以相关成果的方式向学术界和社会大众公开，接受评估；另一方面，调查组要对整体调查过程进行评估和总结，吸取教训、积累经验，从而更好地发挥社会调查的社会功能。

调查报告是反映社会调查成果的一种书面报告，它以文字、图表等形式将调查研究的过程、方法和结果表现出来。调查报告的目的是向读者呈现研究者的研究成果、研究过程和研究方法，即对于所研究的问题，研究者是如何进行调查的，取得了哪些成果，这些成果对于认识和解决这一问题有哪些理论意义和实际意义，等等。

在学习撰写调查报告之前，需要对调查报告的类型有所了解，因为只有选择合适的类型，才能写出高水平、高质量的调查报告。在此基础上，再遵循调查报告写作的基本步骤来写作调查报告。

（一）调查报告的类型

根据不同的标准，可以将调查报告划分为不同的类型。调查报告的分类标准及其类型主要有以下几种：

1. 应用性调查报告和学术性调查报告

根据调查报告的研究目的，可将其划分为应用性调查报告和学术性调查报告，而这两类调查报告在形式、内容、读者对象和撰写要求等各个方面都有较大差异。

（1）应用性调查报告。应用性调查报告一般以政府决策部门领导、各类实际工作部门的工作者为对象，以了解和描述社会现实情况、提供社会决策参考、解决实际社会问题为主要目的。各种媒体、党政机关和企业的调研咨询部门、高校和各类教育组织常常会进行各种应用性数学教育调查研究。

正是由于应用性调查报告是以实际工作需要为目的而撰写的报告，其阅读对象是各级一线教师，从而具有实效性、通俗性等特点。因此，它在撰写的格式和要求上也与学术性调查报告有所不同。应用性调查报告更强调对调查结果的描述、说明和应用，而对

① 张念宏．教育百科辞典[M]．北京：中国农业科技出版社，1988：635．

理论假设、研究过程和研究方法的介绍则可以十分简单；同时，应用性调查报告的语言要通俗易懂，对社会现象的描述和分析也没有特别固定的格式，而且更多地采用统计图、统计表等直观的形式进行说明。重要的是，应用性调查报告对于各级政府的决策部门和其他各类部门了解数学教育现实、分析数学教育问题、制定数学教育政策、开展数学教育工作能起到非常重要的参考作用，对社会舆论的形成和导向也具有很大的影响，因此，在应用性调查报告的最后要提出明确的对策和建议。

（2）学术性调查报告主要是以研究者、各类专业人员和专家为阅读对象，侧重于对社会现象的理论探讨，即分析各种社会现象之间的相关关系甚至因果关系，以及通过对实证调查资料的统计分析或归纳，达到检验理论或建构理论的目的。因此，它具有较强的理论性和专业性，学术性调查报告往往通过在专业杂志上发表、在学术会议上宣读或形成专著的方式公布，它要求格式严格、用词讲究、行文严谨、结构紧凑。因此，学术性调查报告需要对研究设计、研究方法作比较详细的描述，特别是样本抽取、变量测量、资料收集等细节。同时，它在资料分析部分相对广泛，但是在对研究结果的讨论或探讨方面则相对谨慎。

2．描述性调查报告和解释性调查报告

根据社会调查报告的性质和功能的不同，可将其划分为描述性调查报告和解释性调查报告，这两类调查报告在撰写要求等方面也有所不同。

（1）描述性调查报告着重于对所研究现象进行系统、全面的描述，这种描述既可以是定量的，也可以是定性的，其主要目标是通过对研究资料和结果的详细描述，向读者展示某一现象的基本状况、发展过程和主要特点。描述性调查报告的特点是描述性和概括性，其主要任务是对所调查主题、研究对象和研究领域进行全面、系统、综合性的描述。因此，如果一个数学教育调查的选题是为了弄清现状、归纳特点，则其最终的调查报告形式就是描述性调查。

从撰写要求看，描述性调查报告需要占有大量的资料，注重细节，因此，描述性调查报告首先强调内容的广泛和详细，要求尽可能面面俱到；同时，它还十分强调描述的清晰性和全面性，让人在看完报告之后能对调查对象、调查主题和调查结果形成整体认识。

（2）解释性调查报告的主要目的是要用调查资料来解释和说明某类现象产生的原因，或说明不同现象相互之间的关系。该类报告中虽然也有一些对现象的描述，但这种描述不像描述性报告中的那样全面、那样详细，它仅仅是为了解释和说明而做的必要铺垫，即这种描述仅仅是作为合理解释和说明现象的原因、解释和说明现象之间的相互关系的基础和前提而存在的。如果一项数学教育调查的选题是为了弄清现状、找出原因，则其最终的调查报告形式就是解释性调查报告。

从撰写要求看，解释性调查报告强调内容的集中与深入，力求在全面占有资料的基础上对资料进行深入挖掘和分析，集中在某些要点上重点突破，着重解释的理论性和针对性，让人在看完报告后认为解释合理、说明深刻而有效。

3. 综合性调查报告和专题性调查报告

调查报告根据主题范围和内容的不同，可以分为综合性调查报告和专题性调查报告。

（1）综合性调查报告是指调查的涉及面广泛，反映内容较为丰富的一种调查报告类型，主要用于反映某一数学教育现象各个方面的情况或某一总体各方面的情况。它往往通过对大量调查资料的整理和统计分析，将某一数学教育现象、数学教育问题或研究者所关注的研究对象的基本状况全面系统地反映出来。综合性调查报告的特点是问题广泛、内容丰富，往往涉及研究主题或研究对象的各个方面，因此，研究者一般会用较大的篇幅对调查数据进行统计分析，并对统计结果加以客观的说明，力求全面地呈现与研究主题相关的所有内容。

在撰写要求方面，综合性调查报告力求全面，篇幅往往较长，并且往往是描述性报告。

（2）专题性调查报告是指针对某个特定的数学教育现象或数学教育问题，围绕调查主题，对调查情况和调查结果进行陈述的调查报告形式。当一项社会调查主要涉及研究对象的某一方面的情况时，往往采用专题报告的形式。

从撰写要求看，由于专题性调查报告往往是解释性报告，因此，专题性调查报告要求主题鲜明、内容突出、问题集中、资料分析和挖掘比较深入，且有较强的针对性和时效性，其篇幅一般也较为简短。

（二）调查报告的写作步骤

就一般调查报告的写作而言，首先需要考虑的是两个问题：调查报告的写作目的是什么？调查报告的读者对象是谁？思考这两个问题的目的是要确定调查报告的类型，在确定了调查报告的类型之后，就正式进入调查报告的写作阶段。一般而言，可以按照以下步骤来进行调查报告的写作。

1. 确定主题

调查报告的主题是整个调查报告的灵魂，是调查报告所要表达的主要问题，确立明确而恰当的主题，是调查报告撰写能够顺利进行的前提。一般情况下，调查报告的主题就是该项调查的主题，即调查报告反映的中心问题也是整个调查的中心问题。但是，在某些情况下，调查报告的主题与调查的主题却并不完全统一。例如，当一项调查的内容很多、调查范围或领域较广、内容需要细化时，一份调查报告可能会难以容纳整个调查的所有内容，就需要从调查资料中选择一部分内容形成调查报告，并确定相应的调查报告主题，此时，调查报告的主题就仅仅是调查主题的一部分。

另外，有时数学教育调查可能会受某些因素的影响，使得调查所能收集的资料与最初的研究设计中所设定的调查目标之间存在一定的差距，导致收集的资料无法说明预先确定的调查主题，此时，就需要根据实际的资料和结果来重新确定调查报告的主题。

2. 拟定提纲

在主题确定之后，还不宜立即着手撰写报告，而应该先构思调查报告的整体框架，并将框架进一步细化，转变为具体的写作提纲。拟定写作提纲的主要目的是理清思路，明确调查报告的内容，安排好调查报告的总体结构，为撰写报告打下基础。

3. 选择材料、分析数据

在撰写调查报告时，并不需要用上所有的调查资料，因此，在撰写调查报告之前，必须对其材料进行选择。

调查报告所用的材料通常包括两方面的内容：一是从各种调查中得到的各种数据、表格、事例等客观材料；二是在这些客观材料的基础上，通过分析、综合、概括所形成的观念、认识、建议等主观材料。在对这两类材料进行去粗取精、去伪存真之后，一份调查报告就有了坚实的基础。

4. 调查报告撰写

当明确了主题，拟定了写作提纲，完成了调查报告的材料选取、整理和分析之后，我们已经得到了一个结构清楚、材料齐全的调查报告雏形，下一步的工作就是用恰当的文字将它们有序地组织起来。

为了将材料组织成一个主题突出、层次清晰、逻辑严密、详略得当的调查报告，在撰写过程中最好是紧扣主题、一气呵成地写完，这样也可以使调查报告在整体思想、内容形式和行文风格方面前后一致、浑然一体。但是，当调查报告初稿完成之后，必须对初稿进行认真的推敲和修改，要反复地从头阅读、审查和推敲调查报告的每一个部分，修改每一个细节，甚至对某些内容进行取舍，使调查报告不断完善。

其中数学教育调查报告一般都会包括以下几个部分：标题、目录、摘要、导言、主体、结尾和附录。

第四节　实　验　法

近些年来，随着教育科学研究活动不断广泛开展和深化改革，实验法被引入了教育科学研究中，并成为了一种行之有效的方法。教育实验研究不仅吸引了许多教育研究者的目光，更成为了广大教师进行教学实践的首选方案。而作为一个教育工作者，要想搞好教育方面的实验，就必须学习和掌握教育实验的理论、知识和技能。

一、数学教育实验法概述

（一）教育实验的含义

教育实验①是研究者根据研究目的和一定的理论假设，合理地创设或控制一些条件，

① 么青．教育科研常用的几种方法[J]．天津教育，2015：17-19．

施加某种可操纵的教育影响在研究对象上，以验证某种因果关系，达到揭示教育活动规律并提高教育效果的综合性研究活动。从某个层面上讲，教育实验是一项积极主动的教育探索活动。教育实验法是在教育研究中应用最广泛的实证方法之一[①]。

许多先进的教育理论都是建立在长期的、反复的教育实验的基础之上的。近年来，适应教育发展及教育改革形势的要求，教育实验法已越来越被人们所重视。全国已有不少地方在进行着规模大小不同的教育实验，促进了教育理论和教育事业的发展。当前，随着教育改革的深化和素质教育的实施，教育实验在教育研究实践中发挥着越来越重要的作用。

（二）教育实验法的特点

（1）自然科学实验的对象有很多，可能是动物，可能是植物，也可能是自然现象，相对比较简单、固定，因此容易控制条件。但教育实验的对象是复杂的人，自然条件、社会环境、人的生理状况、心理状况、年龄特征等方面都会对教育实验过程发生影响。因而，对教育实验条件的控制，要求更高、更严、更复杂，既要控制教育实验条件，又不能损害学生的身心健康。科学研究及科学实验允许失败。但是，作为教育实验，应尽力避免失败。因为，实验对象是人，是学生，实验可以做多次，而在某一个实验时间内，对于参加实验的某一个学生，一生仅此一次，一去不复返，无法弥补。所以，教育实验不能随心所欲，不能在未经充分论证其科学性时草率实验，或任意扩大实验范围[②]。

（2）教育实验要揭示教育现象或教育行为之间的因果关系，而要得出事物之间的因果关系，需要满足三个条件：一为共变关系，即相关关系，也就是说事物的“果”的发生是由于事物的“因”造成的。二为时间顺序，即事物的“原因”变化要在事物的“结果”之前，或者两者同时发生。三为控制无关因素的影响，即对实验因素以外的其他可能影响实验结果的因素加以控制。在实验研究中，有很多因素都会对实验结果造成干扰，因此我们必须把这些无关因素都控制起来。只有把无关因素对被试的影响控制到最低程度，或者使无关变量在不同情境下对被试的影响保持相对稳定[③]，才能更好地说明观测到的实验结果是由实验因素的变化所引起的，否则就很难判断实验结果到底是实验因素所引起的还是无关因素所导致的。

（3）教育实验对因果关系的预先设想以假说形式表现出来，这正是教育实验与其他教育研究方法的不同之处，它是研究者在实验之前，在一定的经验事实的基础上，以已有的科学认识成果为依据做出合理的推测，然后围绕假说展开操纵、控制等一系列干预活动，经观察、分析，最后检验假说并得出结论。它的精髓之处就在于它是有目的、有方向的控制。

（4）教育实验具有可重复性。教育实验的目的是揭示和探究教育活动规律，它们不随教育研究者的主观意志而转移。如果研究者对实验对象进行重复性的操作，且操作环境和操作方法不变，那么实验结果就会重复发生。因此，从重复性的角度我们可以看出

① 杨小微．教育科学研究方法[M]．北京：人民教育出版社，2005：85-95．
② 范小韵．关于教育实验法的几个问题[J]．教育科学研究，2001，1：61-63．
③ 邵光华．教育研究方法[M]．北京：高等教育出版社，2016：128．

这个教育实验是否可靠，是否可以大面积推广，并取得好的实验效果。

（5）教育实验具有形成性。教育实验与教育一样，重视的并不是教育的结果，而是教育过程中产生的问题以及这些问题的成因。因此，教育实验研究者是在“控制无关变量以求纯粹化”“操纵自变量以求强化”“测量自变量以求量化”的情况下，去观察研究实验过程中的种种变化，以掌握实验假说所期望的实验结果是如何发生的。事实上，实验过程对于研究者是十分重要的，他们需要去观察、判断和分析自变量和因变量的变化原因与变化趋势，这正是教育实验研究的关键所在。

（6）一般来说，教育实验的周期性都比较长。因为教育实验是采用一种新的教育方法、教育体制等的实验，绝不可能在短时间内完成，往往几年、十几年甚至几十年的反复实验，才能看到真正的效果。如顾泠沅先生的《青浦实验》，经过三年现状调查才形成大面积提高数学教学质量的实验假说，又经过三年教改实验将经验描述逐步上升为科学认识，最后才有 7 年传播发展的大步前进。可见，进行教育实验，需要天时地利人和，并且研究者切不可急于求成，要有持之以恒的精神。

（7）教育实验法与调查法及观察法相比，有以下明显特点：在揭示事物间的因果关系时，调查与观察等研究，往往通过问卷调查、直接收集或查找表面材料来揭示这个教育现象或教育问题，只是在浅层次上看待事物之间的联系，而对于这些联系中的“因”与“果”，并没有明确的判断。而实验法对变量进行了严格的控制，就有可能使事物间的因果关系通过观测到的结果而显露出来。

（三）教育实验的逻辑结构

在教育实验中，变量这个概念非常关键[①]。变量是指与实验有关的，而且是可以测评的可变因素或条件。具体来说，教育实验主要涉及三类变量：自变量、因变量、无关变量。

1. 自变量

自变量，又称刺激变量。它是指研究者根据研究目的，由实验研究者主动操纵的、被假定为原因的变量，并通过它的变化来观察其他变量（因变量）的变化。在教育实验中，自变量往往是那些教育改革措施，如教学方法、教材内容等。

2. 因变量

因变量，又称反应变量。它是随着自变量的变化而变化，是自变量产生的结果，如教学效果，教学质量。从实验研究所要进行的相关分析和因果分析来看，自变量与因变量之间具有内在的逻辑关系，我们可以通过观测因变量的变化来分析自变量操纵的作用与效果。

3. 无关变量

无关变量，也称干扰变量。它是指在实验研究中出现的除自变量以外，一切可能影

① 王守仁．教育科学研究方法[M]．合肥：安徽大学出版社，2002：168-186.

响因变量而干扰实验结果的因素。所谓无关变量，并不是指它对实验的“无关”，是因为它与具体实验目的无关，是研究者在实验中未作为自变量的、不想研究的因素。因此，在实验中必须对无关变量加以控制，否则，它必然对因变量造成影响，使得研究者无法准确地判断和说明因果关系。

在教育实验中，自变量与因变量之间的因果关系处于核心地位，围绕这个关系，自变量受研究者操纵，因变量朝着实验假说所预示的方向发生变化，而无关变量被研究者严格控制，使得实验结果不受干扰，能有效地显现出来。自变量、因变量和无关变量之间的逻辑关系，可表述为图 4-13 所示。

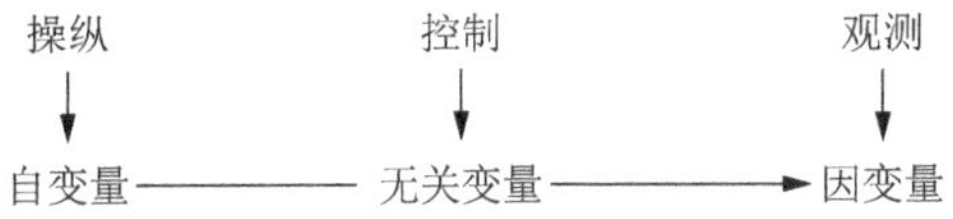

图 4-13

（四）教育实验的类型

教育实验是一项极其复杂的社会性实验，它本身的复杂性和特殊性决定了教育实验具有不同的类型。实验研究可从不同角度，如实验场地、实验目的、实验变量控制的程度和水平、实验内容和变量的多少等，把实验划分为不同的类型。了解不同类型的实验，有利于增强实验设计的科学性。

1．实验室实验与自然实验

按照实验场地的不同，可把实验分为实验室实验和自然实验。

实验室实验，是指研究者根据研究的需要在经过专门设计的、人为创造的高度控制的环境中进行的实验，其中变量是可以加以分离、控制和操纵的。实验室实验能有效地防止无关因素的干扰，获得精确的实验结果。但因研究环境和条件的特殊化而使研究结论的推广受到限制。

自然实验，是在自然情境中进行的实验。这种实验由于在自然状态下进行，只能尽量地、不能完全地控制无关变量，所以实验结果不可能做到十分精确。但能和日常工作结合在一起，能在较长的时间里进行重复地观察与分析，其研究结果能解决教育实践中的实际问题，易在实践中得到推广。

2．探索性实验和验证性实验

按照实验的研究目的和任务的不同，可分为探索性实验与验证性实验。

探索性实验是为揭示某种教育现象的内在规律或解决教育实践中的新问题，从事具有开创性的研究实验。这类实验的目标在于：为了达到某种科学的教育目标，而探索一种有效的教育活动策略；或为了改革教育活动中存在的问题，通过教育现象的内在规律而寻求最优化的教育策略。它所要揭示的规律是教育研究人员并未认识的；所要寻求的有效策略是教育实践中尚未实施过的，因而具有开创性。

验证性实验是指以验证已取得的认识成果或实践活动方法为目的的实验。一般是对已揭示出的教育成果或者对人们已经发展创造出的某种教育活动的方法进行验证，检验其合理性程度，并对其进行修正和补充。

3. 前实验、准实验和真实验

按对自变量严格控制的程度和实验结果的精确性，把实验分为前实验、准实验和真实验。

前实验是指可以进行观测和分析比较，但控制程度较弱的实验。前实验无法随机分配被试，不能有效控制无关变量，误差高、效率低、难以验证自变量与因变量之间的因果关系，其结论也难以推广到实验以外的其他群体或情境中。但它仍然具有实验研究的最基本要素，在实践中有利于教育工作者灵活地进行一些改革性思考。

准实验是指不能随机分配被试，不能完全控制无关变量的实验。这种实验的特点是能较好地结合我们的日常教育活动，但无法完全控制无关变量，只能尽量减小误差。而教育实验通常以人为实验对象，人的生理状态、心理状态和年龄特征等方面都是复杂多变的，许多因素都无法进行有效控制，因此，人们认为，教育实验一般属于准实验。

真实验是指能严格地随机抽取与分配被试，有效操纵自变量并严格控制无关变量的实验。这种实验有很高的内部效度，能准确、充分地说明自变量与因变量之间的因果关系。但由于其人为性较强，设计复杂，外部效度不理想，很难在实际的教育情境中普遍推广应用。

4. 单因子实验和多因子实验

按实验操作因子的个数，实验研究可分为单因子实验和多因子实验。

单因子实验是指在实验中研究者只操纵一个自变量的实验。它变量少，操纵容易，实验难度小，一因一果或一因多果的因果关系相对较明确。

多因子实验是指在实验中需要操纵两个或两个以上的自变量的实验。其特点是可同时考察两个或两个以上自变量与因变量之间的相互作用。但由于实验要操纵的自变量较多，具体实施难度较大。

（五）教育实验的三种基本方法

1. 单组实验法

单组实验法是向一个实验样本施加某一种或数种实验变量，借以确定实验变量的效果如何的实验方法。单组实验程序设计有以下两种。

一种程序是：

前测—实验变量—后测

比较方法：后测－前测

例如，有一项集中识字便于提高识字能力的研究。实验前先进行识字能力的测验，班平均分为 65 分，进行两个月的集中识字教学后，再对识字能力进行测验，班平均分为 82 分。82－65＝17 分。这 17 分便可以认为是集中识字便于提高识字能力的证明。

另一种程序是：

前测—实验变量甲—后测 1—实验变量乙—后测 2

比较方法：(后测 2－后测 1) －(后测 1－前测)

例如，在进行比较分散识字与集中识字哪种方法更有利于提高学生识字能力的研究时，就可以选择一个班级进行实验。前测班平均分为 65 分 (识字能力)，先进行一个月的分散识字，然后进行测验，班平均分为 73 (后测 1)；接着进行一个月的集中识字，再进行识字能力测验，班平均分为 89 分 (后测 2)。(89 分－73 分) －(73 分－65 分) ＝8 分。这 8 分可以认为是集中识字优于分散识字 (在培养识字能力上) 的证明。

由此可以看出，单组实验法的优点主要有：①简单易行，只要有一个被试组就能进行实验。②由于整个实验都是在一个被试组内完成的，教师、组内气氛、学生家庭条件等因素都是相同的，对实验效果影响比较一致，可以通过前后比较消除。

但是，单组实验法也有明显的缺点：①很难克服“时序效应”。由于儿童是在不断地生长和发展着，随着其身心的发展，他们在实验前后的学习能力不可能完全相同，必然会影响其学习成绩。由于这种“时序效应”的存在，很难确定实验后测得的成绩高于实验前是由于新教法的原因，还是学生本身学习能力提高的结果。特别是在周期较长的单组实验中，这种“时序效应”的影响尤为明显。②前一次实验容易对后一次实验产生影响。因为前后两次实验都在同一个班级里进行。第一次实验的教法、测验方法等很容易对后一次实验产生影响。比如，先获得的知识技能对后期的知识技能可能会有迁移作用，使学习中的进步速度不同，等等。同时，两种实验因子间的相互干扰，也会影响实验结果的准确性和有效性。③前后两次测验的难度往往难以完全相同，这也会影响实验结果的可靠性。

采用单组实验法必须具备一定条件，否则实验就不能进行。这些条件为：①后一实验因子在实验对象中所产生的变化，必须不受以前实验因子的影响。②由其他额外因子所产生的影响，在实验的前一阶段与后一阶段应是一样的或无关紧要的。③测验必须准确。两次测验分数所表示的难度应该相同，以避免使实验对象由于逐渐掌握测验技术而在后面的测验中获得高分。

2. 等组实验法

等组实验法是以不同的自变量分别施行于两个或两个以上情况基本相同或相等的组，然后比较其所发生的变化。等组实验程序设计有两种。

一种程序是：

实验组：前测 1—实验变量—后测 1

控制组：前测 2—无实验变量—后测 2

比较方法：(后测 1－前测 1) －(后测 2－前测 2)

例如，经常反馈对学习成绩有无影响的研究。实验前用同样试题同时测验两个组，实验组成绩为 89 分 (前测 1)，控制组成绩为 90 分 (前测 2)，无显著差异。实验组进行有反馈的教学，即每隔一天向学生报告学习结果 (作业或小测验)，而对控制组按日常教学进行，不采取特别的反馈措施。一个月后，用同样的试题同时测验上述两组，实验组成绩为 97 分 (后测 1)，控制组成绩为 91 分 (后测 2)。(97－89 分) －(91－90

分）=7 分。这 7 分可以认为是经常反馈能提高学习成绩的证明。

另一种程序是：

实验组 1：前测 1—实验变量甲—后测 1

实验组 2：前测 2—实验变量乙—后测 2

比较方法：（后测 1－前测 1）－（后测 2－前测 2）

例如，甲和乙两种教学方法，哪种有利于学生思维能力发展的研究。实验前同时同题测验两组的思维能力，两组的成绩均为 80 分。然后实验组 1 用甲种教学方法，实验组 2 用乙种教学方法，分别学习相同的教材。两个月后，再同时同题测验两组的思维能力。结果实验组 1 得 92 分，实验组 2 得 83 分。（92－80 分）－（83－80 分）=9 分。从而可以认为甲种教学方法优于乙种教学方法（在培养思维能力方面）。

等组实验法要求的最重要的条件是各组必须尽量相等。均等的含义是指，各组除了实验因子外，所有能影响实验的其他因素，特别是实验对象的原有水平必须基本相同或相等。但在教育科学研究的实践中，研究者往往很难找到均等的被试组。因为学校的领导者可能只愿意提供原有的班，而不允许把原班拆散再重新组成匹配班，即研究者不能做到随机分配被试，而这两个原有班可能是非均等组。为了避免这一困难对研究目的的影响，强调等组实验必须进行前测，尽可能争取使两个组基本上是等价的，从而提高对实验结果分析的可靠性。研究者可在任何适合于选择和可能处理的有关控制因子方面，对两个组进行比较。

等组实验法虽然比较麻烦，但有其自身的优点。表现在：①用等组平衡的方式控制了无关变量。这种实验由于设置了对照组，使一些无关变量通过对照组加以平衡，从而有效地控制了无关变量。②可以免去某一实验因子对另一实验因子的迁移影响。对照组与实验组可以分别独立进行实验，由于施加的教育影响分别在两个组里，自然就不会产生相互影响了。③两组所用的测验单位（即分数难度）容易相等。学生各方面进步的速度、前后往往有相当的差别，以致形成前后测验单位实质上的不相等，这在单组实验中是无法避免的。但在等组实验中，由于两组方面的情况是均等的，实验组与控制组在进步速率上所受影响也会大致相同，这样，采用原来的测验单位，对两组也均是公平的。④实验周期短，有的等组实验甚至在一个上午就可以完成。

正因为等组实验有上述优点，因此，它是目前基础教育科学研究中应用较多的一种实验类型。

但是，等组实验法也有其缺点。事实上，组成等组本身并非易事，并且要使实验组与控制组除实验因子外的其他因子全部相同，在实际研究中也很难做到。因此，研究者必须想尽一切办法选择、设立等组，才能有效地进行等组实验。

3. 轮组实验法（循环实验法）

轮组实验法是把各实验变量（不管是几个）轮换施行于各组（各组不必均等），然后根据每个实验变量所发生幻化的总和来决定实验的结果。

它的程序是：

第一轮

实验组 1：前测—实验变量甲—后测（实验效果甲 1）

实验组 2：前测—实验变量乙—后测（实验效果乙 1）

第二轮

实验组 1：前测—实验变量乙—后测（实验效果乙 2）

实验组 2：前测—实验变量甲—后测（实验效果甲 2）

比较方法：（甲 1＋甲 2）－（乙 1＋乙 2）

例如，有甲和乙两种教学方法，研究哪种方法更有益于学生自学能力的培养。实验组 1 与实验组 2 基础不同，前测自学能力，成绩分别为 70 分和 60 分。实验组 1 先实施甲教学法，实验组 2 同时接受乙教学法，其他条件保持不变。一个月后测验自学能力，实验组 1 得 80 分，求出实验效果甲 1 为 10 分；实验组 2 得 75 分，求出实验效果乙 1 为 15 分。接着进行第二轮实验。把实验组 1 的 80 分，实验组 2 的 75 分看做第二轮实验初始的成绩，对实验组 1 实施乙教学方法，实验组 2 实施甲教学方法，其他条件保持不变。又一个月后测验自学能力，实验组 1 得 92 分，求出实验效果乙 2 为 12 分，实验组 2 得 83 分，求出实验效果甲 2 为 8 分。比较时用（10+8）－（15＋12），结果乙教学方法的效果比甲教学方法效果多 9 分，证明乙教学方法优于甲教学方法（在培养自学能力方面）。

在采用轮组实验时，也应当在整个实验过程中保持其他条件不变。

轮组实验的优点表现为：①不需要设立等组，弥补了等组实验中难以配置等组的不足。②可以减少无关的混杂因子的干扰。如上述实验中，目的是比较两种教学水平之高低，教师以及两个班学生家庭环境的好坏等都是与实验目的无关的混杂因子。在循环实验中，由于轮转，教师等无关变量的不同影响对进行比较的两个样本来说基本上是处于同等地位。③实验结果的正确性增加。在循环法中，由于各个实验因子的次数增加，可以使结果更为准确、可靠和精确。

轮组实验法的科学性较强，但比较繁琐。其缺点表现为：①实验周期较长。②要准备两种教学内容，并且要使它们在性质与难度上相同，这往往难以做到。③要准备两套难度相同的测试题，同样较难做到。

以上三种实验都各有其优点和缺点，研究者可以根据研究的需要和可能加以选取。同时，在研究中，研究者还可以把这三种基本的实验类型综合运用，以便使实验结果更为可靠、更有说服力。

（六）教育实验研究的功能与局限性

教育实验是发展教育科学理论的源泉和检验科学理论真理性的重要手段，是唯一能真正检验因果关系假设的研究，在教育研究中有着极其广泛的应用，具体集中在以下几点[①]：

① 卓挺亚，张亿均，李汪洋等．教育科学研究方法[M]．海口：南海出版公司，2003：196-214．

1. 促进教育质量的提高

教育实验是通过人为地创造条件，在教育科学理论的指导下，改革教育内容或教育方法，能够使教育发展的因素凸显出来，并通过实验推广，促进教育活动的发展。教育实验是一种探索教育规律的科学研究活动。我们知道，无论做什么事，都必须按照事物的规律去做才能取得好的效果。同样，要办好教育，提高教育质量，也必须按照教育规律进行。但是，由于种种的客观和主观原因，在具体的教育教学活动中，违背教育规律的现象屡见不鲜，从而妨碍了我国教育事业的发展。而通过教育实验，不仅可以产生新的教育理论，更重要的是，可以传播先进的教育思想、教育理论，转变教育者的教育教学观念，更新教育思想，优化教育教学过程，提高教育教学质量。

2. 为发现和揭示新的教育特点和规律提供必要基础

通过实验，我们能发现未知，开拓新的领域，不断加深对教育发展的规律性认识，完善和发展教育理论。教育活动是十分复杂的，各种与教育有关或无关的因素混杂在一起，互相影响、互相作用，往往使人很难确切地发现哪些因素真正在起作用，谁在起主导作用。而在教育实验中，研究者借助于科学的实验手段，根据研究的需要，在严格控制的实验条件下，排除各种偶然因素、次要因素和外界干扰因素，并选择一些因素，增加一些因素，减少一些因素，把要研究的因素分离出来。这样，就为发现和揭示教育规律提供了必要基础，以便不断加深对教育发展规律的认识。

3. 对引进的教育理论与方法进行检验、变通、改造与发展

无论是国外的先进教育思想、理论与方法，还是国内教育理论与方法的相互借鉴和国内教改实验的推广，都必须通过教育实验。教育实验是获取知识、检验理论的一种特殊实践活动，实验研究是唯一能真正检验因果关系假设的研究，是检验科学假设理论的重要手段。任何实验的结果都对与之相关的理论假设提出某些肯定或否定的证据，而任一理论、假设都在与之相关的实验中经受着检验。

教育实验通过人为地创设一定环境，纯化和简化教育过程，控制、操纵有关条件，其研究结果不仅可以对现有的教育理论进行检验、筛选、改造、完善，而且为新的教育科学理论应用于实践提供了条件。实验是新理论、新观点、新方法形成的基础和源泉。

4. 为新的教育理论应用于实践寻找操作程序

教育理论成果的一个重要价值在于它对教育实践的指导作用，但这种指导作用往往通过其实际应用才得以实现。教育实验是其普通应用之前的必经环节，只有通过教育实验，才能将理论的原则具体化、可操作化，成为学校教师能够掌握的知识，并将其用于改善教育教学实践。

由于教育实验的对象是发展人的实验，而人是最复杂的动物，因此它面对的是极其复杂的教育现象和过程，自然就会显露出它的局限性来。

（1）实验情境与现实情境存在偏差，为了简化和“纯化”环境，需要严格控制环境条件，但控制越严，离真实的教育活动环境就越远，那么，它在自然条件下的教育活动中重复验证的可能性就越低，实验结果的可信程度就受影响。

（2）教育实验法都带有不可避免的人为性质，实验者产生的期望效应、研究者的预示与暗示都可能使被试者产生迎合行为，从而使实验结果出现偏差。

（3）教育实验法不可避免的样本不足和选择误差。教育实验基本上属于社会科学实验，所进行的一般是关于群体的研究，群体越大，则控制的难度越大，但样本较小，就不足以将结论推广到总体，且由于种种因素影响，实验往往只能在指定的学校和班级进行。这样的话样本就不能代表更大范围，因此削弱了研究结果的可推广性。

二、数学教育实验法的基本过程

作为一项研究活动，数学教育实验必须按照科学的程序进行。一般来说，一个比较完整的教育实验可分为准备—实施—总结三个基本阶段。

（一）实验的准备阶段

1．确定实验课题

选定课题，是开展教育实验的第一步。所谓选定课题，就是选择确定所要实验研究的“问题”。为此，研究者需要熟悉教育改革和进行教育实践，并能在理论和实践的过程中发现有待研究或有待改进的问题。同时，要根据研究的价值和自身的主客观条件选择问题。课题一经选定，整个实验工作就围绕它开展起来，直至实验工作的结束。可见，实验课题选定是否恰当，直接关系着实验进程中各项工作的价值，关系着实验成果的大小，以至实验的成败。

2．形成实验假说

要让一个有价值的问题成为教育实验研究的内容，还必须根据教育实验的特点，提出实验假说。所谓假说，就是对课题解决的预想答案，是猜想，是根据事实和已有理论做出的推测。例如，研究初中语文听力训练的作用问题，就可以设计出一个教育实验。这里的核心是研究者提出了一个假说：加强初中语文教学中的听力训练，可使其语文能力（说、读、写）相应得到提高。围绕这样一个假设的因果关系去进行设计、实验，若实验后测试学生的语文能力有了明显提高，说明这个假说是正确的；反之，这个假说就是错误的。如果提不出一个假说，那么实验设计也就无从谈起了，也就不能确定为用实验法进行研究的课题。

在教育实验中，假说是针对问题而来，是在进行研究之前对实验自变量与因变量之间可能存在的因果关系的推测性判断。而为了起到检验假说的作用，这些变量必须是可操作的和可检验的。其特点是用描述性的语言简洁、明了地对实验结果作“假定有效性的描述”，因此具有推测的性质。规范的实验假说不仅能引导研究者把握实验研究的方向，更能明确地操纵自变量，控制无关变量，观测自变量。

3．界定实验变量

界定变量就是对实验所涉及的各种变量进行科学的规定，变量的确定及控制是实验准备阶段的核心内容。

（1）确立和分解因变量。在假说中，因变量具有综合性且比较抽象，因此需要给因变量更清晰的定义和更具体的描述，并根据实验研究的需要和教育活动的实际情况进一步分解，使研究者可以观测到，借以了解实验研究的进展。在分解因变量时，要从以下两个方面考虑，如图 4-14 所示。

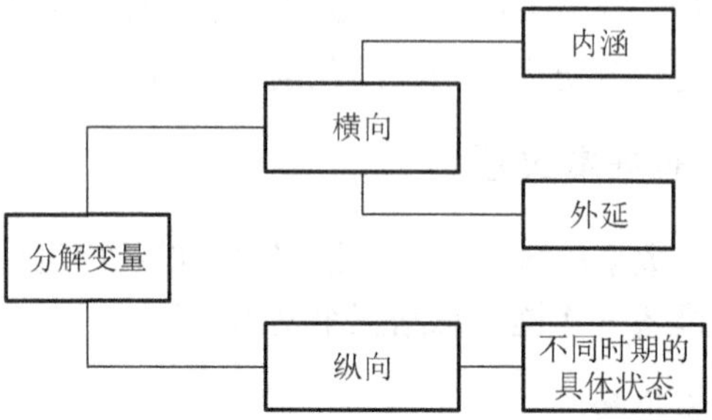

图 4-14

为了便于观察和测量因变量，还必须对分解后的因变量各个项目作具体描述，一般对因变量可以从定性和定量两个方面进行描述。而在最终具体描述因变量、确定因变量的测评指标时，常用的指标主要有准确性、速度或敏捷度、难度水平、频率等。

（2）选择和设计自变量。在选择自变量方面，应尽可能全面地了解与因变量一起变化即有共变关系的各种因素，然后从各种可能影响教育效果的变量中寻找出最有影响力、最值得关注的变量。另外，为了提高研究的创造性，有的实验需要以此为基础改组自变量或者创设自变量，以将研究者所要提倡的新思想、所要采用的新方法、新课程等充分地体现在实验之中。而在选择或创设了自变量之后，还要为它拟订操作规范，使之具体化，这样既便于操作实施，也便于以后验证和推广。

（3）确定需要控制的干扰变量。一般地，教育实验的干扰变量主要有如下来源，如图 4-15 所示。

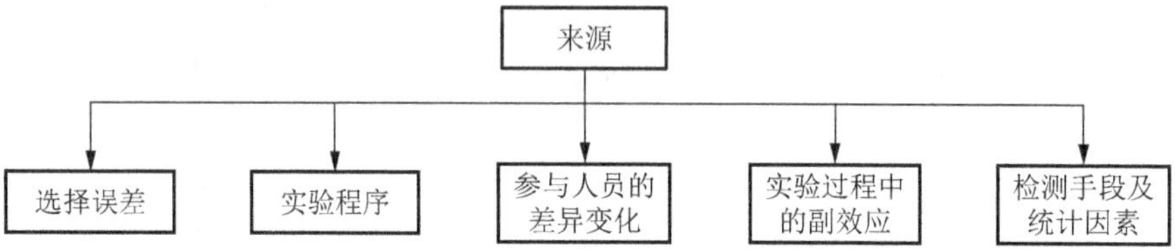

图 4-15

控制干扰变量的基本策略主要有以下几种：①排除法。面对干扰变量时，我们首先是想办法把它们消除或排除在实验之外。②平衡法。所谓平衡，是指实验组的研究对象和对照组的研究对象在相关特征上基本保持相同。③纳入法。对于无法排除但又难以平衡的干扰变量，研究者常用纳入法加以控制。以上控制方法在实际运用中都会有一定的限制，研究者应根据具体情况有选择地采用，扬长避短，相互配合，达到控制无关变量，使其影响作用最小化的目的。

4．确定实验对象

教育实验的研究对象一般是学校的教师和学生，此时需要根据研究内容的需要和实际条件选择合适的对象，不一定都要选择办学水平已经很好的学校。例如，若想开展一项教师校本培训的实验研究，就应该选择办学水平低下的学校的教师为研究对象。在选择实验教师时，若需要他们理解研究意图并在教育行为中实施，则需要挑选具有开拓精神且有一定经验和理论修养的教师，若不需他们理解研究意图，则可随机选择教师。类似的，也要根据研究的需要选择教师。

5. 选择实验模式①

长期以来，人们在探讨教育实验规范时往往以自然科学实验为参照系；其中的一个关键问题就是：实验中对有关因素的控制是否严格。以此为标准，人们在设计教育实验时区分了"真实验"、"准实验"和"前实验"等教育实验类型。

在中小学科研中，常见的实验模式主要有如下几种，见表4-8～表4-13。

表4-8 单组单因素前后测实验模式

组别	前测	自变量操纵	后测
实验组	Y_1	X	Y_2

特征：只有1个被试组，且不是随机选择，无控制对照组；仅1次实验处理；有前后测，用前后测的差大于零来作为实验处理效果。

优点：①可从自然的教育情境中选一个实验班进行研究，便于教师开展教育实验。②简单易行，通过前后测，可以明显地看出实验处理的效果。

缺点：①由于没有对照组作比较，不能控制历史、成熟及统计回归等因素的影响。②前测可能影响后测，产生实验误差。

表4-9 单组单因素仅后测实验模式

组别	前测	自变量操纵	后测
实验组	/	X	Y

特征：只有1个被试组，且不是随机选择，无控制对照组；仅1次实验处理；有1个后测，将后测的结果作为实验处理效果。

这种实验设计，由于不能控制无关变量的影响，因而所得结果很难令人信服，很难说明自变量的作用效果，主要被用于提炼教育经验，形成一些初具规律性的认识。

表4-10 单组单因素重复前后测实验模式

组别	前测1	前测2	自变量操纵	后测1	后测2
实验组	Y_1	Y_2	X	Y_3	Y_4

特征：只有1个被试组，且不是随机选择，无控制对照组；共4次实验处理；有2个前测和2个后测，且4次检测之间间隔的时间相等。

优点：能较好地控制被试者受无关因素的影响。

① 杨小微. 教育科学研究方法[M]. 北京：人民教育出版社，2005：85-95.

缺点：很难排除测验与处理之间的交互作用，也很难克服历史因素的影响。

表 4-11　实验组、对照组单因素前后测实验模式

组别	前测	自变量操纵	后测
实验组	Y_1	X	Y_2
对照组	Y_3	/	Y_4

特征：有 2 个组（实验组和对照组），一般在原有环境下自然教学班、年级或学校进行，不是随机取样分组，因此实验组与对照组不等，只能试图去找与实验组相匹配的对照组。都有前后测。

优点：①由于有对照组，有前后测，因此可以控制无关因素的干扰，一定因素上控制被试的选择偏差，从而提高了研究的内部效度。②可以免去某一实验因子对另一实验因子的迁移影响。对照组与实验组可以分别独立进行实验，由于施加的教育影响分别在两个组里，自然就不会产生相互影响。

缺点：①不是随机分组，可能会降低实验的内在效度。②前后测的交互作用。③要使实验组与控制组除实验因子外的其他因子都相同，实际研究中很难做到。

表 4-12　实验组、对照组单因素仅后测实验模式

组别	前测	自变量操纵	后测
实验组	/	X	Y_1
对照组	/	/	Y_2

特征：有 2 个组（实验组和对照组），仅操纵实验组的自变量，分别对两组后测，用后测的对比来作为实验处理效果。

优点：能消除前测与后测、前测与自变量的交互作用，内在效度高。

缺点：不能对被试的缺失加以控制。

表 4-13　等组分配、两对比组单因素前后测实验模式

组别	前测	自变量操纵	后测
实验组	Y_1	X	Y_2
对照组 1	Y_3	/	Y_4
对照组 2	/	/	Y_5

特征：随机选择被试，2 组有前测，1 组没有前测，3 组都有后测，仅实验组接受实验处理。

优点：与“实验组、对照组单因素前后测实验模式”相比，可以考察前测对后测的影响。

缺点：很难找到 3 组同质的被试。

6. 制定实验方案

一套完整的实验方案至少应包括总体构思、实施措施和评价体系三个内容；如果一个研究课题下面又分出一些子课题，每一个子课题也可以单独制定一个研究方案。在总体构思部分，要对实验假说、设计、实验进程和结果作一总体描述，内容有：①问题（课题）的提出。②理论假说。③变量界定和控制措施。④主要项目及检测。⑤实验的大体措施和要求。⑥预期成果及表达方式。

在实施措施部分，要使总体构思具体化，这包括工作计划和工作制度两方面。评价部分则要确定实验各阶段成果及最终成果的评价标准、指标、检测程序和方法等。

（二）实验的实施阶段

在这一环节，研究者具体进入到教育实践活动中，将研究方案正式转变为研究实践，也就是根据实验方案的要求，有计划地操纵自变量、控制无关变量和观测因变量变化的过程，重点是处理好以下几个方面的工作。

1. 教育实验研究的施测

教育实验研究，一般都有前测和后测，用来比较实验处理的效果。前测，顾名思义就是在实验处理之前，对被试的测量。通过前测，可以使研究者了解实验对象实验前某些特制的水平，为研究者考虑有针对性的干预措施提供依据，为被试的选择提供依据，为实验分组提供依据[①]。不是所有的教育实验都需要进行前测，但要进行前测就要注意以下问题：一是前测必须测出实验所研究的特质；二是前测要客观，尽量采用标准化的测验；三是在测验过程中，测量人员不要给学生任何暗示，以免造成偏向[②]。

实验后测是研究者进行实验处理之后，为了了解实验处理所造成的影响而对被试进行的测量。其主要作用是使研究者了解实验处理之后，被试在所研究的特质上达到的水平，并以此和前测对比，得出对实验假设接受或拒绝的证据。不管实验目的如何，后测对于教育实验都是必不可少的。

2. 教育实验过程的及时调控

在具体实施实验的过程时，除了按照实验设计准确操纵自变量和有效控制无关变量外，还需要对实验的各个环节、对象、时间、场所等因素进行及时调控。所谓实验过程的调控，是指研究者要根据实验目的，监督实验进程，并且能及时地发现问题、解决问题。在调控的同时，要不断检查和分析收集和积累的资料，借此理清实验的进展状况，从而采取应对措施，及时消除错误，完善和改进实验，避免走弯路。

在实施实验时，要严格按照原定的计划进行，不得随便改变计划中的内容。如果确实发现原计划存在重要问题需要改变，应该把问题分析清楚，与有关部门共同商榷后，才能改变，并要把改动的内容记录在案，以便总结时根据改变了的计划进行分析研究。

实验结果的可靠性和正确性，不仅取决于实验设计，还取决于实验过程的正确操作，正确观察和正确记录。操作、观察和记录是实施过程中的三件要事。忽略任何一件，都会影响研究的结果。实验者在全部实验过程中，自始至终都要严格进行实验操作，不得有半点草率，对每个实验环节都要按计划进行精心而准确的测试；要仔细全面地进行观

① 陈时见. 教育研究方法[M]. 北京：高等教育出版社，2016：45.
② 邵光华. 教育研究方法[M]. 北京：高等教育出版社，2016：138-139.

察，不放过微小的变化；做好实验进程的记录，写好实验日记。

3. 教育实验研究的资料收集和整理

教育实验研究的资料不仅包括实验因素所引起被试的变化，还包括前后测的数据资料、实验进行的过程、非实验因素的控制情况，以及其他有关的数字、资料等，这些都是实验珍贵的第一手资料。资料的收集和整理是实验效果评估的基础，如果没有资料收集和整理，那么对实验结果的分析就成了“无米之炊”。对实验资料进行收集和整理，有利于发现实验存在的问题，改进实验工作①。

收集实验资料的常用方法有以下几种。

（1）调查。凡收集与教育实验课题相关的现实情况方面的资料，都可采用调查法。调查的具体方法有填写调查表，召开调查会，访谈，问卷等，采用哪种方法视调查内容的需要。如要了解学生家庭情况、学生课外阅读情况，就可采用填写调查表的方法；如要了解家长对实验的态度，就可采用座谈会或问卷方法；如要了解典型学生在学业上的进步或存在的问题，就可采用访谈法。不论采用哪种方法，都要注意留下文字资料。

（2）测查。测查是验证理论假设的重要手段，也是收集实验资料特别是数据资料的重要方法。教育实验测查方法主要是客观性测验和评定两种。客观性测验是指教师根据实验内容自己编制题目的考试，适用于各科知识技能的测查。测查成绩一般采用百分制计分。这类测查在编制试题时要有较强的针对性，即测查要为假设提供数据依据，提高测查的效度。

其他不宜考试的内容，诸如思想品德表现、体质健康水平、劳动技能水平等的测查一般采用评定等级方法，就是将某项测查内容列出具体测查项目，如“体质健康”内容中列出“态度纪律”“体质体能”“形态发育”“卫生习惯”等项，按优、良、中、差四等，进行自评、小组互评、教师评。综合上述评定给出测查内容的总评（仍按优、良、中、差四等）。

（3）收集现成资料。在实验过程中有不少资料是现成的，要注意收存整理。如实验方案、实验教师方案、学生有关作业等。

（4）实验日记。有些资料用上述方法难以收集，而实验日记还可以补偿。每天记下观察到的实验情况，日积月累，在实验进行后将会留下丰富的资料，这对于总结分析实验成果是极宝贵的。实验日记一般可记载以下内容：一是事实。如某学科研究课活动，教师外出参加学术会议及其收获，某项比赛学生获奖情况等。二是与课题有关的某种因素变化的情况。如关于“个性”实验课题，课堂上或课外发现某个学生兴趣有变化，或思维品质有变化等。三是由上述事实或变化情况所引出的联想，或由事实到理论的研究。四是实验进展情况。

（5）个案资料。对于有研究价值的典型学生，可将其所有学业资料、观察资料收存，也可将其某一方面资料收存，建立个别档案。如把一名小学生从入学直到小学毕业五（或六）年作业存留入档，从中可发现问题。这类资料对研究学生发展有独特价值。

---

① 王汉澜．教育实验学[M]．开封：河南大学出版社，1992：284-285．

整理资料的目的是使凌乱的、繁杂的资料成为典型的、有序的资料，给验证假设提供准确、可靠的依据。整理资料的工作主要包括对资料的审核、排除、补救、分类归档以及对数据资料进行的初步整理等。

（三）实验的总结阶段

在实验研究结束时，需要对整个实验情况进行总结。

1. 数据分析

这需要根据研究目的和该项研究的评价标准对所有相关的研究资料进行分类整理，经过比较、分类、归纳、演绎、分析与综合等逻辑方法的加工，去粗存精，去伪存真，由表及里，由此及彼，得出科学的结论。并根据评价指标予以分析和判断，然后获得对整个实验各方面及总体的评价。在评价结果时，需要对定性资料、定量资料进行分析。

2. 归因分析

在对实验结果有了明晰的判断后，还要对结果作归因分析，以进一步分析变量与因变量之间究竟是否存在着假说所预示的因果关系。

3. 撰写实验报告

实验报告是反映一个实验研究的结果并将其公之于世的书面形式，是对实验研究的进一步验证、认可、推广和深入研究。实验报告应着重说明以下问题：实验目的、实验方法、实验结果、实验结果的分析与解释。一篇好的实验报告要能客观地、概括地反映实验的全过程以及实验的理论价值、实用价值。教育实验的结论，不一定全是对实验“假说”的肯定。无论是肯定还是否定，只要实验的设计周密、数据精确可靠，我们均视为实验的成绩。那种只把肯定的结论作为实验成功的观点是错误的。撰写实验报告是教育实验法的最后一步，同时也十分重要，如果写得不好，就等同于“功亏一篑，前功尽弃”。因此，研究者必须重视撰写实验报告这一环节。

案例：“935 实验”（“初中数学差生转化”教育实验）[①]

实验的总体设计：以初中为研究区段，以数学学科为突破口，从初中一年级开始，跟踪全学程，构建数学差生的诊断评价指标体系，筛选实验因子，对实验因子结构进行层次分析，对实验对象进行基础测试，从智力、非智力和数学水平三方面诊断评价，在此基础上进行分类转化。

1. 确定实验课题

实验开展前，通过对泰安市 18 个县城和乡镇中学的 105 个教学班、约 6000 名学生的调查统计，充分认识到：差生问题是教育“产业”中普遍存在的一个复杂问题，特别是在基础教育中更是一个棘手的问题。调查统计结果表明，差生问题是学生流失的第一位原因，直接影响着普及九年制义务教育、实现“两基”“两全”的战略任务，已经成为与“希望工程”具有同等重要意义的亟待解决的问题。

---

① 杜玉祥，崔进平，马晓燕.“935 实验”概况[J]. 数学教育学报，1999，1：3-8.

实验对象：泰安市城乡经济欠发达区和少数民族聚居区的 12 处中学、30 个教学班开展实验，实验对象 2500 余人，其中重点对象 256 人。

2．形成实验假说

数学差生是一个动态的变化群体，应该在弄清它的特征、形成原因、结构类型的基础上，对它进行诊断和分类，采取不同的措施进行转化。大多数数学差生，只要不是弱智或有疾患，是可以变为合格生的①。

3．数学差生的界定

对数学差生给出一个内涵确定、外延明晰的概念，是较为困难的问题。本实验利用层次分析法、相关分析法等，从数学成绩、智力水平和非智力水平两方面考虑，按以下几步界定实验数学差生。

A．计算数学成绩：

$$J = 0.2\times a_1 + 0.2\times a_2 + 0.25\times a_3 + 0.35\times a_4 ,$$

其中：a_1 为入学考试或平时成绩(标准分，下同)；a_2 为实验复试成绩；a_3 为期中考试成绩；a_4 为期末考试成绩.

B．计算智力测试成绩：

$$K = 0.4\times S + 0.4\times T + 0.2\times N ,$$

其中：S 为智商测试成绩；T 为瑞文推理能力测试成绩(换算成标准分，下同)；N 为数学能力测试成绩.

C．计算非智力测试成绩：

$$L = 0.1\times b_1 + 0.2\times b_2 + 0.5\times b_3 + 0.2\times b_4 ,$$

其中：b_1 为情绪稳定性测试分数；b_2 为意志品质测试分数；b_3 为数学学习兴趣测试分数；b_4 为学习态度测试分数.

D．计算全班每个学生的效标分数：

$$X = 0.4\times J + 0.3\times K + 0.3\times L ,$$

将全班学生的效标分数从高到低排序，从后面取 27%的学生，除去弱智和有智力疾患的人，即为实验数学差生备选人。再经过一个学期的观察印证，确定出实验数学差生。

为简化实验，经过定性与定量分析计算，确定学生和教师两个实验因子为主因子，得到一个简化的模型。具体操作中，学生又分为实验生和对照生，分别测得数据，以使对控制条件作正确的归因分析。

4．实验过程

（1）基础测试和诊断评价

为了让实验教师全面把握实验差生的智力水平，非智力因素状况及数学知识、技能、能力水平，以便为分类实施转化提供依据，实验开始，首先对数学差生进行基础测试和诊断评价。选用中国比内智力测试量表、瑞文标准推理测试量表测试学生的智力水平；用气质量表、情绪稳定型量表、数学学习兴趣度量表、意志品质量表和学习态度量表等测试非智力因素水平；用统一的数学试卷和数学能力测试题考查学生的数学知识和数学

① 杜玉祥，马晓燕．数学教育实验法示例：“初中数学差生转化”教育实验简介[J]．中学数学教学参考，2001，3：14-16.

能力。

测试过程由中心组统一主持，到各实验点分别进行分组集体测试，并对测试结果作统计处理和分析评价，按差生界定标准初步确定出候选实验对象，提供给各实验教师作为观察行为表现的参考，然后由各实验教师经过一学期的实验观察与修正，最终确定出实验对象。

（2）数学差生分类转化研究

初中数学差生是一个特殊的群体，其形成原因和表现特征有很大差异，情况相当复杂。为了使问题简化，找准转化的突破口，有的放矢地实施转化，进而发现数学差生问题的普遍规律，建立数学差生转化的一般模型。研究者以内外因的关系为依据，在心理测试的基础上，对数学差生进行了科学分类，并对不同类型的差生实施不同的转化措施，构建出分类、转化子系统，如图 4-16、图 4-17 所示。

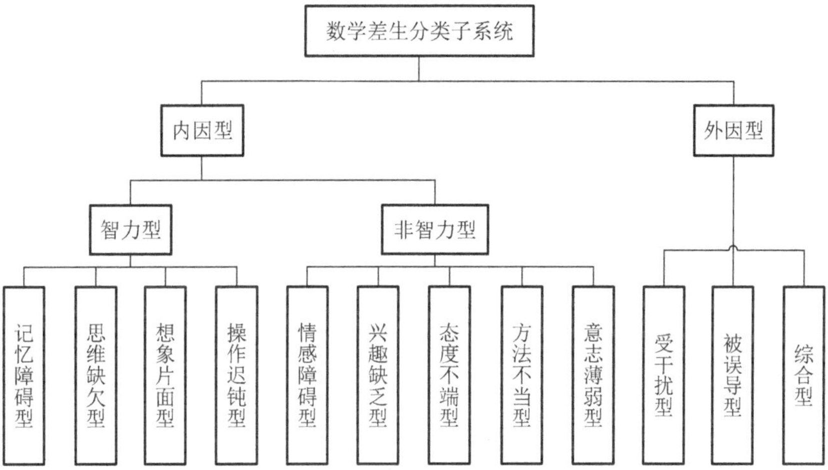

图 4-16　数学差生分类子系统

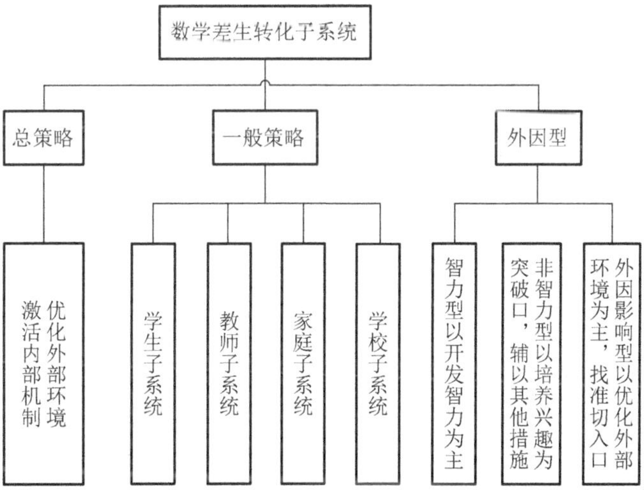

图 4-17　数学差生转化子系统

数学差生转化的总策略目标是：优化外部环境，激活内部机制。转化的切入口是：抓住薄弱环节，调节非智力因素的状态，激活内部机制，创造良好的外部环境。不论对哪一种类型的差生，都要从培养兴趣、沟通情感、指导学法、端正态度入手。对混合型差生，找准薄弱点，结合性格特征研究从何处突破。

实验中心组与各实验教师共同分析实验对象，确定出差生的类型和转化切入口，制定相应的转化方案、具体转化策略，转化措施、实施途径由各实验教师自己探索。要求各实验教师注意记录转化过程，搜集相关数据，观察实验效果，总结经验体会，整理个案材料。中心组成员分工包点，定期下点调查研究，了解实验进展情况，及时给以指导。中心组每周一次例会，集中讨论实验中遇到的问题，提高解决对策，概括总结经验，进行理论研究。不定期印发《教育实验简报》，交流实验进展情况，推广好的做法。多次组织实验教师到实验效果好的学校或班级进行现场考察。暑假期间，全体实验教师集中学习、讨论、交流和研究。

（3）实验转化个案片段①

L：女，12 岁，经基础测试与实验观察，认定 L 属思维欠缺型差生，其主要欠缺是思维狭窄、肤浅、呆板。

【转化实验片段】（以 J 的口气叙述）L 上课精力不集中，好做小动作，因此我把她的座位从第 4 排调到第 2 排，更安排了一个数学好、数学学习兴趣高的学生与她同桌，但座位的“拉近”并没有为她带来学习上的便利，反而更加远离我，远离她的同桌。

针对 L 表现出的多疑与敏感，我从沟通师生情感入手，调整对她转化的策略：在课上，当她听讲认真、思考问题积极时，就投以赞许和鼓励的目光；当认定她确能回答所提问题时，才让她回答，回答对了，就表扬她，回答错了，替她解围，给她铺台阶。课后，再针对她思维受阻的原因，帮她一把，让她感到老师并不是和她过不去，而是真心地关心她。对于她在解题中思维受阻表现，一段时间里，我采取“扶她走”的办法。有一次她捧着一个几何题来找我，题目是这样的：

已知$\triangle ABC$的中线AD和BE交于G点，如图 4-18 所示，求证$S_{\triangle ABG}=S_{四边形CEGD}$。

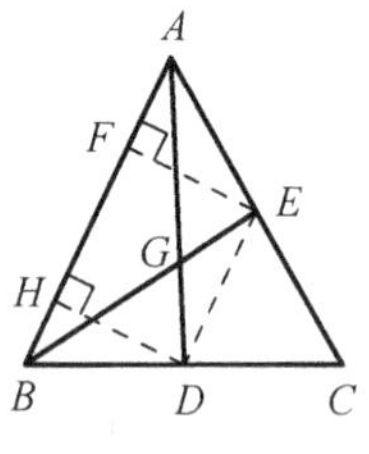

图 4-18

我没有直接告诉她如何证明，而是问她是怎么想的，她表示想不出来，难为情地摇了摇头。我让她考虑：一个是三角形的面积，另一个是四边形的面积，能否通过直接计算两个面积的方法，来证明它们相等？她马上争辩道：“不知道具体数目，也不能判定它们的底高相等，怎么计算？”看来，对这种直接计算或证明的方法，她已经思考过了。

① 杜玉祥，马晓燕. 数学教育实验法示例：“初中数学差生转化”教育实验简介（续）[J]. 中学数学教学参考，2001，4：29-32.

当一个问题，直接解决不了，通常如何思考？我向她提出了一个思维方向的问题，帮她冲出思维狭窄的束缚。“寻求间接解决，可是找不着间接解决的办法。”她无奈地说。于是，我和她展开了讨论，帮助她找出一条迂回解决问题的思路：

师：从已给的条件，你能得到什么结论？

L：能得出$S_{\triangle ABD}=S_{\triangle ABE}$。

师：怎么得出这个结论？

L：因为AD与BE是$\triangle ABC$两边上的中线，可知与$\triangle ABD$与$\triangle ABE$同底(AB)、等高($EF=DH$)。

师：何以知道等高呢？

L：作$EF\perp AB$，$DH\perp AB$，分别是$\triangle ABE$和$\triangle ABD$的高。

师：为什么$EF=DH$？

L：D，E为两边上的中点，连结ED，则$ED\parallel AB$，EF与DH为平行线间的距离。

师：很好，知道了两个三角形等积对证明你的结论有什么用？

L：只要能找到$\triangle ABG$与四边形$CEGD$的联系。

师：你注意到$\triangle ABG$与已证等积的两个三角形的关系了吗？

L：(在仔细寻找之后)我看出来了：

$$S_{\triangle ABG}=S_{\triangle ABD}-S_{\triangle BDG}=S_{\triangle ABE}-S_{\triangle AGE}。$$

师：你是否发现了S_{CEGD}与$S_{\triangle AGE}$及$S_{\triangle BDG}$的关系？

L：发现了！发现了！

$$S_{CEGD}=S_{\triangle ADC}-S_{\triangle AGE}=S_{\triangle ABD}-S_{\triangle BDG}。$$

师：怎么把你发现的关系整理一下？

L：可以利用$S_{\triangle ABD}=S_{\triangle ADC}$。

$S_{\triangle ABD}-S_{\triangle BDG}=S_{\triangle ABG}$。

$S_{\triangle ADC}-S_{\triangle AGE}=S_{CEGD}$。

因为$S_{\triangle BDG}=S_{\triangle AGE}$，（为什么）

所以问题得证。

师：好!你是否重新考虑一下：怎样简洁而又严格地证明这个问题？想一下：这个问题如果一开始就连结ED，如何？

虽然，这个“扶着走”的过程有点啰嗦，但是却是L的真实的思维。从她的受阻——思维的狭窄和呆板，到她冲出束缚——在一个较为开阔的思维空间多向思考，最后获得问题的解决，中间虽有“东碰西撞”的表现，但正是这个碰撞，才是她提高思维水平，克服思维缺欠的最宝贵的经历。

当然，克服思维的狭窄、肤浅和呆板，不是一朝一夕，一蹴而就的事情。在学到列二元一次方程组解应用题时，我又选准了一次好机会。

课堂上，我让L解如下的传统题目：

鸡兔同笼，共70只头，200条腿，求各几只？

L：3分钟在黑板上写出了解答：

设兔子为x只，鸡为y只。

由题意得，$\begin{cases} x+y=70 \\ 4x+2y=200 \end{cases}$，解之，得 $x=30$，$y=40$。所以 $\begin{cases} x=30 \\ y=40 \end{cases}$ 是解。

L 回到座位上，十分得意，同学们也是这样做的。

这是常规解法。如果从传授知识、掌握基本方法的要求来说，已经达到了目的。但从思维训练来说，我没有到此止步。又介绍了两种非常规解法：

非常规解法 1（分析与逼近）

从 70 只头看，如果全是鸡，应有 140 条腿，比 200 条腿少了 60 条，因为每个兔子比鸡多 2 条腿，所以，应该有 30 只兔子；如果全是兔子，应该有 280 条腿，比 200 条腿多了 80 条，一只鸡少 2 条腿，应该是 40 只鸡。

这用的是分析判断法，是处理问题应该掌握的最基本的思维方法。分析可以使人深刻，分析可以把人引向广阔。

如果采用猜想与分析结合的方法，可以这样来思考：

如果有 20 只兔子和 50 只鸡，那么应该有 180 条腿；如果有 40 只兔子和 30 只鸡，那么应有 220 条腿；如果有 25 只兔子和 45 只鸡，那么应有 190 条腿；如果有 35 只兔子和 35 只鸡，那么应有 210 条腿。

从最初的猜想（20 只兔子）到后来的猜想（25 只兔子）、腿数则从 180 条到 190 条，说明增加兔子数，可以逼近知道的总腿数，而减少兔子数（从 40 只减少到 35 只），则腿数从 220 条到 210 条。这种逼近思想是一种用途很广的思想。猜想与逼近是数学思维和判断的有用方法。

非常规解法 2（一一对应）

如果鸡抬起一条腿、兔子只用后腿站立，则腿数少了一半，而头数仍为 70。这时的腿数为 100，比头数多 30，恰为兔子的头数，从而鸡数为 40。

这种解决问题的思想是一一对应，它是现代数学中不可缺少的宝贵思想。这种思想，不仅可以使思维深刻，还可以使思维严密和灵活。思维品质的培养，最好放到日常生活中的实际问题里，在实践的探索中进行。

思维品质的培养，不仅在数学课上进行，更多的应该在生活中培养，在与人合作中培养。因为创造性智力和实践性智力，只在课本上是培养不出来的。为此，我在她爱唱歌、会识简谱的条件下，安排她当文娱委员，让她领着班上同学唱歌，参加学校组织的比赛。在实践中，她增长了才干，组织得非常漂亮，获得了校歌咏比赛第 2 名。实践中，她学会了与人合作。

4. 实验结果及分析

①使一批数学差生得到转化，约有 70%的实验对象在智力开发、能力培养素质优化、学业成绩诸方面都有了明显进步，其中半数人转化效果显著。②培养锻炼了一批实验教师，通过五年的教育实验，全体实验人员在教育观念和教育思想的转变、教育和教学改革意识、教学能力和教育水平提高等方面，都有了很大的进步。③转差促优推动了各实验班整体水平的提高，数学差生的进步形成了对优生及全班学生的一种推动力，班级中形成了你追我赶的良好氛围。数学差生的转化推动了其他学科的全面改革和成绩提高，

有效地制止了学生流失现象。据对 22 个实验班 1500 名学生的统计，没有出现因学习困难而流失辍学的现象。④推动了师专数学系教学改革。师专与初中联合，高校教师与初中教师联手进行大型教育实验。开辟了师专直接为初中服务的新路子，既增强了高校教师面向中学，为基础教育服务的观念，又帮助提高了初中教师的水平。

第五节 经验总结法

教育经验总结法，在数学教学中是指在相关的教育理论的指导下，按照一定的数学教学程序，分析整理教学过程中的经验事实材料，形成新的教育理论，进一步指导数学教学的实践活动，揭示数学教育的内在联系和规律，推动数学教育的改革。

一、数学教育经验总结法的涵义

在现代汉语中，经验是指人们在多次的社会实践中获得的知识或技能，是指人的亲身经历。在哲学中，将经验解释为人们在同客观事物直接接触的过程中通过感觉器官获得的关于客观事物的现象和外部联系的认识。

教育经验是指教育工作者在教育实践过程中获得的从事教育活动的有效知识、技能以及情感和情绪体验[①]。教育经验主要来源于教育实践活动，是教师通过自己亲身经历，在施教过程和与学生的交往过程中，对客观的教育实践活动的主观认识和对教育规律的客观反映。

教育经验总结法有广义和狭义之分，广义是指在不受外界控制的自然形态下，在教育科学理论的指导下，依据一定的价值取向和教育实践活动所提供的事实，按照一定的科学程序，分析概括教育现象，揭示教育的内在联系和规律，使之上升到教育理论高度的一种科学研究方法。狭义的教育经验总结法是指以教育实践工作者为主体，对其从事的一个完整的教育活动的全过程加以主观的回顾、反省、总结，通过分析和思考，认识教育措施、教育现象与教育效果之间的一些必然与偶然的联系，为以后再从事类似的教育工作时提供良好的经验、典型，以供借鉴。

二、教育经验总结对数学教育的意义

教育经验总结法是一种重要的教育科研方法。数学教育工作者通过对数学教学实践中的经验事实进行归纳总结，把自己的感性认知上升为理性认识，这对数学教育教学工作产生很大的意义。

首先，在数学教育教学中，教育经验总结的根本目的是揭示数学教育的内在联系和规律，丰富和发展数学教育教学理论，进而更好地推动数学教育实践，指导教育教学活动。教育经验总结法是一种从实践中来，又回到实践中去，进而指导数学教学课堂的一种科学研究方法。它通过总结数学教育经验，转变人们的教育观念，提高对数学教育事业的认识，把数学教师们的教育经验进行理论化探究，最后又回到实际中，指导教育

---

① 赵洪涛．教育经验总结法探析[J]．现代教育科学，2008，(2)：62-63．

实践。

其次，数学教师们通过教育经验总结来提升自己教育教学水平和科研水平，提高教师自身的业务素质，从而提高教学质量。教师在经验总结的过程中，或者从他人的经验总结中，对自己的教学方式、教育内容进行反思，从而学习先进的数学教育经验，提高自己的数学教学能力，这对教学质量的提高有很大的积极意义。

再次，教育经验总结会对先进经验给予一定的肯定评价，不断发展和推广先进的数学教育经验，给教师以借鉴，从而帮助教师提高自己的教学能力。教育经验总结会对积极的教育经验给予肯定，对于消极的教育经验进行评价，并提出相应的建议，这有利于教师从中学习积极的教育经验，反思自己消极的教学方式。

最后，教育经验总结给学校领导和教育行政部门以启示，进而推动教育改革和创新。创新是事物发展的关键点，教育行政部门通过经验总结过程，了解教育的实际情况，加深对教育方针政策改革的理解，更有效地发挥教育行政部门的职能作用和指挥能力，从宏观方面进行决策。

三、教育经验总结法的分类

从性质上看，教育经验总结可分为回溯研究和追因研究两种①。回溯研究的研究主体主要是教师群体，指教师通过回顾自己某一阶段的教学经历，从自己的教学实践中总结一些新颖独特的教育观点，提出一些行之有效的教学方法，形成相应教学理论。教师可以在学完一章，或者一册之后，对本章或者本册的教育经历进行总结，例如，学生对哪些方面的理解还是有一定的困难的、在哪些类型的题上容易犯错等。追因研究的研究主体主要是从事研究工作的科研人员，如大学中教育专业的教授、教育研究所的研究人员等，此类研究是根据已经发生结果追溯其原因，是在教育实践进行一段时间，且在这段实践已经收到行之有效的结果之后进行的。这类研究的主要任务是追溯到经验的具体教育教学和管理过程，探索有效的教育教学方式和管理方式。

从研究的方式上看，教育经验总结法有专题性经验总结和一般性经验总结两种。专题性经验总结是指从问题出发，通过收集事实材料，对这个问题作更加深入、全面的分析和总结，进而总结出有关这类问题的普遍性结论。以勾股定理为例，从如何证明勾股定理出发，可以通过优质课视频、教案等总结多种证明方法来验证勾股定理，再给学生上一节以证明勾股定理为主要目标的拓展型课程，提高学生对勾股定理的认识。一般性经验总结则是指对教育工作者某一阶段的教学实践作一般性的总结，从具体的经验事实出发，得出一个预期意外的结论，此类总结往往涉及面广，缺乏深度，没有针对性，存在较大的局限。

四、教育经验总结法的特征

教育经验总结法是一种常用的实验性研究方法，具有自身的显著特点。

（1）实用性。教育经验总结是以实际的教育经验为基础，通过总结得出新颖独特、

① 徐万山．教育经验总结也是一种研究方法[J]．河南教育，2015，(11)：22-23．

有价值的教育观点，然后又回到教育实践中去，指导教学活动，形成一个有利于提升教师教育教学技能、提高教学质量的循环过程，对教育事业有普遍的现实意义，通过总结能够丰富和发展教育理论，揭示教育规律。

（2）普遍性。教育经验总结的对象具有典型性、代表性，能够揭示教育的内在联系和规律，具有普遍的指导意义。这种普遍性不仅能帮助教师提高教学技能，提升业务素质，而且可以给学校领导或教育行政部门以启示，推动教育改革。

（3）主体性。教育经验总结实际上是一个再认识的过程，研究人员通过自己的思维加工，对事实材料进行处理分析，不同的人对同一个事实材料进行总结，可能会得出不一样的结论，往往在研究过程中，研究人员已经掺杂了一些个人的主观认识。

（4）灵活性。教育经验总结虽然也有科学的研究程序和预期计划，但是由于它的研究以现实中的教育经验事实为依据，不免会有计划以外的事情发生。所以教育经验总结要留有余地，对于突发情况能够进行灵活处理。

（5）新颖性。经验总结的观点以经验事实为依据，经验事实材料主要是学校教学生活中的第一手资料，通过观察和分析，能够发现教学过程中的新问题、新现象，从而得出新颖独特的教育观点。

五、实施步骤

教育经验总结法是一种常用的教育科学研究方法，一般要经过以下几个步骤。

1．确定专题和经验对象

确定研究专题和对象是教育经验总结的第一步。一般来说，研究专题的选择要考虑多方面的因素，首先所研究的内容是否具有一定的研究意义和价值，能否对未来教师工作提供一定的借鉴和帮助，其次还要考虑开展研究的条件和可行性，尽可能地选择一些热点问题进行研究。教育经验总结一般以先进的集体或者个人为导向，要具有一定的典型性和代表性，能够反应普遍的教育规律，尽可能地选择一些效果显著的集体或个人的经验。

2．拟定提纲和计划

拟定提纲和计划是教育经验总结中的关键一步，是保证经验总结顺利进行的必要措施。主要的工作就是设计经验总结的总体框架，合理分配工作任务，安排工作完成的预计时间等。在计划拟定的过程中，需要注意以下几个方面：首先，要有明确的目标和要求，计划要落实到研究的各个环节，可以在研究过程中少做一些无用功；其次，要团结小组人员，合理分配任务，充分考虑时间、空间等因素，防止一些不必要的麻烦；最后，要注意计划的灵活性，在研究过程中，会出现各种不可预知的问题，要留有一定的余地，能对计划进行适当的调整，保证研究继续进行。

3．收集经验事实材料

教育经验总结必须以经验事实为依据，因此收集经验事实材料也是总结研究的重要一步。在收集资料的过程中，要注意以下几点：首先，收集事实材料的方式要多样化，研究人员不能仅停留在书面资料的搜集上，更要关注实践方面的经验事实。可以对学校领导、教师进行访问，适当地进行调查研究，也可以进入课堂，通过随堂听课了解实际情况等。其次，收集的经验事实要全面客观，对相关的经验事实进行全面收集，不要进行主观筛选。最后，收集的事实资料要围绕所确定的专题和拟定的大纲为中心，注重收集一些最能反映经验的内在机制、最具代表性的事实。

4. 分析、整理事实材料

对搜集来的事实材料进行分析整理是撰写经验总结报告的关键一步。主要的工作就是将零散、杂乱的事实材料进行归类、分析、整理，使其更加规范化、条理化、系统化。将一些课堂记录、访谈记录等整理为书面资料，把个人的感性认识上升为理性认识。在分析整理的过程中，一定要条理清晰，根据所拟定的提纲逐步整理事实材料，为后续的写作做好铺垫。

5. 讨论结果，提炼中心思想

在分析整理事实材料之后，要组织小组人员汇报研究进展和结果，广泛听取大家的意见，进一步揭示教育经验的内在机制。再根据大家的汇报，提炼经验事实材料的主要思想，对经验事实材料进行总结，写出初步总结研究的草稿。

6. 撰写经验总结报告

经验总结报告是本次研究成果的集中体现。首先，经验总结的观点要鲜明，与所收集的经验事实相统一，能够全面体现教育经验的内在机制，并且符合事实规律。其次，文章的表述要准确清晰，逻辑性要强，能够清晰地体现文章的因果联系，不要产生自我矛盾，让读者清楚地了解到作者所要表达的观点。

7. 修改定稿

对一篇文章的修改也是不容忽视的，要考虑所选题目是否简明、贴切，论证是否深刻，详略是否得当，要对文章内容进行反复推敲，任何一部好的作品都是在不断的打磨中提升和发展起来的，只有这样才能使文章显得更加专业化、系统化。

六、原则和要求

1. 科学性原则

科学性是判断教育经验总结的内容是否符合客观的教育实践活动的规律，能否反映教育实践的内在本质，富有科学依据是教育经验总结过程中最应遵循的最重要的原则。

要求：第一，要以客观经验事实为依据，对教育经验做客观的总结，不能单凭主观的判断来进行。第二，要求定性与定量研究相结合。重视事实的定量分析，尽可能地收集相关数据，以数据来说明问题，提高教育经验总结的信度和效度。第三，要将教育经验上升到系统的理性认识，深化理论，抓住教育的本质问题，进而更好地指导教育实践。

第四，教育经验总结得出的观点要与事实材料相统一，符合教育规律。

2. 应用性原则

应用性是指教育经验总结的内容应符合教育自身的特点，满足教育工作的需要，它是衡量教育经验总结的价值的重要标准。

要求：第一，要以广泛的群众基础为依据，总结的对象要具有代表性，具有一定典型意义。第二，要具有一定的现实意义，能够揭示教育规律，指导教育实践，提高教育质量，推动教育改革。第三，推广先进经验，引导教师创造性地运用到教育工作中。

3. 创造性原则

创造性是指教育经验总结应得出新颖独特、有教育价值的观点，在教育科研过程中需要有创造性思维，创造性是科学研究过程中的关键点。

要求：第一，理论联系实际，将对经验事实的总结与具体情境相结合，形成新颖独特的教育观点。第二，要不断探索新的经验事实，发现新的问题，摆脱原有经验的束缚，得出新的结论。

4. 全面性原则

全面性是判断教育经验总结是否覆盖了教育实践中的各个方面，包括常规现象和特殊现象、外部联系和内部结构、个体特点和群体特征等多个方面。

要求：第一，经验总结要做到面面俱到，既要进行整体的综合分析，又要对各个实践环节进行具体分析，做到由点及面，点面结合，全面地考察教育实践。第二，积极的教育经验和消极的教育经验并举。不能忽视对消极的教育经验的总结，往往消极的经验更能给我们一些反思，从中得出更有价值的教育经验。第三，经验研究既要抓住教育的外部联系，也要把握教育自身的内部结构。

七、中小学数学教师如何利用教育经验总结

第一，教师要积极实践，勤于积累。理论是实践的基础，实践是理论的不断丰富和拓展，在教学过程中，教师要严格根据数学课程标准的要求，联系学生实际情况，对每一个可能在教学过程中发生的问题加以考虑，并提出相应的对策，精心地准备每一节课程，把行之有效的教学方式和管理方式加以总结，勤于积累。任何事情都不是一蹴而就的，只有一点点的积累，才能形成丰富的教育经验，为今后更好的展开教学和管理工作做好铺垫。

第二，教师要善于反思。教师在准备完每一节课之后，通过课堂上与学生的互动以及课后的学生反馈情况对每一堂课进行总结，从中获取经验教训，更好地为以后的课堂提供经验材料和理论依据。因课堂教学面对的是学生群体，他们具有鲜明的特性，因此教师更应该注重对每一种特殊情况的经验总结。通过对这些经验的总结，不断的积累，教师可以游刃有余地应对今后的教学活动中可能会遇到的问题。

第三，教师要主动学习，借鉴优秀的教育经验。在教学活动中，教师的教学不能仅

仅只围绕书本，但因为个人的精力有限，教师可以阅读学科教育方面的资料和文献，吸取和借鉴前人的经验，了解学科教育前沿，掌握热点问题。另外，在教学活动期间，教师应增加与其他优秀教师之间的经验交流，多参加教师专业培训，通过聆听优秀教师的公开课，积累自身的教育经验。

第四，教师要时常进行经验总结，推广有意义的教育经验。在日常教学活动中，教师很有可能会得到一些喜人的成绩，发现一些新颖的学科教育问题，这时，教师不应该闭门造车，而是需要将自己的想法推出来，与其他教师分享，形成合作的小组，集众人之所长，形成教育经验总结报告，丰富和发展教育教学理论，为他人提供宝贵的资源，也提升自身的能力。

思 考 题

1. 常用的数学教育研究方法有哪些？
2. 文献检索在教育研究中的作用有哪些？
3. 如何撰写文献综述？
4. 数学教育观察法的定义是什么？
5. 数学教育观察法的作用是什么？
6. 数学教育调查法的主要特点是什么？
7. 教育实验三种基本方法是哪些？

第五章 其他常用的数学教育研究方法

第一节 案例研究

一、案例研究概述

案例研究早已在罪犯学、工业社会学、社区研究，以及心理学、精神医学等方面被广泛应用[①]。在传统的教育研究中，案例研究主要应用于儿童发展和教育社会学领域的研究，以研究特殊的对象。近年来，这种强调自然观察、深入透彻地关注案例研究传统逐渐被引用到教育其他领域尤其是对教育发展计划的评价上。案例研究逐渐成为学术研究和教育实践之间的中介和桥梁。有时，它采用解释学和批判理论的方法，来解释和批判造成案例主要问题的原因，并采取有效策略解决问题，其研究对象已经不再是病态的个案，而是与人类学的参与观察法相配合，形成一般的常态。案例研究已从一种作为“纯研究”的独断型风格，逐渐成为理解教育行为、开拓研究思路的好途径。

国外出现了比较多的案例研究的专著，如罗伯特·K·殷的《案例研究：设计与方法》和《案例研究方法的应用》等。国内目前关于案例研究法的专著并不多见，多以外文翻译为主。此外，案例研究法多以质性研究出现在各类研究方法的著作中。总结起来，研究者们关于案例研究法的研究主要围绕几个问题：案例研究的概念、分类、特点、具体操作、案例研究的信度与效度问题。在此，本节将整合研究者们对案例研究法的研究，对案例研究法进行更为系统的论述，让案例研究法成为读者有效的研究工具，使教育研究能够焕发本身应有的创造活力，寻求新的出路。

二、案例研究的历史起源

案例研究法（Case Study），又称个案法、个案研究法、个案研究。它的源头可以追溯到 19 世纪中期法国社会科学领域，法国社会学家利普雷（Frederic Le Play）对工人阶级的家庭状况进行研究，他发展出了今天我们所熟知的案例研究法。后来，人类学家马林诺夫斯基（Malinowski）在特罗布恩群岛进行田野研究，是民族志案例研究的一个实例。在 19 世纪末 20 世纪初，案例研究法就已经成为主流研究工具。使用这种方法最多的是芝加哥学派，进一步将案例研究应用于工业化和都市移民相关问题的探讨，主张研究者应该进入研究问题现场领域。在 20 世纪 20 年代，质的研究与量的研究竞争日益激烈。而与科学的统计法相比，案例研究法因为没有客观的数据支持，或多或少会受研究者个人经验、情感和价值观影响，因此给人以信度无法确认，效度难以把握的感觉[②]。1935 年之后，案例研究法使用的频率越来越低，取而代之的是科学的量化方法。20 世

① 潘慧玲．教育研究的取经：概念与应用[M]．上海：华东师范大学出版社，2005：182-186．

② 王俏华，林展．个案研究：教育研究范式的新转向[J]．中国石油大学学报：社会科学版，2007，(4)：93-98．

纪 50 年代，定量研究法已经成为主流的研究方法。然而，到 20 世纪 60 年代，研究人员开始关注量化研究法的局限性，于是，案例研究法又得到了足够的重视[①]。

近年来，随着社会科学各领域研究的发展，质的研究因其特殊功能和优势在西方科学界逐渐被接受和应用，并获得了较大的发展。案例研究法作为一种重要的质的研究方法，应用范围相当广泛，涉及教育学、心理学、社会学、人类学、医学及工商业各个领域。随着质的研究方法的方法学体系形成，案例研究法也在规范化、科学化方面得到不断完善。

三、案例研究内容

（一）案例研究法的含义

关于案例研究的定义，不同的研究者们持不同的认识。

1988 年，芝加哥学派的麦瑞尔姆（Merriam）提出案例研究是指对特定现象的检查。这里的特定现象可以指一个计划、一个事件、一个人、一个机构或者一个社会团体。

1994 年，案例资深研究者罗伯特 • K • 殷（Robert K. Yin）给出的定义是：案例研究是一种经验主义的探究，它是对某个现象或事件及其承载环境的整个系统进行整体的、全面的、专门的研究。它研究的是现实生活背景中的即时现象；在这样一种研究情境中，研究现象本身与其背景之间的界限不明显。因此需要用大量事例证据来展开研究。

1995 年，斯泰克（Stake）则认为案例是一个有界限的封闭系统，它指的是一个界限明确的对象而非泛指某种过程。例如，一位教师、学生是个案，但是一个教师的教学不能作为个案，因为不是有界的封闭系统。

2002 年，张梦中、马克 • 霍哲对罗伯特的观点进行了进一步的深化，认为案例研究是一种运用观察、访谈、历史数据、档案材料等方法收集数据，并运用可靠技术对一个事件进行分析，从而得出带有普遍性结论的研究方法[②]。

综上，案例研究法就是对单一的研究对象（现象）进行深入而具体的研究。具体到教育研究领域，案例研究是以个人或由个人组成的团体为研究对象，比如一个家庭、一个社区、一个项目，案例不仅包括明确身份的实体（如个人、小组、社区），也包括事件、活动或过程。案例研究是一种经验性的研究，而不是一种纯理论性的研究。案例研究在于回答“为什么”和“怎么样”。

虽然案例研究的案例可以是一个计划、一个事件、一个人、一个机构或者是一个社团等，但它们要有一致性，他们的结合可以为研究探寻提供一个清晰的焦点[③]。例如，要设计一个关于“应对新手教师所面临的问题以及其所需要的知识支撑”的案例研究时，那么这些新手教师之间结合的焦点是在应对他们所面临的问题方面。因此，要同时调查多个这样的教师会更有利于研究的开展。

① 胡中锋，蒋毅欢．教育科学研究方法[M]．北京：清华大学出版社，2011：237．
② 张梦中，马克 • 霍哲．案例研究方法论[J]．中国行政管理，2002，（1）：43-46．
③ Rosenberg Yates P. Schematic representation of case study research designs[J]. Journal of Advanced Nursing，2007，（4）：447-452．

（二）案例研究法的特点

与其他教育科学研究方法相比，案例研究法有自己的特点，概括起来有以下几个常见的特征①。

1．研究对象的单一性和典型性

案例研究的对象通常是单一个体或者单一群体，即使是有多个个体组成的研究群体，也强调研究对象的整体性，整体内各个元素之间相互依赖，其中一个发生变化，其他元素也发生变化。虽然案例研究的对象是单一的，但是它必须在一定程度上能反映出其他个体和整体的某些特征和规律，因此，案例应该具有典型性和代表性。案例研究的最终目的是期望了解某个个体或群体的情况，解释问题的普遍性。在教育科学领域中，案例研究常常选取优等生、智力超常者、学困生、品行缺陷者、优秀教师、心理行为偏差者、先进集体等典型个人或集体，或者某些典型的事，例如青少年退学、某学校在贯彻教育方针时出现的问题、教学课程设计等，通过案例的研究，揭示问题的普遍规律。

2．研究方法的多元性和数据来源的多样性

案例研究资料的搜集方法相当多元，历史法、访谈法、调查法等相互结合，既有质的研究做基础，又有量的研究深入。为了搜集到更多的案例资料，从多角度把握研究对象的发展变化情况，就必须结合教育观察、问卷调查、访谈调查、教育实验、教育与心理测量、实物分析以及整理查阅文件、档案记录等多种研究方法，综合行动研究、叙事研究等各种研究手段。案例研究法的研究对象不是通过随机抽样取得，而是根据目的和兴趣来选择的，因此在研究过程中需灵活地制定步骤，注重更多数据来源，及时修订方案，所得的研究发现才会更令人信服、更精确。

3．研究过程的深入性和全面性

案例研究的目的在于对特定研究对象进行深入的调查，由于案例的单一性，研究者有条件对研究对象进行深入、全面、系统的分析和研究。这是一般的调查研究和实验研究无法做到的。案例研究中所收集的数据覆盖面广且详细。资料可以包括案例的基本情况、各种测量结果、观察谈话结果等。研究人员采用各种相关研究方法直接或者间接地全面获取材料，以便对案例有充分理解，并深挖问题，使研究避免表面化。

4．研究情境的自然性与灵活性

案例研究可随时对研究对象做深入研究。案例研究一般都是在自然的情境下展开探讨，不会去改变外在的因素。案例研究的目的是通过对“正在进行的事件”进行极详细的背景化分析，给读者一种“身临其境”的感觉。

案例研究中，研究者着重在一旁观看或参与其中发生的过程。案例研究非常适合于

① Khan S. The case in case-base design of educational software：a methodological interrogation[J]，Educational Technology Research and Development，2007，(55)：1-25.

复杂背景下的研究[①]。因为它可以将复杂的背景关系变为简单的因果关系。

5．研究结果的描述性与跟踪性

案例研究的研究结果是对研究对象丰富而极为详细的描述，通过讲述研究中的一个个故事和对研究过程中的“实物”进行生动细致地描绘，来引领读者更好地理解研究中的样本。案例研究既可以研究案例的现在，也可以研究案例的过去，还可以追踪案例的未来发展。由于案例研究的对象集中，所以研究时就有较为充裕的时间，对有关该研究对象的尽可能多的变量及诸变量在较长一段时间内的互动进行透彻深入、全面系统地分析与研究，因而个案研究往往具有跟踪性质。

（三）案例研究的分类

研究者从不同角度对案例研究进行了分类，概括起来可以分为以下几种。

1．根据研究目的划分

根据研究目的分类，可以分为描述型、解释型、探索型，此种分类以罗伯特•K•殷的观点为代表。

（1）描述型案例研究。主要是对人、事物、或情景的概况作出准确描述，它侧重于描述事例，它们的任务是讲故事（story-telling）或者画图画（picture-drawing）等。麦克多诺等认为，描述型案例研究是对所出现的数据进行描述，可以以叙述的形式呈现[②]。教学案例主要是描述型案例。

（2）解释型案例研究。它的研究目的在于现象或研究的发现和进行归纳，并最终作出结论。解释型案例研究适用于对相关性研究或因果性的问题进行考察，它侧重于理论实践（theory-testing）。

（3）探索型案例研究。它是尝试寻找对事物的新洞察，或尝试用新的观点去评价现象，它侧重于提出假设，它的任务是寻找新理论（theory-seeking）。

2．根据所采用的案例数量进行划分

根据实际研究采用的案例数量不同，案例研究可以分为单案例研究和多案例研究。

（1）单案例研究。它是为了证实或证伪有关已有理论假设的某一个方面问题，或是作为分析的一个极端、独特或是罕见的事件情境。它的优势在于能够深入、深度地揭示案例所反映的教育现象和教育背景。适用于个体研究，不需要研究小组。但是，单案例研究不适合系统构建一个新的理论框架，案例研究结果也不利于推广。

（2）多案例研究。多案例研究的研究范围较广。研究者要对所有案例进行归纳、总结，并得出抽象性的精辟的研究结论。多案例研究能更好、更全面地反映案例背景的不同方面，所以案例研究的科学性比较强，而当多案例研究指向同一结论时，往往更具说

---

① Anderson R，Crabtree B F，Steele D J，et al．Case study research：The view from complexity science[J]．Qualitative Health Research，2005，(5)：669-685．

② McDonough J，McDonough S．Research methods for English language teachers[M]．London：Arnold，1997：345．

服力。而相对应地，多案例研究所需要的时间、精力、素材等资源往往更多，多案例选择的严格性容易受到质疑。

罗伯特·K·殷还提出，可以根据研究目的和案例数量交叉将案例研究划分为6种类型，见表5-1。

表5-1 罗伯特·K·殷的案例矩阵

分类	探索型研究	描述型研究	解释型研究
单案例研究	单案例探索型研究	单案例描述型研究	单案例解释型研究
多案例研究	多案例探索型研究	多案例描述型研究	多案例解释型研究

3. 根据观察方法和观察情境划分

案例研究中收集资料的主要方法之一是观察法，因此我们从观察方法和观察情境对案例研究进行划分，可以分为结构式观察法和非结构式观察法，观察情境则有人工的和自然的两种。将两个维度结合起来，则可以构成四种案例研究方法，见表5-2。

表5-2 案例研究方法分类

分类		观察情境	
		人工情境	自然情境
观察方法	非结构式	对单个个体的非参与性观察	非结构式的参与性自然观察
	结构式	对单个个体参与性观察	结构式的非参与性自然观察

4. 根据案例研究的特性划分

根据案例研究的特性，罗伯特·E·斯特将案例研究分为三类，他指出，这三种划分并不是决定性的，而是一种启发性的。本质性案例研究在案例内部进行扫描，工具性案例研究试图将案例推广，集合性案例研究是对工具性案例研究的进一步延伸。

（1）本质性案例研究。研究者研究这些案例，其目的不是理解抽象的概念或普遍的现象，也不是理论构建，而是因为这些案例本身自有其意义，这就是本质性案例研究。

（2）工具性案例研究。工具性案例研究的目的，主要是给人们提供对一个问题的认识或重新认识，得出一个结论。与本质性案例研究不同，工具性案例研究的意义不在工具性案例研究本身，其主要是起辅助作用，以增进对其他意义的理解。

（3）集合性案例研究。集合性案例研究，主要是用来观察和理解某种现象、某个特定的群体或某种特定的形势，以便更好地研究和预测类似的现象、整个群体和整体形势。

（四）案例研究的评价标准

关于案例研究的评价，主要有两种观点：一种是传统的信度、效度论，支持信用、效度来评价案例研究；另外一种是诠释论，认为所研究内容者、参与者和案例报告的读者都对案例研究的意义和价值有独特的解释，反对简单地运用信度、效度来评价案例研究。

1．信度、效度论

信度论者认为，要成为一个有价值的实证研究策略，案例研究必须满足信度和效度的方法论标准①。

信度指的是在研究方法等条件相同的条件下，重复研究发现能力。为了寻求外在的信度，研究者必须表述清楚研究设计的认识论前提，描述清楚案例选择以及尽可能详尽地描述数据收集和分析过程。这些措施的目的是使其他研究者能够重复研究过程的每一步。内在信度的关键是观察者之间的信度和个体的内在一致性。

效度指的是研究的准确性和真实性程度。根据测验目标把效度分为内容效度、结构效度和效标效度，这种分类为美国心理学会（American Psychological Association，APA）在 1974 年发行的《教育与心理测验的标准》一书所采纳，成为通行的效度分类方法。

2．诠释论

诠释论者认为，不应该使用传统的信度和效度来对案例研究进行判断，而应该使用能够证明他们研究发现的方法可信度（credibility）和可靠性（trustworthiness）的标准。乔伊斯·高尔（Joyce P. Gall）等认为有 11 个标准可以帮助研究者对个案研究进行评估，并将其分为三类，即是否符合读者需求敏感性标准、研究方法合理使用的标准以及数据收集和分析完整性的标准②。

四、教育案例法的操作程序

在不同的研究领域或针对不同的研究问题，案例研究所采用的具体程序有所不同，下面我们仅以教育研究领域来说明案例法的操作程序。

罗伯特·K·殷从人类学、社会学的角度提出案例研究的实施程序：确定问题、设计方案、收集数据、分析数据以及撰写案例研究报告。

在众多关于案例研究实践的步骤的讨论中，约翰·罗森堡（John P. Rosenberg）和帕齐米·耶茨（Patsy M. Yates）的讨论是相对比较完整的，他们认为，案例研究的实施过程包括研究问题的提出、研究主题和理论基础的确定、研究案例的确定、研究方法的选择、收集数据的方法确定、数据分析方法的确定、通过预先设定的分析过滤器对已分析的数据进行完善、使用矩阵将数据简化为可管理模块和概念组、得出结论并撰写案例报告③。下面将结合案例“数学教师课堂行为比较的案例研究”，对约翰·罗森堡和帕齐米·耶茨关于案例研究的基本步骤展开介绍。

1．研究问题的确定和提出

开始案例研究，首先要确定研究问题。教育研究的问题大多数来自于教育实践，是在教育实践中产生并亟待解答的问题。可以从以下三个方面对问题的性质加以考虑。第

---

① Pol Ghesquie're，Bea Maes，Roland Vandenberghe. The usefulness of qualitative case studies in research on special needs education[J]. International Journal of Disability，Development and Education，2004，51（2）：173.

② Joyce P Gall. Applying educational research[M]. 5th. New York：Pearson Education，2005：319-323.

③ John P Rosenberg，Patsy M Yates. Schematic representation of case study research designs[J]. Research mythology，2007：1.

一，价值性原则，即研究问题是否在理论和教育实践上有价值。第二，科学性原则，即研究问题是否以一定的科学理论为依据。第三，可行性原则，即研究是否具备客观条件、主观条件等。案例研究比较适合研究那些需要探求原因、改善模式的问题。

其次，研究问题的内容应该以研究课题也就是研究题目的形式具体明确地表示出来。研究的题目应该简单具体地展示案例研究的对象、研究问题、研究方法。

再次，确立研究问题后，需要进一步明确研究假设。确立假设的目的就是要将研究的注意点凝聚起来。

2. 研究主题和理论基础的确定

对所有案例研究的要求虽然并没有在数据收集之前进行文献研究，但若有对研究背景的理解，将会是加深案例研究深入的关键步骤。基本主题和理论的确定是研究的一个重要组成部分。

3. 研究案例的确定

案例研究及其背景以及感兴趣现象的确定可能是案例研究中最重要的一步。因为没有明确的界限限定案例，案例研究会变成一堆无法处理的数据。这一步是对第一步提出研究问题的进一步分析和解读。通过这一步骤，读者将更能明确对案例感兴趣的背景以及现象。

4. 研究方法的选择和数据收集

案例研究中数据收集方法的选择主要取决于研究问题。可以是各种质的结合，也可以是各种量的研究方法的结合，还可以是各种质和量的研究方法的结合。

5. 数据分析方法的确定

为了保证方法的严谨性，数据分析方法必须与收集方法一致。在数据分析当中我们更应侧重于自然表现和发展历程，即使缺乏变量控制和实验数据，但我们仍可以从自然资料中探究复杂的因果关系，做出初步分析和推论。

6. 得出结论并撰写案例研究报告

经过数据处理后，这些数据就可以被用于进一步的分析，并为案例描述中结论的得出提供数据基础。在此基础上，对已有文献进行综合比较、抽象、概括，探讨研究对象中的本职规律，这一过程往往被认为是“概念形成”的过程。最后，案例研究报告是案例研究的产物。

五、案例分析

高中数学概念案例研究①

以往的数学教学中，很多教师对概念教学的认识不足，常常偏重于解题技巧的训练，

① 姜燕．高中数学概念案例研究[D]．四川师范大学硕士论文，2012．

而忽略对概念自身的理解和教授，这样使得概念与计算脱节。学生也简单地将概念认识的错误归咎于计算错误。但是，随着新课程改革的推进，凸显了数学概念学习的重要性，也对数学概念教学提出了新的要求。

过去在概念教学的研究中存在对某种理论的推崇备至，但缺乏实际的操作，使研究存在着一定的片面性；或者对数学概念教学模式和策略的研究仅是停留在个人的经验基础上，缺乏理论的归纳总结等不足。通过课题研究，调查目前高中数学概念教学现状，从而提出更为合理、有效的高中数学概念教学模式和教学策略，并提供一些有借鉴价值的教学案例供教师参考。

案例研究者将研究分为五个部分。我们只截取第一部分，探讨本课题的案例研究过程，其中分为四个部分：第一部分为“问题的提出”，包括研究背景的描述、目的的描述、研究的主要问题、关键术语的定义。第二部分为“研究方法”，包括研究对象的选取及其样本分析、研究工具、研究过程等。第三部分为“研究结果”，对分析后的数据进行系统、有层次的陈述并进行效度与信度检测。第四部分为“讨论与结论”，对研究结果进行推理分析和概括，探讨其与现有文献之间的关联，获取有价值的结论。

1．第一部分：问题的提出

第一部分开篇介绍了研究开展的原因与背景。随着新一轮教育课程改革的不断推进与深化，教师教育受到了广泛关注。在教师教育中，“最重要的不是或者不仅仅是将学术具有特定逻辑体系和陈述话语、脱离具体教育教学情境的理论，应用到教师鲜活的、独特的、变动不居的教育教学实际中而是通过实践的和批判的参与式行动研究,在教师的日常实践中发现、总结、提升并推广教师的实践性知识”。那么，研究教师学科教学知识的现状，探索如何使教师的日常教学实践与新课程改革理念相匹配，就愈发显得非常迫切。

接下来对研究目的进行陈述：

本研究有三个目标：①在日常的数学教学中，职初教师和经验教师的学科教学知识的差异。②在日常的数学教学中，职初教师之间的学科教学知识的差异；经验教师之间的学科教学知识的差异。③在日常的数学教学中，学生对数学教师学科教学知识的观点。

2．第二部分：研究方法

第二部分介绍了本研究的主要研究方法为案例研究，并且具体描述了数据的收集过程，即联系相关对象（选定相关学校样本、教师样本、学生样本），然后研究者对访谈与观察记录进行转录，并通过编码的方式建立起相关的类别与解读。

3．第三部分：研究结果

第三部分主要对研究的结果进行客观、系统的陈述。研究者利用对教师课堂的实录以及观察所获得的数据陈述获得了教学目的知识、内容组织知识、学生理解知识、效果反馈知识的基本情况。

4．第四部分：讨论与结论

研究者发现：通过上述分析表明，职初教师和经验教师在函数内容的学科教学知识的差异主要体现在以下方面：①教师能否讲清楚，讲明白，就是需要教师对授课内容有深刻的理解。②教师能否明白学生，就是需要教师能准确找到学生的易解点与误解点。

教师能够提早找到学生的误解点，是了解学生的关键所在，这与具体的学生知识有关。经验教师就能直接找到学生的误解点，在教学中集中精力解决学生的误解与难点。③教师能否设计针对性的教学。职初教师和经验教师对数学教学知识的掌握程度不同。

众所周知，职前教师教育和职后培训都是教师知识发展的重要阶段，但绝大多数教师认为在职前教育、职后培训对自己获益不多。笔者认为可以采取以下措施：①提升师范生的学科教学知识可由学科内容知识先着手。②加强教师学科教学知识的案例研究。③将教师专业发展置于课堂情境下。④教师培训关注实践性。

第二节　行动研究

近年来，传统的教学虽然给学生打下了一定的基础，但还是存在着明显的不足，具体表现在：过多地注重成绩以及无效的机械训练，缺少对知识的灵活运用，知识的学习缺少目的性和明确性，这些教学方面的不足对于学生的全面发展都有一定的影响，学生并不能在学科学习方面得到明显的提升。课程标准将学生的全面发展作为学生学习的根本出发点，强调对于实践的重视，对于所学知识与实践联系的关注，《义务教育数学课程标准（2011 年版）》提出在教学过程中应该注重学生主体地位的体现，注重传统师生关系转换，这种理念一经提出，很快被广大的教育工作者所接受，教师们开始付诸行动，但是实际操作中却反映出一些问题，其中最突出的问题就是理论与实践脱离的问题，许多一线教师提出，《义务教育数学课程标准（2011 年版）》虽然从宏观上确定了培养目标，但是没有制定具体的、实际的、可操作的指导，很容易出现表面化和刻意化[①]。

行动研究法是近年来国内外教育研究普遍采用的一种新的方式[②]，已经被证明是解决理论和实践相脱节的行之有效的方法，作为融教育理论和教育实践于一体的教育研究模式，行动研究法强调理论联系实践，这为社会科学领域解决问题提供了良好的帮助，因此在社会科学领域被日益重视和应用。

一、行动研究法的发展

行动研究法，顾名思义可以分为行动和研究两部分[③]，所谓行动就是教育工作者用于解决教育过程中出现的问题的实际活动；所谓研究就是教育理论工作者为了探索未知的知识而进行的活动。行动研究法是 20 世纪 40 年代中期由美国心理学家勒温（K.Lewin）与其学生在对不同人种之间的人际关系进行研究时，提出了“没有无行动的研究，也没有无研究的行动”的论断，强调了研究与行动之间的密切关系，并且认为“在解决某一个实际问题的时候，将科学的研究者和实际的实践者的智慧和能力相结合起来的方法[④]”。这就是行动研究法，第一次正式提出行动研究，但最初的行动研究法并没有被运用到教

① 徐锦霞，李伟，钱小龙．行动研究法在课堂教学设计中的应用初探[J]．中国医学教育技术，2007，(2)：95-99.

② 乔爱玲，何克抗．以行动研究法探索英语教学——信息技术环境下交际式英语会话材料的应用[J]．现代教育技术，2007，(2)：57-60.

③ 和学新．行动研究法简介[J]．教育改革，1994，(2)：63-65.

④ 袁桂林，孙彩平．行动研究法及其在教育科研中的应用[J]．现代中小学教育，1997，(2)：50-52.

育领域，而是一些学科性较强的领域中，如心理学和民族学，因为行动研究法提倡研究者深入实际，在实际的情境中采取相应的行动，有利于解决当时的社会问题，因而得到了很大的发展，到 50 年代后期有人开始在教育研究中运用，这使得行动研究法被教育理论研究者、教育实践者和教育行政管理人员认识、接受并采纳以及运用。70 年代以来，行动研究法在欧美各国已经成为主要的研究方法之一，近些年来国外的教育科学方法著作中几乎都开辟了专门的章节论述行动研究法，可以说行动研究法也是当今最流行，最受欢迎的教育科研研究方法之一。

二、行动研究法的概念

行动研究法是一种日益被人关注，被广泛地运用到教学活动中的，将实践与理论结合在一起的研究方法，它是一种适合在小范围内探究教育问题的方法，它的主旨并不是建立完善的理论体系，搭构完整的知识框架，而是针对教育教学实践中的具体问题，通过实践的形式来加以解决，从而提高教育教学的质量和效果，推动教育教学改革的深入，提高教育教学的水平和质量①。

综合国内外学者对于行动研究的阐述，将其定义归纳为：

（1）行动研究法是一种探究活动，它具有系统性和反思性。它是理论与实践的统一，不是单纯的理论抑或是单纯的实践，它是教师对于教学问题的反思以及为了解决问题提出的系统的解决方案。

（2）教师在教学活动过程中，发现自己的教学活动存在的问题，分析提出假设并直接开展调查研究。课堂是教师引导下的课堂，教学活动中出现问题，教师是第一时间能够发现并加以完善和解决的，所以行动研究法所针对的问题是教学过程中出现的问题，由教师进行分析并加以调查研究。

（3）行动研究需要根据一系列的步骤来完成。完成任何一件任务都必须按照一定的步骤，行动研究法也需要一系列的步骤进行，这一点在下面的操作过程和步骤中加以具体阐述②。

（4）行动研究法的目的是教师为了不断地改进自己的教学活动，使得教学达到良好的效果，并且提高自己对于教学的理解和认识。理论是实践的基础，实践是理论的来源和升华，教师运用行动研究法能够对教育教学有更深入、更完善的理解。

行动是科学研究的基础和前提，也是教育科学研究的主要方式之一。正是从这个意义上讲，教育行动研究法就是教育科学研究中对研究对象不加以干预和控制，在其自然状态之下进行的研究。

在数学教育研究的过程中，行动研究法是指按照一个循环的过程，从计划、行动、观察到反思，在自然的条件下，对数学教育现象作出研究，作出准确、具体、详尽的观察，从而切实地了解中学数学教育中有关一线教师教育过程中所遇到的有关情况的一种研究方法。

---

① 荆雁凌．中小学教师怎样进行课题研究（八）——教育科研方法之教育行动研究法[J]．教育理论与实践，2008，(23)：39-41．
② 李桂芝．浅淡“行动研究法”[J]．北京青年政治学院学报，2002，(2)：60-63．

数学教育中的行动研究法对于认识数学教育的现象，收集数学教育研究的第一手资料起着至关重要的作用。无论是发现课堂中存在的问题，还是获得原始资料、检验科学假设，都离不开对客观行动的研究，可以说，掌握行动研究法是科研人员一项必备的能力。因此，行动研究法是教育科学研究中一种必不可少的方法。

三、行动研究法的特征

（1）循环研究。行动研究是一个循环的过程，它是由计划、行动、观察、反思构成的螺旋式循环①。它以实践为基础，在分析具体教学过程中出现的问题的基础上，提出相应的计划，实施并加以观察，最后进行反思，解决问题，为下一步的计划提供基础。具体地，将在下面操作过程和步骤中加以阐述。

（2）现场研究。教师进行行动研究的根本原因是教育环境中出现了需要解决的问题，研究的目的是寻找一种可行的方法将问题解决，并不是为了研究而进行研究②，教育行动研究适合在岗教师的实际情况，他们没有充分的时间进行具体的抽象的专门的科学研究，他们进行的研究就是为了自己的教育教学情境中的特定的问题，通过对这些问题的研究，提升自己的专业水平，提升教学质量，实现专业知识、专业水平的积累。

（3）实践研究。行动研究的起源是实际的教育环境中的问题，并不是教师特意寻求的特定的问题、学科中的热点问题或者还未完善的学科基础课程，研究的环境也不是特定安排、特别控制相应的变量、特意安排具体情境的教育场景，而是在实际的教学过程中，一种真实的状态。这种状态是开放的，是时刻变化的，教师只能在不断的变化中，跟踪行动的趋势和结果，这样能够提高教师的灵活性和应变能力。

（4）教师研究。行动研究面对的是实际的教学问题，需要教师进行研究，但作为一线教师，他们没有整块的时间进行学术研究，他们需要把更多的时间和精力放在实际的学科教学上，这又恰恰是一线教师能够进行行动研究的原因，他们能够充分把握研究的第一手材料，能够第一时间进行观察、计划、实施和反思。教师通过亲自地实践，把所学的理论知识运用到实际研究中，再通过对问题的反思重新指导活动，提升自己的专业素质和实践能力。

（5）学生参与。教学的过程离不开学生，学生是教学的主体，学生参与行动研究，教师通过对学生的观察和研究，能够得到完善的结果，对于解决问题起到关键性的作用。

教育行动研究法的广泛适用性为教育科学研究提供了良好条件，尤其对于教育教学第一线的广大教师，可以利用自身便利，发现教学过程中的问题，开展科研活动，以科研促进教育教学工作。

四、操作过程和步骤

行动研究法有很多研究模式，但是它的研究环节基本上可以归纳为四类：计划、行动、观察、反思，如图 5-1 所示。

---

① 和学新．行动研究法简介[J]．教育改革，1994，(2)：63-65．

② 候霞，姚勇，张新明．浅谈行动研究法在教师专业发展中的运用[J]．福建论坛，2008，(2)：89-92．

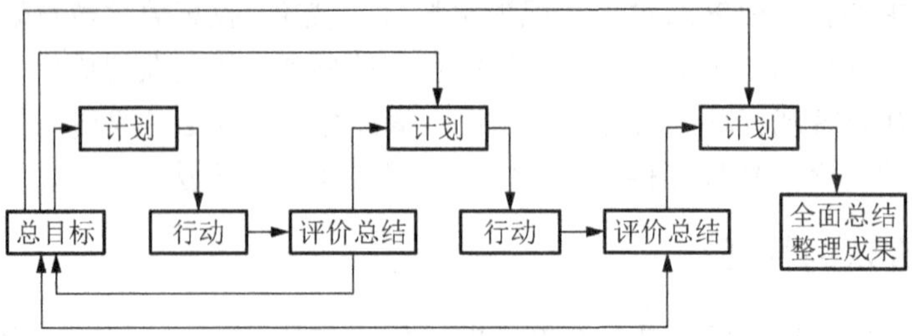

图 5-1　行动研究法研究步骤图

（1）计划。俗话说："凡事预则立，不预则废"，计划是行动研究的第一个环节，这个环节中的主要任务是发现问题、明确问题、分析问题。因为行动研究是一种以问题为中心的研究方式，所以行动研究则是以发现问题为起点。所谓发现问题，发现的是现实的教育教学过程中实实在在发生的问题，是学生们日常学习过程中会遇到的问题，比如说：学生怎么培养对数学的兴趣？数学作业的难易程度会影响学生对于新知识的掌握程度的好坏吗？数学拓展性课程对于学生的创造性思维的培养和发展作用如何等。教师发现这一系列问题之后需要明确问题并且对问题进行分析，即对问题进行界定。要解决问题就要对问题进行界定，分析问题属于什么范围、问题的种类、性质和形成的过程以及影响。对问题进行分析之后则需要考虑如何解决问题，通过对已有资料的查阅或者他人的经验，根据一定的已有教育经验提出一个总的计划，计划包括可能达到的目标、计划改变的变量、行动研究的时间和步骤、收集资料①。

（2）行动。行动就是行动者在仔细分析问题、研究行动背景后，经过一段时间的思考，有目的、有计划地采取行动。行动的过程中应该注意，随着行动的进行，研究的问题可能会出现不同程度的发展，行动者则需要按照行动的发展不断地调整行动内容，改变行动的方式以适应新的问题的产生，对实施中的计划进行有序的调整和修改，有时也可能需要重新对问题进行分析，制订新的计划。行动的目的是解决问题，而不是为了实现计划②，所以一切的行动都应该以最初的问题为导向，计划只是辅助解决问题的工具，不能只是死板地照着计划进行行动。

（3）观察。观察是对整个行动研究过程中的研究对象、研究背景、行动的过程以及可能发生的结果进行考察。因为教育是一门复杂的科学，它所面对的是不同的学生，可能遇到的问题是没有固定答案的复杂问题，教育教学实践的复杂性决定了行动研究受到很多因素的制约和影响，这些因素不能控制，有的甚至不能预测，所以观察是必不可少的。通过观察不断地发现，之前的行动是否有效，是否能够将计划朝着解决问题的方向推进，是否需要及时地修改计划。

（4）反思。反思是指对于整个行动研究过程与结果的思考和反思。对整个过程进行全面的总结和思考，通过反思，思考整个行动过程中的收获和不足③，是否将问题解决，若没有解决是否对下一个计划起到了铺垫作用，否则，必须对计划进行反思并且修改计

① 邓友祥．数学教师的课堂行动研究[J]．现代中小学教育，2009，(1)：50-53．
② 侯晓帆，王以宁．行动学习法在教学中的应用——以数学建模实验教学为例[J]．中国电化教育，2011，(4)：105-108．
③ 李桂芝．浅淡"行动研究法"[J]．北京青年政治学院学报，2002，(2)：60-63．

划重新进行行动研究。

五、行动研究应具备的能力及相应的策略

1. 行动研究法需要教师具备的能力

（1）科学规划能力。行动研究法是解决实际学科教学过程中出现的问题，这要求教师对问题进行分析，在计划的环节就需要对整个行动进行规划，对于可能发生的情况和对研究的问题中的自变量和因变量进行分析，充分考虑研究的背景和教学的环境，这对于整个行动起到非常重要的作用。

（2）自我调控能力。研究的过程是开放的过程，有许多不定因素，教师要有自我调控能力，游刃有余地应对教学过程中、行动研究过程中可能遇到的问题，在这个过程中可以提升教师的研究能力和实践能力，实现教师的持续发展。

（3）批判反思能力。对于行动研究的过程中出现的一些问题，可能超过之前计划的范围，教师应该批判反思计划的可行性，通过不断地检验、分析、反思和考察，对自己的实践工作随时随地地进行批判性地反思。

（4）自我发展能力。任何一个教师都是不断提升发展起来的，时代在进步，世界在发展，知识不是一成不变、停滞不前的，这需要教师不断发展能力，通过行动研究的过程，提升自己的理论基础和实践的能力，通过不断地吸纳和接受新的知识和与其他专家、教师的交流，提高行动的质量，提高自己的自我效能感和专业化水平。

2. 促进教师开展行动研究行之有效的策略

（1）改变教师的研究观点。一般的，人们都认为研究是专家进行的高深的工作，所以很多教师对于研究有着恐惧的心理。想要教师敢于研究、乐于研究，学校必须帮助教师突破恐惧的防线，多开展讲座，多进行研究交流，渐渐地把研究活动变成一种普遍的教学日常活动。

（2）提高教师的研究能力。研究能力的关键包括两点。第一是理论知识。学校可以通过培训，课题研究，聘请专家对教师进行培训，提升教师的理论知识基础。第二是实践基础，学校应该鼓励教师进行行动研究，通过行动研究的积累不断提升经验和能力，让研究成为可能。

（3）保障教师的研究实施。提供资金的支持，对于表现突出的教师进行嘉奖和鼓励，提供良好的环境和各类资源，为教师的研究保驾护航。

六、具体实例①

下面结合一些外国的和我国的具体事例，领略行动研究法在实践中的应用。

实例之一：某教师注意到，同一课堂上的学生学习成绩有很大差别。通过进一步观察他发现学生上课时的表现有很大差别，有的精力充沛、注意集中、积极活跃，有的则昏昏欲睡、无精打采、疲乏懈怠。这位教师想，学生的学习成绩是否与学生的睡眠量有

① 袁桂林，孙彩平．行动研究法及其在教育科研中的应用[J]．现代中小学教育，1997，(2)：50-52.

关呢？这样，该教师通过认真观察和思考发现了教育实践中的问题，并确定通过行动研究寻找问题的答案。

一个现象的存在都是有一定原因的。行动研究的问题确定后，还要明确什么是自变量和因变量。显然，研究学习成绩和学生睡眠量的关系问题，学习成绩是研究的因变量，睡眠量是研究的自变量。

在实施研究过程中，该教师首先设定了一个对照班，同时把往届学生的学习成绩和该实验班实验前的成绩等资料也作为重要的参照指标。为了掌握学生睡眠时间的数据，教师设计了一个记录学生课外情况（包括起居时间）的表格，让学生带在身边便于记录。

经过一段时间的收集信息，教师就可以对学生学习成绩的数据与学生睡眠量的数据进行统计处理。在国外常用计算机有关软件系统帮助统计，可以大大提高工作效率。统计中一般要涉及统计学上的 T 检验、Z 检验等知识，求出平均数、中数、相关系数，并绘制出生动形象的图表或通俗易懂的数据表。

该教师的研究最后的统计结果表明，学生学习成绩与学生的睡眠量之间的相关系数是 0.84，属于正相关。于是得出结论，如果适当调整学生的睡眠时间，使其达到一个合适的值，就可以促进学生学习成绩的提高。于是，教师以研究的数据为依据，找学生谈话，进行家访，找出影响睡眠时间的原因，克服干扰，保障睡眠，从而提高了学生学习成绩。当然，学生的学习成绩与睡眠量这一因素不一定是唯一相关因素，该教师在研究中还注意到学生的母语不同也与学习成绩相关。

在睡眠量与学习成绩之间存在正相关的同时，他还认为并不是睡眠越多学习成绩越好。学生的最佳睡眠量问题，以及其他各种与学习成绩相关的因素还有哪些，相关系数是多少等问题还需要进一步研究。可见，行动研究是一个不断循环的过程，研究得出的初步结论可能是下一步研究的起点。随着研究的深入展开，教育工作也随之得到了改进的动力。

实例之二：某小学的校长对小学低年级教师包班制（由一名教师教一个班级的所有课程）和教师科任制（由一名教师教一门课程，一个班级的不同课程由若干不同教师教）进行了研究。该校长想，他们学校过去一直采取科任制教学方式，包班制是否比科任制优越呢？是否也应试用包班制呢？

该校长首先确定了教学方式为自变量，教学效果为因变量。接着，他又认识到教学效果应包括多项指标，不能仅仅用某一学科的成绩代表教学效果。他确定的教学效果指标包括了学生读、写、算三方面的综合成绩。

在研究过程中，该校长分别选择了资历、水平、能力基本相似的若干名教师，分别担任实验班（包班制）和对照班（科任制）的任课教师。经过一年的实验，收集了大量的学生学习成绩数据，对这些数据进行统计分析后，该校长得出了初步结果，即两种教学方式对学生读、写、算成绩的影响不存在显著差异，于是，该校长仍旧坚持自己学校的科任制做法。

实例之三：上海青浦县以顾冷沅老师为首的教育改革实验。青浦县的教育改革实验起始于 1977 年，改革的思路是以数学教学方法的改革为突破口，探讨如何促进学生有效地学习，大面积提高教学质量，并且注重总结和推广新的教学原理与新的教学结构模式，实现学校教育整体改革。1980 年前后，他们开始有意识地采用国外流行的行动研究方法，并把这一方法融入新的机制之中，改造成为实践筛选的研究方法，这是他们改革走向成功的关键步骤。

他们采取的实践筛选方法具体包括以下程序：①总结各种教学经验，了解本门学科教学以及与它有关的一些学科，如心理学、逻辑学和哲学认识论等的研究成果，然后运用这些经验和成果，结合施教对象的现状和要求提出计划；②按预定计划在授课中实施这些经验（理论成果将体现在某些经验中）；③组织有经验的教师亲临教学现场（一般不是实验环境下的现场），对施教情况进行系统的考察和评价；④根据考评结果对原有经验进行调节——淘汰、发展或优化组合；⑤再计划、再实施、再考评，多次往复，直至筛选出有效的经验系统。我们只要对上述五步骤程序稍加分析就不难看出，这套程序与行动研究法的研究过程三阶段基本吻合。

具体对应情况如下：

第一步制订计划相当于行动研究法的概括问题阶段。顾泠沅他们认识到教学质量是一种因变量，决定教学质量的因素很多，例如，对前人总结的各种教学经验能否借鉴和继承，对有关教育学、心理学、认识论和教学法原理能否消化理解并用来指导实践，对教学对象现状是否了解等。这些应作为自变量分析，从而明确研究的问题是什么，即指出计划。

第二步、第三步相当于行动研究法的实施研究阶段。一方面，教师积极改进教学，学习别人的有益经验，用有关理论指导实践；另一方面，教师还应形成自己独特的经验，接受有经验的教师或教育理论工作者的指导，不断创新发展，提高教学质量。

第四步相当于行动研究法的解释结果阶段。这时，用实施研究阶段的考评结果来调节最初的研究计划，去粗取精，优胜劣汰，为进一步的研究活动做好准备。

第五步实质是又一轮新的研究启动。这也是行动研究法的本质特征的体现，即行动研究应是一个周而复始的不断循环过程。

青浦县的实践筛选方法不仅在程序步骤方面与行动研究法一致，而且他们的科研人员队伍构成以第一线教师为主体，这也是符合行动研究法的基本要求的。第一线教师开展教育科学研究有利于教师自我提高，增强职业意识，有利于理论联系实际，提高教育教学质量。

七、行动研究法的意义

在新课程标准的指导下，教育要求全面提升学生的能力，培养德智体美劳全面发展的学生，这就要求我们用更加先进的教学手段，用更多的教学方式让学生学到知识，灵活地运用知识，教师在这种要求下就更要注重理论和实践的联系，用实践不断地提升自己，行动研究法是值得推广的一种普及型的教育研究方法，它很好地弥补了理论与实践脱离的问题，并且因为研究的是教育教学过程中的问题，给了教师更多的自由，让教师有更大的舞台和空间进行研究，通过对自己最熟悉的日常教学的研究，发现问题，进行思考，提出计划，开展行动，进行观察，最后加以反思，一步步解决问题，提升自己的研究能力和实践能力，实现更大的发展。

行动研究法，将教育的改革引向科学化，为了更好地实施行动研究法，教师们应该更专注在研究方法上，听取专业研究人员的意见，与同行进行沟通和交流，开展合作研究，以提高行动研究法的科学性，才能实实在在地获得成效，才能得到喜人的成绩，达成目标。

第三节　教育叙事研究

一、研究背景

（一）教育叙事与教育叙事研究的区别

根据叙事研究的内容，可将其分为历史叙事、心理叙事和教育叙事，故而教育叙事只是其中的一种。教育叙事的主体可以是研究者、教师、学生和家长①。教育叙事是根据叙事者的经验，叙述教师教学过程的某些事件或者感悟，也可以是学生对学习生活中某件事情的看法。而教育叙事研究与教育叙事的区别就在于“研究”，教育叙事主要是叙述一件事情、一个真实的事例。而教育叙事研究要求有一定的研究规范，有明确的研究问题，有研究的具体方法，继而有研究报告，最后要有对所研究问题、研究过程及研究结果的反思。整个研究过程中研究者要有科学严谨的态度，相对于简单的叙述一件事情更为复杂、深刻，虽然只相差两个字，但整个实施过程相差甚远。教育叙事最早可以追溯到孔子，由其弟子回忆撰写的《论语》实际上就是一部教育叙事大作。苏联教育家苏霍姆林斯基在他写《给教师的一百条建议》时，已经写了 32 年的教育日记②。这说明，教育家们很早以前就对教育叙事有所涉及，只是当时没有明确的提炼与界定，而当今，教育叙事又被提起，足以说明教育叙事对教育的作用与深远的影响。

（二）教育叙事研究的来源

自 20 世纪 80 年代以来，教育研究中出现了一种新的研究方法，即“叙事研究”，并且这种“叙事研究”逐渐成为教育研究中一个重要的术语。而到 20 世纪 90 年代，叙事研究的浪潮开始逐渐影响我国，并以较大范围推广③。从教育叙事历史发展角度看，克兰迪宁和康纳利系列研究成果的发表标志着教育叙事研究作为科学教育研究方法的诞生。教育叙事研究在文学、历史、人类学、社会学以及社会语言学等学科有悠久的开发和使用历史。但是，在教育研究领域，将叙事研究作为一种科学的研究方法进行系统阐释，则是 20 世纪 90 年代的事。1990 年，两位加拿大教育工作者，阿尔伯塔大学的克兰迪宁教授和曾同时在阿尔伯塔大学、伊利诺斯大学和芝加哥大学担任教职的康纳利教授，在《教育研究者》上发表了对广大教育工作者具有启迪作用的经典性论文《经验的故事和叙事研究》，该文对教育叙事研究做了一个较为全面的评述。1990 年，他们出版

① 任倩．教育叙事研究的特质[J]．教育科学论坛，2013，（11）：29-31．
② 蒋萍．教育叙事：中小学教师教育科研的主要方式[J]．科学大众（科学教育），2013，（6）：149．
③ 黄砺．浅析教育叙事研究兴起的缘由与内涵及意义[J]．教育教学论坛，2014，（2）：193-195．

著作《叙事研究：质的研究中的经验与故事》，这本书不再定义叙说，不再界定教育叙事研究，说的是他们和学生如何进行教育叙事研究的故事，即叙事研究者做些什么。他们认为，教师从事实践性研究的最好办法，是说出和不断地说出一个个真实的故事[①]。

（三）教育叙事研究的兴起

1. 恰当呈现方式的缺失

教育研究是人文社会科学研究的一个分支，但却习惯于用自然科学研究的眼光和角度去看待或描述自己研究的对象。人文社会科学研究是研究人与人之间的关系，具有一定程度的“主观性”，而自然科学研究是研究人与自然或自然规律的关系，具有“客观性”。这两种研究在某些领域具有较大的差异，如果教育一味地以自然科学研究的角度去进行研究，往往会忽略人文社会研究的性质和自身的特点。此时，教育研究者们发现以自然科学研究为框架去研究教育实践出现了一些偏差和问题，那么，该如何解决这一问题呢？“转向叙事”的浪潮就恰如其分地出现了。其基本立场是：现实社会领域存在的复杂行为及其随时间流动的变迁特征不是一种理论能解释得了的，在这种情况下，教育者只能通过“叙事”（尤其让社会上各色人自己来说）现阶段所存在的问题来接近、表达社会生活的真相。教育实践研究需要将理论与实践结合，缺失其中任何一方面，教育研究都会出现问题，而“叙事研究”便成了这两种关系的调和品，通过“叙事”可以降低这两种关系的矛盾。

2. 理论权重高于实际

囿于自然科学研究的框架和传统教育理论，教育工作者所研究的理论往往无法指导实践。这种理论又要用自然科学理论框架的表达方式进行描述，使得原本略有一丝人文气息的结论变得抽象化、理论化，毫无生机，苍白无力。普通大众难以理解其内涵，甚至研究者本身也觉得这种研究毫无实际意义。如今的一些教育研究对实践的指导意义不大，因为一些研究者并没有亲自经历过，不能从实际情况去探索、去研究。理论与实践就像飞机的两翼，失去哪一个，飞机都无法飞翔；同样，若过于强调其中一侧，则会导致失衡。例如，在校本教研中，若缺少了教育叙事，那么校本教研的实际意义则会大打折扣。在校本教研中，研究的主体是真正经历课堂教学的教师，所以教师的行为以及行为后的反思尤为重要，而教育叙事是这种反思重要的载体，是教师有关教育理念、教育思想、教学反思的重要体现。

（四）数学教育叙事研究的现状及不足

1. 虚构教育事实，信度效度缺失

有研究者认为教育叙事研究只是针对小范围人群或个人，“缺乏普遍的解释力和推广力”，其研究的有效性值得怀疑，另外，教育叙事研究可能“伪造数据”。一方面，研

① 任倩．教育叙事研究的特质[J]．教育科学论坛，2013，(11)：29-31.

究者可能陷入主观主义、唯我主义，叙事可能流于表面[①]；另一方面，功利主义意识深深地埋根于当今社会，有些教师为了职称、追求个人利益而盲目发表文章，甚至有些数学教育叙事内容是虚假的、凭空捏造的，这导致数学教育失去了真实性、实效性。数学教育叙事研究的初衷是体现数学教师价值，赋予数学教师主动性，给数学教师一个沉淀下来的机会和平台，同时也给数学教育的发展提供一个方向。而有些缺乏诚信的教师却利用这个平台去谋取个人利益，导致数学教育教学的搁浅、数学教育发展缓慢、数学教育叙事研究作用不够显著。

2．缺少理论支撑，研究不够深入

数学教育理论是数学教育叙事研究发展的重要支撑，有些学校、教师对教育叙事研究的理解不够深入，导致数学教育叙事研究存在浮于表面、深度不够、没有真正发觉本质等问题。其主要原因是教师数学教育理论过于贫乏，没能吸收先进的数学教育理念，过于强调经验的作用。然而社会在进步，学生也在逐步地发展，彼一时的教育理念不一定适应此一时的学生。另外迫于学业压力，数学教师获取数学教育理念知识的精力与时间不足，无法与数学教学保持一致，这也从现实方面限制了教师可自由支配的时间。这些问题最终会导致数学教育叙事研究结论无法起到显著的作用。

3．学科视角单一，科学化过程缓慢

教育叙事研究虽然具有哲学、文学、历史学、社会学、人类学等丰厚的理论基础，但是从我国的施行情况看，其研究视野还极其狭窄。当前研究者还主要局限于从教育学视角来审视教育叙事研究，鲜有综合运用教育学、哲学、文学、历史学、社会学等多学科的观点来展开教育叙事研究。事实上，教育是人类最复杂的社会现象之一，与社会各个子系统有着千丝万缕的联系。因此，为了使教育叙事研究能真正走上科学化之路，必须拓展研究视野，跳出教育学的拘囿，采用多学科的观点来进行教育叙事研究。这对研究者提出了较高的要求，但却是教育叙事研究科学化的必由之路。

二、数学教育叙事研究的界定

从外延上看，教育叙事研究是教育研究对叙事研究方法的一种整体性借用，那些运用叙事研究方法研究教育问题的研究都可以称为教育叙事研究[②]。从内涵上看，教育叙事研究是以讲故事的形式记录教育事实，并根据实际发生的现象，去深入研究现象背后的实质。在叙事过程中，教师可以根据自己的实际经验，将自己的思维和想法以讲故事的方式呈现出来，使得教师成为真正的研究主体。教育叙事研究就是用教育叙事方法来研究教育问题。在进行教育叙事研究时要区分它与叙事研究的区别，在进行教育叙事研究时一方面要深入了解某一教育实践，另一方面要有一定的理论视角来研究这个教育实践背后所隐藏的意义。整个教育叙事研究的模式是从现象到本质的过程，而教育叙事只是连接两者的桥梁。

---

① 香琴．教育叙事研究在中国[J]．新课程研究（基础教育）（上旬刊），2014，（12）：92-95．

② 傅敏，田慧生．教育叙事研究：本质，特征与方法[J]．教育研究，2008，（5）：36-41．

三、数学教育叙事研究的意义

（一）有助于数学教师专业成长与发展

教育叙事研究作为一种研究方式，要求教师具备一定的创新能力、敏锐的观察能力和不断发现问题、提出问题的意识。它要求教师在教育教学中关注每一个教学环节的细节，不放过任何一个疑惑。这样促使教师不断地学习与反思，在探究中成长[①]。叙事研究是教师发展中最重要的方法。教师专业的发展迫切需要教育叙事研究。然而教师在专业培训中往往只接受专家的教育理论知识，倾听优秀教师的实践经验，缺乏对自身教育理念和教育经验的表达与反思，处于“被动”与“失语”状态。康纳利和克兰迪宁认为教师的知识包括了教师原本被授予的知识和教师实践性知识，而不仅仅只有前者。因此，教师应通过叙事主动进行教育研究，以表达和反映出自己的心声。教育叙事研究强调教育经验的意义建构，从教育实践中提升教育理论，彰显一种自下而上的研究方式。这有利于形成自下而上的教育研究意识，弥补自上而下研究意识的不足[②]。同时，数学教育叙事研究体现了“从内向外”的研究模式，不同于以往研究中的“由外向内”，更有益于教师发现本质问题，从核心的位置和角度去看待数学教育事实，有利于引导数学教育研究意识的生成。这种研究模式肯定了数学教师的作用，数学教师可以从中感悟数学教学理念，体会教育本质，进而提升个人文化素质，丰富教育理论，促进专业发展。

（二）有助于教育理论与实际相结合

有学者认为教育叙事研究有助于教育理论与实践的发展，具有极大的价值，有助于教育理论与实践工作者相互靠拢；有助于作为个体的研究参与者转变教育教学观念行为；有助于研究者搜集鲜活的、以参与者的日常真实教育教学生活为背景的田野文本数据；有助于研究参与者发觉日常教育教学生活中的例行事项的深层意义[③]。当研究主体就是叙事主体时，不仅可以降低研究过程出现的偏差，同时可以使教育研究不至于过于偏重理论，造成研究结果对实际教学缺少指导性作用。然而，有效的数学教育理论与实践相结合的前提是数学教师具备数学教育理论的数学素养，并能够巧妙地将两者结合起来，这就要求数学教师能够对数学教育叙事研究的客观性加以重视，避免个人色彩的融入和主观性的导向。

四、数学教育叙事研究的过程

（一）从实践中发现问题

新课程背景下，社会、学校以及家长对教师的要求逐步提高，尤其数学作为重要的主科，因此，对数学课堂教学质量要求也日渐紧迫。数学教师在数学教学过程中会遇到

---

① 张晓杰．小学教师教育叙事研究的问题与对策[D]．东北师范大学，2009．

② 吴香琴．教育叙事研究在中国[J]．新课程研究（基础教育）（上旬刊），2014，（12）：92-95．

③ 张希希．教育叙事研究是什么[J]．校长阅刊，2006，（8）：71-75．

许多问题，有些棘手的问题没有具体的方法引导，故而，这些问题逐步变成研究对象，在研究中一步步寻求解决问题的方法。例如，课堂教学激发了学生兴趣，却导致了教学效率降低，该如何把握其中的度？尊重学生的主体性，激励学生主动发言与探索，却导致课堂纪律混乱；减负却无法保证教学质量；课堂失声、沉默该如何应对等。这时教师就要扪心自问：问题究竟出在哪儿了？只有教师亲身经历了这一过程，也只有教师体会到其中学生微妙的变化，以这些问题为中心，透过现象看本质，耐心思索，寻求解决问题的方法，在寻求方法的过程中认清教育本质，揭示教育规律，最终才能形成经验方法指导教育实践。而寻求方法的过程就是教育叙事研究的过程。

（二）研究结果指导实践

一直以来，教育研究都是大学教授、专业人士的专利，教师只能盲目听从与跟随，其最终结果就是教学实践与理论脱离，出现实际偏差。教育叙事研究带来的是方法论的一种改变，“在做中学，在行动中、在实践中研究”的理念，将研究过程与教学过程结合，研究导向与教学实际相应，这无疑赋予了教育研究以新的生命力，为教师提供了发言的机会，使得教育研究听到教师的声音。教育研究最终成果要作用于实践，促进教育教学实际的发展，提高教学质量。这也是积极倡导教育叙事研究的原因之一，教育叙事研究是一套完全在实践中的研究，研究问题来源于教学生活中的问题，研究过程以教育实践为依据，研究结果最终作用于实践。

（三）总结与反思

美国学者波斯纳提出了优秀教师的成长公式：成长=经验+反思。从此公式中可见反思在教师成长过程中的重要地位。广大教师并不缺少经验，反而对经验的反思很不到位，甚至有些教师对经验有所反思，但是只是自己的思维和思想，仅限于对自己教育实践有所企及，并不能促进学校教育水平全面提高。这时便需要一个途径去实现教育智慧的广泛传递，而教育叙事便为此提供了有效的载体。叙事研究中的研究是将自己教学中存在的问题与现象，以故事的形式呈现出来，并根据相关的教育理念去进行反思与总结，这种反思促进教师思考，反思之后，形成新的处理问题的思路与方法，反过来再应用于实践，这一过程在一定程度上提高了研究者的教育能力，同时，教育研究不仅仅对研究者有益，也在某种程度上促进了教育工作者的交流。

五、数学教育叙事研究的特点

（一）真实性

数学教育叙事研究务必要具备真实性。任何一个事件都要在具体真实的数学教学实践中发生，教师要根据真实的情况进行教育叙事、教育反思、深化理论。当教育叙事缺少真实性时，它或许就成为了一种牟利的手段。有些教师会为了发表文章而虚构事件，导致其缺失实用性。教育叙事研究其实是研究主体即教师的一种沉淀，是一种不受功利色彩所左右的研究，其研究的前提一定是在“教学过程中”，是真实存在的问题。在发现问题的前提下，研究问题发生的原因及解决问题对策，这是一种生成性的结论，若缺失了真实性，无论多么精彩的论证，多么漂亮的结论，无疑是纸上谈兵，毫无实战意义可谈，最终会导致其实效性差，研究的结果毫无意义。

（二）反思性

反思是教育叙事的灵魂。教师进行叙事研究的目的就在于改进教学方式方法，提高教学质量，使得学生向着更加积极的方向发展。而这些的实现都少不了反思。当一个教育事件发生时，教师当时会以什么样的方式去解决？在解决的过程中出现了哪些问题？这些问题是怎么产生的？它能带给我们怎样的启示？在今后的教育实践中我们应该如何来避免、解决这类事件？如果每一次叙事都有这样的反思和总结，再由一些先进的教育理念作为指引，那么教育叙事才真正做到了“研究”，才能在根本上提高教师各方面的能力和素质。脱离反思的教育叙事是无意的，只能做一些表面文章，甚至与最初形成这一研究的初衷相悖。只有具有反思性的教育叙事才称得上是一种研究，因此，反思性在这种研究中占有得天独厚的地位。

（三）针对性

教育叙事研究不同于其他类型的研究，它没有特定的体系和结构，这可以使教育叙事研究相较于其他研究更为灵活，数学教师可以根据数学学科特点或行文特点来进行叙述。然而，在数学教育叙事研究中，我们也要结合数学这一学科的特征，对某一数学问题的思考有逻辑性。同时，教育叙事研究具有很强的针对性，由于研究的对象是问题，而问题来源于教育教学的具体情境，是针对某一情形发生的具体问题引发的，故而其针对性强。自然地，在保证研究对象真实的前提下，其时效性也很强。不同于其他教育科学研究，教育叙事的研究主体与叙事主体一致，这是其独特性的重要体现，其研究结果对于教学实践有很强的指导作用。数学教师可以很好地利用这一特点，将自己关于某一知识点的理解进行叙述，与同行或者专家进行沟通，提高数学教学能力。

六、对我国数学教育叙事研究的反思

（一）保证叙事真实，提高信度效度

任何一种研究的信度与效度都是值得人们关注的，对研究的发展有重要的意义。而虚假、编造的教育叙事只会导致教育叙事研究效率低，针对性差。这需要两方面的协调，首先教育行政部门应加强对相关文章发表的审核，保证教育叙事内容真实且高效，深化该研究的实用性。其次，作为数学教师应该从实际教学情况出发，抓住课堂上存在的问题，并且以提高教学效率、促进学生全面发展为目标，抓住现象背后存在的教育本质，进而书写教育叙事，反思教育行为。只有教育行政部门强化审核步骤，数学教师提高诚信意识，两者协同发展，才能将教育叙事研究的作用最大化，保证其真实性，切实提高效率。

（二）理论实践结合，结论促进教学

数学教育叙事研究的最终目标是使研究结论有效地促进数学教学实践，有效地解决教学中遇到的实际问题，帮助学生全面发展。这时，学校可以构建桥梁，加强高校与中小学的交流，例如，每周邀请高校专家开一场相关教育知识的讲座，进行教师培训。灌输先进的教育思想与理论于广大的教育研究参与者，使其在充分利用教育理论的基础上，进行教育叙事研究，使得理论与实际紧密结合，既避免了经验主义带来结论不适应实际的情况，又减少了因偏重理论降低研究结论实效性的情况。在教师培训中，通过开展数学教育叙事研究，数学教师讲述自己的教育故事，有利于调动教师参与培训的积极性；现场的专家可以解答教师的研究疑问，对教师叙事进一步诠释意义与创生问题，引发教师反思与问题再解决，最终可以形成典型案例乃至理论①。

（三）拓展研究范围，增强学科意识

作为质的研究中的一种，叙事研究主要通过教育事件或现象的描述来揭示某种教育道理，挖掘教育背后的意义。叙事研究需要更加深层地研究，研究范围应该扩展。叙事研究本身有着自己的理论基础，与教育学、文学、史学、社会学、哲学中的现象学、解释学以及后现代哲学有着深层次的关系，所以应该从多学科的角度来审视教育叙事研究，而不是仅仅局限于教育学的角度。叙事研究若能广泛地实现各学科间的融合，便会在很大程度上促进社会科学的发展。数学教育叙事研究，是在数学教育的视角下来解决数学问题，既具有数学学科特点，又结合教育学相关理念，同时也可以融入数学史相关史实，这对于数学教育的发展有着至关重要的作用。

七、数学教育叙事研究案例

在陈柏良的《透析课堂“美丽的错误”》中，他针对课堂中出现的“美丽的错误”予以指正与反思，进而对于整个数学教育提出了一些有针对性的意见。下面是他的叙事研究的片段：

“我有幸聆听了15位一线教师精彩的课堂教学。这是一节由华东师范大学出版社出版的《义务教育课程标准实验教科书数学初中一年级（七年级）（下）》第9章第3节“等腰三角形”的新授课。参赛教师“以学生的学为本”、“以学生的发展为本”的现代教育理念和富有个性的教学设计，给我留下了深刻的印象。如有些教师结合绍兴市区目前正在进行的临街房屋立面改造工程，引导学生“发现”许多房屋屋顶架上的漂亮的人字形“小尖顶”就是一个形象的“等腰三角形”模型。这个来自学生现实生活中的“等腰三角形”的背景知识，对学生具有很强的吸引力，学生容易理解和接受。这种充分关注学生“数学现实”的设计在这次参赛教师的教学中时有所见，并且成为他们课堂教学中的“亮点”，学生学得生动活泼，令人惊喜。另外，15位参赛教师在课堂教学中都努力落实有意义的数学学习方式，一个重要的举措是，他们在教学中积极倡导“做数学”的理念，

---

① 张琼，张广君．教育叙事研究在中国：成就、问题、影响与突破[J]．高等教育研究，2012，(4)：58-64.

凸显对数学的“发现”和“探究”，重视师生互动、生生互动，重视把自主、探究、合作作为组织学生学习数学的基本形式，引导学生在课堂上开展观察、实验、分析、比较、联想、类比、归纳、猜测、验证等数学活动，强调让学生在“做数学”的过程中去发现数学，了解数学，体验数学，掌握数学；在“做数学”的过程中去认识数学的价值，了解数学的特征，总结数学的规律；在“做数学”的过程中学会数学，发展数学能力。

然而，在这次优质课评比中，我们也看到了课堂中闪现的一个个“美丽的错误”，美在教师勇于与传统教学中的弊端决裂，勇于创新课堂教学策略，但错在将手段当目的，视形式为实质。这些“美丽的错误”主要表现在：小组合作学习流于形式；面对教学的“意外”，机智缺失；给学生的“发现”预设“圈套”；认知交流中“多媒体霸权”……所有这些也给我们以深刻的思考[①]。后面他针对这些问题提出了指正与思考，这不乏是一个很有借鉴意义的叙事研究，若每一位数学教师均能积极地从课堂实际去发现问题、反思问题，那么对教育教学发展将有重要的作用。

八、总结

总之，教育叙事研究作为一种独特的研究方式，对教育研究的发展有着重要的促进作用，极大地丰富了教育研究的内容。然而，在教育叙事研究过程中，研究者要保持清醒、客观的态度予以实施。首先要广泛汲取教育理论，获取教育经验，巧妙地将二者结合起来，使研究结论和成果最大化地作用于实践；其次，要保证教育叙事内容的真实性，这是获得有效教育成果的保障；最后，教师要学会用审视的眼光观察，用思辨的精神探究。只有这样，叙事研究才能打破故事层面的束缚，走向对故事的意义建构和解释性理解。也只有这样，叙事研究才能真正地作用于实践，促进教师的专业成长。

第四节　校 本 教 研

一、研究背景

校本教研产生并兴盛于 20 世纪，由“以校为本运动”“专业化运动”“教师即研究者运动”组成的一个相辅相成的思潮体系，它们共同衍生了校本教研。

（1）以校为本运动。校本教研源于“以校为本”思潮。20 世纪初期，欧美一些国家开始关注以校为本的教育改革，经历了多次曲折的发展之后，在 90 年代形成了世界性的“校本运动”。以校为本是一种重视学校自身力量和学校自身发展的思潮。

（2）专业化运动又称为结构功能主义运动。布赖恩·J·卡德威尔和吉姆·M·斯宾克斯于 1988 年出版了颇有影响力的《自我管理的学校》一书，该书从技术角度强调了学校管理是行政的而非政治的，学校层面的决策在国家和地方的方针政策下进行，学校的运作要去中央集权化。

（3）教师即研究者运动。随着“以校为本”和“专业化”思潮的展开，“教师即研

① 陈柏良．透析课堂“美丽的错误”[J]．中学数学教学参考，2004，(9)：13-15．

究者”成为共识，于是，“教师即研究者运动”于 20 世纪 60 年代前后在英美国家应运而生。当时，人们越来越多地认识到，没有学校参与特别是没有教师参与的教育研究，是无法将教育研究成果很好地在教育实际中得以运用的。如果没有得到学校教师方面对研究成果的检验，那么就很难看到如何能够改进教学，或如何能够满足课程规划。

二、研究的基本概念

（一）校本教研的界定

校本教研，顾名思义是以学校为本的教育研究。校本教研有广义和狭义之称。广义泛指在学校中进行的各种教育研究活动；狭义专指以校为本的研究。它涉及三个重要概念，即“为了学校”、“在学校中”和“基于学校”。它是以建构实践知识、提高学校教学质量、促进师生共同发展为目的，以教学实践中存在的问题为研究对象，以教师为研究主体的在学校内进行的行动研究。校本教研不同于教育科学研究，而是教育实际中存在的问题研究，其核心是基础教育，探讨的是基础教育领域的问题，揭示的是基础教育领域的规律。而真正接触教育实践本身的就是教师，这就要求此研究的主体是每一位教师，他们都可以对本学科教学实践中存在的问题进行剖析，发表自己对教育的看法，从而基于学校和教学实际环境开展研究。

教研活动是由“自上而下”和“自下而上”两种机制组成的。“自上而下”教研机制主要是依靠上级行政推动的策略开展教研工作，“自下而上”的教研机制是由各学校提出的策略，进而开展教研工作。而校本教研是典型的“自下而上”的学校教研机制。但这不意味着要抛弃原有的教研政策，而是在此基础上加以改进与完善，是“自上而下”与“自下而上”两种机制互为补充，共同提高学校教学质量，将理论与实践巧妙地结合，最终作用于教育教学之中，切实解决现实存在的问题。

沈凌先生在《校本教研新视野》中，分别从学校发展、教师发展以及学生发展这三个方面总结了校本教研的含义。他认为校本教研包括三层含义：校本教研以学校发展为本，强调学校从实际出发，围绕学校工作中的实际问题，有针对性地开展教研工作，为学校的教育发展服务；校本教研以教师发展为本，强调确立教师在校本研究中的主体地位，让教师成为真正的主人，通过校本教研来培养教师、提高教师素质，为实现教师的自我发展、价值服务；校本教研以学生发展为本，强调关注学生，遵循学生的身心发展规律，有针对性、实效性地解决学生发展过程中存在的疑难问题。[①]若学校和教师能从这三个方面出发去开展校本教研，定会有丰硕的成果。

（二）校本教研的意义

田道勇在《基础教育改革与问题研究》中说道：“教师是课程改革的执行者，教师素质水平直接决定着课程改革的成功与否。而校本教研总是与教师的专业发展联系在一起。事实上，校本教研不仅是研究思路和研究视角的转换，而且构成了教学改革的动力，

① 沈凌．校本教研新视野[M]．北京：国家行政学院出版社，2013：2.

在教师专业发展中的确起到了决定性的作用。”故校本教研在教育改革中起到重要作用，同时有利于教师专业发展，进而间接对学校的整体教学质量与学生的发展有促进作用。

1. 有利于学校形成特色文化

校本教研从某种意义上来说也是一种独特的学校文化。每个学校都有其自己的文化底蕴，学校文化建设的基础和先导是校本教研。校本教研的重要作用和功能是引领学校文化发展，提高学校文化的生命力和竞争力。①数学教育同样有数学史与数学文化，比如在讲授“用字母表示数”时，可以结合数学史来展示“代数”的历史发展过程；在“勾股定理”中展示不同的解题思路与方法，让学生们能够体会任何一个概念与定理都有其存在的必要性。在学习“轴对称图形”时，可以结合本校特点，展开一些折纸活动，让学生体会校园文化气息。这样当学校形成了自己的校本文化，有了自己的创新动力，走科研兴校之路，那么就有了自身独特的生命力，这对丰富学校面貌，形成良好的校本教研风气都十分有益。

2. 有利于师生共同发展

校本教研的最终目的就是提高学校教学质量，促进师生共同发展。在数学教学中我们提出要培养学生发现问题、提出问题、分析问题和解决问题的能力，而校本教研正是从教学中的实际问题出发，从学生出现的问题出发，其整个问题的核心围绕着课堂和学生，而这些问题由老师自己发现，通过老师的个人反思、同伴互助等方式进行反复磨炼和修改，在老师个人反思中，老师可以对其中存在的不足，进行反复总结提升之后实现自身超越。在同伴互助中，教师之间相互发现问题，融合了很多教师的智慧，这样的过程无疑是促进了全体教师的进步与发展。校本教研是对我国长期开展的教师学习与研究的发展与创新，是对教师教育与管理工作研究思维的转向，是对学校业务工作的整体反思与改进，同时也是教师教育范式转型的重要标志。

（三）校本教研的特点

杨江峰曾在《校本教研与教师专业成长》中提到校本教研的特点有校本性、主体性、实用性和发展性。相对于其他教研活动，我认为校本教研还体现了典型的反思性。表 5-3 是对校本教研和专业教研的比较。

表 5-3　校本教研和专业教研比较

	校本教研	专业教研
研究人员	一线教师为主，学者专家提供支持，注重民主参加和合作协商；基本研究程度，经验少或无	学者专家为主，其他人员协助
研究目的	提升教学水平，获得教学专业能力，促进学校发展	发展或检验假设，解释或预测产生可推广结论

① 沈凌．校本教研新视野[M]．北京：国家行政学院出版社，2013：15.

续表

	校本教研	专业教研
研究问题	为改进实践，问题产生与实践需要	验证或发展理论， 源于文献阅览或学术反思
文献探讨	多阅览可用的二手资料，概括了解	广泛阅览一手资料，全盘了解
选择样本	周围取样，不要求代表性，要求针对性	确定总体后抽取具有代表性样本
研究设计	流程自发，有弹性，可修改，收集、解释、实施等阶段循环进行，不太关注控制无关变量和减少误差	控制干扰无关变量，有计划、按步骤严格实施，重视研究的信度和效度
资料收集	用简易可用的技术收集资料	采用具有信度、效度的测量技术，要进行前导性研究或前测
资料分析	简单分析，多呈现原始资料，注重实用性， 较多主观看法说明，批评者协助检验结果	分析技术复杂，呈现分析后资料， 多强调统计显著性、推理一致性 或事件深层意义的诠释
结果应用	强调实用性和影响实践的程度， 多提出改进教学的可用信息	注重结果的意义、理论的显著性，可重复验证，多提出研究和应用的建议
报告形式	依实际需要而定，无统一格式	强调合乎严谨的学术规范

1. 校本性

校本教研，就是以学校为本的教育研究。故其最重要的特点是校本性。也就是说要有地区特色与特点，结合具体的区域特点，生成本学校的独特文化。与传统教研不同，校本教研是以现实课堂存在的实际问题为研究对象，从问题出发，以问题的研究解决为中心，以期通过对问题的分析解决来提升教学工作的质量，最终促进师生共同发展，相较于传统教研，它更具有实用价值与实际意义。

2. 主体性

主体性是指校本教研的研究主体是教师，不再是大学里面专业的研究人员，而是与课堂距离最近，最了解教学实际的教育工作者。而研究的问题恰恰是由教师在教学过程中遇到的普遍性问题，所以教师即研究者，所研究的问题首先必须研究自己的课，养成行动研究意识，强调研究的生活性、日常性、实效性、可持续性。在这一过程中，教师是研究主体，而专家、教研员、教研机构等只是协助者，不再是引领者。故应在研究过程中协调好教师与专家、教研员的关系，教师应当将自己摆在研究者的位置，而不是一味地听从专家指导。要将自己现实课堂中存在的问题挖掘出来，再由专家、学者提供理论指导，将理论与实际恰到好处地融为一体，最终将成果应用于教学实践中，提高学校教学质量，促进师生共同成长。

3. 反思性

教师的个人反思是校本教研的三个关键点之一。可以说没有反思就没有进步。我们大多数所说的研究理论性较强，一般脱离实际进行操作；但是校本教研其实质是教师在“改进实践”的行动研究，而这种研究要建立在教师自我反思的基础上，才能达到其实效性。沈凌在《校本教研新视野》中说道：“反思是校本教研的突出特征，它是教师以自己的教学活动为思考的对象，对自己的教学行为、决策及产生的结果进行认真的自我审视和分析的过程。”教师应该反思自己的教育、教学观，反思自己课堂的学生观，反思教学过程有哪些内容缺失。通过这种反思，有利于促进教师自身和教师群体的发展，解决了现实课堂中存在的实际问题，最终实现学校教学质量的提高，学生科学高效地发展。

三、校本教研的几种模式

（一）课例研究模式

课例研究又称为教例研究，是对实际的课堂教学案例的研究。是以学生学习和发展过程中出现的问题为研究对象，以教师为主导通过集体合作确立主题、设计教案、上课和观课、评价与反思以及分享成果等促进教师专业发展，进而促进学生学习和发展的循环过程，其本质是一种行动研究。其特点包括教学性、研究性、合作性和间接性。

教学性——课例研究直接围绕具体的教学情境而展开[①]，整个研究最终目的是提高教学质量，促进师生共同发展。所以整个课例研究离不开教学课堂，脱离课堂的研究是无意义的。教学不仅是一个教师引导学生掌握知识、发展智力的认知过程，同时也是一个师生情感互融、价值共享、共同探索新知、共享生命体验的完整的生活过程。

研究性——教师通过研究的方式去解决实践中遇到的问题，此时教师的角色不仅仅是一名知识传授者，同时还是教育研究者。教师需要具备敏感的观察能力，去判断和发现学生出现的问题，并善于用各种方法去解决该问题。例如，在“中心对称图形”一节课的教学过程中，教师让学生这样进行实验探究：教师事先准备了几个中心对称图形的教具，并在每个教具上都标上了一对中心对称点 A、A′。上课后，教师提出问题：“请大家观察一下这几个图形在旋转过程中具有什么共同点？”并请几个学生上台利用教具演示旋转 180° 后，图上的点 A 与点 A′ 重合。从而“概括”出中心对称图形的概念。

在这个教学过程中，学生虽然经历了“实验—观察—抽象概括—生成定义”的过程，但印象却难以深刻。因为只有在大量实例的观察、对比、分析的基础上才可能从不同个体中发现其相同之处；只有对多个具有某种相同属性的个体进行比较、研究，才可能对其相同点进行抽象概括。只有在这样一步步去粗取精、去伪存真的过程中，学生才能真正经历探究，真正理解概念。所以，如果教师在教学过程中只是局限于几个正面的例子，而把学生当成是没有拉线的“木偶”，完全按照教师预设的形式进行所谓的探究，那么学生在学习中思维的含金量就会大打折扣。相反，如果教师能够准备丰富的正面、反面例子，为学生创设一个充满矛盾、暗含玄机的情景，那么学生的思维就会自动开启，从而进行质疑、思考、发现、探究，并进而解决问题，这样的话，学生的思维含金量必然会大大提高。[②]只有教师在充分感受学生的认知并能以研究者的心态对待课堂中出现的问题，才能把握课堂，将数学教学有效性最大化实现。

合作性——合作是课例研究过程最突出的特点之一，课例研究通常是合作的结果，

① 余文森．校本教学研究的实践形式[J]．教育研究，2005，(12)：25-31．

② 薛红霞，刘德明．放飞学生的思维——由数学课例谈学生思维的培养[J]．教育理论与实践，2007，(14)：43-44．

数学课上这种合作意识是非常重要的。其主导是教师，而教师个体是不能实现这一研究过程的。这就需要由教师组成的研究共同体通过集体备课、观课以及反思评课等步骤以结合的方式完成。而合作不仅局限于教师群体，高校的专业人员和教研员均可以参与课例研究过程，加入其他研究人员既可以结合当代较新的教学理念，同时又融合了教师的丰富经验，实现理论与实践相结合的目的，从而促进教师专业成长，提高教学质量。例如，在数学课“函数”这一节中，个别学校根据本校实际情况，采用“图形计算器”进行授课，学生的动手操作以及创造力很强，这时就需要师生合作来完成整个教学活动，有必要时也会有大学的专业人员参与。师生能从生活实践的角度来使用，专业人员可以从理论的角度予以指导。

间接性——课例研究的最终目的是促进学生的发展与进步，其间接性即是指课例研究的成果并不直接作用于学生，而是教师通过发现、研究、反思、总结得到的结果，在课堂上的运用，进而解决学生遇到的实际问题，最终促进学生的进步。

其环节包括“确定主题”—“形成课例”—“群体交流”—“反思改进”—“形成新例”—“成果运用”。

确定主题：研究主题来源于现实，从教学实际中发现问题，只有学生在学习过程中出现的问题才是课例研究的依据，当教师对这些问题做了充分的观察与了解才形成了研究主题。

形成新例：数学教学可针对其课程背景和教学实际情况有针对性地提出具体课例，研究群体的每一个人汇总与分析最终形成一个具有研究意义新课例。

群体交流：参与研究的群体分别阐述自己对此课例的看法与设计，集体交流，碰撞思维的火花。

反思改进：在群体讨论中，一般应由专业研究者参与，并提出指导性意见，提出共性问题，进行集体讨论，以明确解决问题的办法与途径。

形成新例：研究者基于原有的课例进行改进与加工形成新的课例。

成果运用：形成新的课例后，将成果运用到教学实践中，这不仅可以对其他教师产生积极借鉴的作用，同时可以激励参与的全体教师进一步教研的信心，从本质上提高教研水平与能力。

（二）数学教育专题研究模式

专题研究是指对教学工作中存在的，对全局工作有重大影响的共性问题进行专项研究的教研模式，它旨在解决教学过程中遇到的难点和关键性问题，使教学理论和教学实践在紧密结合的基础上有所突破，促进教师在教学领域中有所发现和探索，开创教育教学新局面。在《北师大版义务教育课程标准实验教科书》中，解决问题的教学贯穿于整个数学课程教学的始终。数学教学不但要学生掌握数学基本知识和基本技能，还要培养学生解决问题的能力，使学生初步具有从数学的角度去探究解决问题的能力，能主动把实际问题与数学联系起来，灵活应用已有的数学知识、方法及教学思想，去分析问题、解决问题。而问题的建立和解决，对解决问题的教学产生较大的影响，数学专题研究就是通过专题探索学生解决问题的方法及策略的研究。

专题研究有如下几个环节："选定专题，确立目标"—"专业引领，全员探索"—"以小见大，交流反思"—"总结深化，成果应用"。

选定专题，确立目标。针对数学课堂中出现的亟待解决的问题和教师专业成长道路上的有争议的问题，在教研组活动中进行讨论与研究。对于数学教学实践中出现的问题，可以采取听课、评课等方式深入到课堂中去，观察教师在数学教学各个方面中是否有所缺失。最终对存在的共性问题进行分析、梳理和筛选，同时结合本校实际情况，在新课程改革的背景下确立研究专题，形成研究目标。

专业引领，全员探索。虽然校本教研强调教师为研究主体，但这并不否认高校专家在校本教研中的作用。大学专家掌握先进的教学原理与教育理念，对专题研究有不可替代的指导作用。同时，专题研究是围绕教师的教与学生的学展开的，在研究过程中要听见所有教师的声音，不能局限于教研组的成员，教师通过自己探索、反思、总结的过程，将结果作用于教学实践，能够更好地提高教师教研的积极性，使专题研究切实发挥作用。

以小见大，交流反思。专题研究可以具体体现在"小专题研究"。"小专题研究"，一是"小"，二是"专"。"小"—比较容易驾驭，让教师多从局部、具体、微观考察教育教学实践，效果显著。"专"—专在实践性强，专在便于运作。①小专题旨在从数学教育实际中发现问题，它可以是很具体、很微小的数学问题，但是要具有很强的针对性，其研究结果要对现实教学有现实作用。同时，小专题研究更便于操作，这无形中降低了教师研究的难度，当教师在实践前做了研究，那么会更加注重教学过程是否达到了预设，教师以这种研究性的心态去教学时，便可以形成真正的反思。及时与其他教师进行交流与研讨，再将成果反馈到实践中去，更有助于教学达到所期望的效果，真实的效果。

总结深化，成果应用。专题研究的成果最后要应用于实践，要真正地有利于课堂教学。将交流反思的内容通过撰写论文、设计案例、把典型课例录制成光盘，对典型课例反复研磨，最终形成具有本校特色的教学理论或教学模式。其理论成果最终可以作用到数学教学实践中，全面提高教学质量。

（三）课题研究模式

课题研究是将教研与科研有机融合的教研活动形态。它以教学实践过程中遇到的较为复杂的问题为研究对象，制订分步骤研究计划，在一段较长时间内，围绕同一专题多次反复研究，探寻教学对策，逐步解决问题。与传统的课题组建制的"大课题"相比，它具有聚焦个体、着眼微观、周期较短、倾向平民的特点；与常规的教研活动相比，它具有更深入、更规范、更科学、更具针对性等特点。

课题研究模式分为以下几个环节："界定研究内容"—"设计研究方案"—"开展行动研究"—"总结研究成果"。

界定研究内容。准确界定研究内容是课题研究的前提和关键。一个可深入研究的课题都需要从各个角度具体化。这时可以将一个大课题分为几个小课题进行研究。小课题

① 王玮光. 小专题研究："校本研究"的重要方式[J]. 中国教育学刊，2005，(7)：76-77.

目的性强，研究范围较小，针对性较强。小课题研究在选题时，体现出了它的优越性与实际性。在一些数学课堂教学中，经常会遇到一些问题和困惑，课堂就是教育问题的发源地。面对诸多的问题，教师肯定会有自己的想法、措施。教师可以把平时课堂中遇到的问题总结到一起，选择其中比较迫切需要解决的、有研究价值的问题作为课题，继而查阅资料积累素材进行研究。①小课题研究形式广，小课题研究具有主动性与自由性的特征。教师可以把自己生活中遇到了哪些问题，触动了哪些情感，如何与学生交流等组成一个小课题进行研究，将这些切身体会总结、提炼出来，再应用于教学实践中，这正是校本教研的有效体现。

设计研究方案。研究内容明确后，就要进一步分析内容的价值，导致这种问题或现象的原因是什么，可以采取哪些有效的途径去解决，进而规划问题解决的办法和步骤。第一，要参考有关内容的相关文献和理论，并对文献进行梳理与分类，从而全面了解目前的研究现状。如《教育研究》、《课程・教材・教法》、《人大复印资料》、各类教育教学、数学教育期刊等，很多学者对小学数学教育体系从哲学、文化、教育、心理等方面进行理论阐述，引领理论更新与观念变革，阅读这些论文可以开拓认识疆域、拓展研究思路、解释研究现象。②第二，提出自己的研究假设。这是研究方案中最富有个性和创造性的部分。假设是一种走在行动之前的思想和一种先于事实的猜想，是研究者从思想观念上对未来的洞察和把握。

开展行动研究。这是在已有资料的基础上提出改革措施，一边实施，一边观察分析结果，随着时间调整修改行为。行动研究法很适用于校本教研，这种研究方法可以切实解决实际问题。它是一种理论与实践相结合，通过资料收集、合作探讨、自我反省、多方总结是一种主题明确、思路清晰的解决问题的方法。研究方案只是实践前的预设，而行动才是课题研究的核心。

总结研究成果。总结是课题研究最后的一个环节。这也是将数学思想与数学课堂有机结合的最重要一步，教师把研究过程中形成的案例、思想、经历经过整理与描述展现出来，再对其中涉及的理念和思想进行回顾、整理与总结，从而对有关现象进行解释与处理，深挖具体事件背后的理念，揭示规律，提高认识，提炼经验。经过一系列的研究与探索，在具备了研究成果的基础上重新反思原有方案，再进一步检验与提炼。进行课题研究，教师就会以“发现”的目光审视自己的课堂教学，以“反思”的襟怀走进课堂，以“探索”的姿态从事教学。③“发现”、“反思”和“探索”正是一名数学教师应该具备的数学素养，这种思维方式会以潜移默化的方式作用于数学课堂，进而影响学生的思维方式，发展学生数学的合情推理能力与演绎推理能力。

（四）区域合作教研模式

区域教研模式是指在本校开展教学研究的基础上，由同一区域内或不同区域间组成

① 邓浩，张同语．小课题研究——校本教研的有效形式[J]．教书育人，2016，(17)：53-54．

② 张定强，李保民．小学数学教师“课题研究”中的理论问题探析[J]．中小学教师培训，2016，(3)：24-27．

③ 贲新文．发挥教研员引领作用，打造区域教研共同体[J]．创新时代，2016，(5)：46-47．

有目的、有计划教研共同体，充分挖掘不同学校的资源，整合若干学校的力量，谋求共同发展的一种教研活动形态。此模式下的教研共同体可分为省际合作共同体，校际合作共同体和城乡合作共同体。

省际合作共同体是指不同省份之间的交流、合作、优势互补等合作方式。省际合作教研可以采取省际之间网络交流或者现场听课，吸收不同省份的教育理念，结合本区域特点进行改进。教育研究不能闭门造车，应多与教育先进地区进行交流与研讨，最终达到双方的整体提高。

校际合作共同体是学校之间共同合作，相互开放，相互交流，谋求共同发展的一种实践形式。校际合作共同体可以以强强联合，强弱互助的方式合作。实力较强的学校相互学习对方的教育教学经验，两者共同促进，在本校已有水平的基础上，加强沟通与反思，使得双方共赢。实力强的学校帮助实力弱的学校提高教学质量，实力强的学校有责任支撑实力弱的学校组织教研活动，大家共同商讨问题，共同备课研究，共同解决问题。

城乡合作共同体。“送培下乡”有助于进一步有效实施课程改革和素质教育，是不断提升区域教育教学质量，努力实现教育均衡化、优质化发展的重要举措，是构建学研共同体、促进教师发展的重要工作。[①]这是一种以充分利用城乡优质教育资源，解决农村学校难于进行校本教研的困难，提高农村学校教师的研究水平，促进农村学校教师的专业成长。

四、校本教研的实施途径与策略

（一）坚持教师集体备课

新课改情境下，集体备课成为了一种行之有效的备课方式。萧伯纳说，你有一种思想，我有一种思想，交流后每个人都拥有两种思想。教师集体备课整合了教师共同的智慧，将所有教师对教材的理解、课堂教学艺术、教学内容的预设与生成，通过交流、反思、总结和深化，融入到新的教学设计中，从而全面提高教师专业素养和学生学习能力。集体备课有以下几个流程：个人初备—集体研讨—改善教案—课堂跟踪—师生互评。

个人初备是指主备人根据教材、学生情况设计教学案例。

集体研讨是指主备人以说课的形式向各位教师展示本节课主要内容，其他教师相互补充，相互研讨，集思广益。不能仅靠主讲人个人的思路备课，这时备课组组长应该组织备课的形式，调动教师讨论的积极性。

改善教案是指在教师进行研讨之后，主备人根据其他教师的意见或者经验，总结提炼出符合自己教学特色的理论，重新修改教案。但并不是对其他教师的观点全盘吸收，要以辩证的思维去采纳，形成个性化的教案。

课堂追踪。好的教案并不等于好的课堂，实践是检验真理的唯一标准。因此，必须要进行课堂追踪，在课堂观察本节课教学设计是否突破重难点，教学效果是否达到所期望的结果，学生吸收是否到位。

① 李素琴．借助区域集备平台，打造教研合作机制[J]．小学科学（教师论坛），2012，(1)：2.

师生互评。在课堂跟踪后，教师再进行交流，总结其中优缺点，教师评价学生的学习状态与今后要注意的细节。此时更重要的是听到学生的声音。可以请班级 5 名学生参与对教师的评价，但形式不能过于严格，以朋友的身份与他们交流，使他们可以切实表达真实的想法，这种形式更有利于课堂教学实践。

集体备课能有效地把握教学内容，在结合学生认知基础上提高教学效率。例如，在小学数学课堂上讲授到奇数和偶数一节时，教师对奇数、偶数的认识有些不太统一，一部分教师认为 0 是偶数，另外一部分教师则认为 2 的倍数是偶数，那么在小学阶段的研究中，0 自然不是偶数。对这一问题的教研活动，教师应对奇数和偶数的问题进行仔细地剖析，在概念上进行统一，这时就需要教师集体备课，从而抓住数学教学切入点。

（二）落实说课评课体系

说课是指教师在备课基础上，面对同行或专家，口头阐述自己课堂教学方案，通常情况下要求教师在（10～15 分钟）将自己的教学设计、课堂预设及相关理论用简明、形象的语言表述出来。评课是教师课堂教学的反馈系统，是教师之间的交流与研讨。说课评课体系包括两种，第一种——青年教师说课，一线教师评课；第二种——有经验的教师说课，专家参与评课。

第一种流程为：青年数学教师针对某一节课，从说教材、说教法学法、说教学过程和说板书设计四个方面进行阐述，整个过程中要围绕“教什么—怎么教—为什么这么教”来展示，其中要体现教师的基本功、数学教学理论依据、数学教学设计思路以及课堂预设等内容；一线教师从说课者对教材的理解、教学目标的落实、教学方法的应用、教学程序的设计以及教学机智等方面进行点评，对青年教师提出有针对性的指导意见。这种说课-评课模式对于青年数学教师的发展具有重要的推进作用。

第二种流程为：有经验的数学教师将自己的教学设计和自己的教学风格融入说课之中，高校的专业人员根据教学理论提出优点与不足，将最新的教学理论应用于评课之中；这种说课-评课模式可以有效地将理论与实践结合起来，避免了专业人士缺少实践的检验而盲目地进行研究，同时也避免了教师只根据经验来设计教学，没有理论依据作为支撑，教学效果停滞不前的情况。

（三）微型课题研究

“微课教研”是教师在日常教学与研究过程中，围绕某个细微问题或某个具体问题或某个主题或某个专题，以“微课”为载体，充分利用“微课”中教学设计、教学思维、教学策略等多种教学资源，解决教学中存在的实际问题，提高教师教学设计能力和教学组织能力的一种教师教研活动。

其流程可总结为：组建数学教研团队—确定数学教研主题—制定并实施教学设计方案—总结提升，形成理论。

（1）组建数学教研团队。进行数学微课教研首先要有一个数学教研团队，其中包括授课教师、数学教育专家和一线数学教师。授课教师是距离课堂与学生最近的载体，是数学问题的发源地。数学教育专家提供一种理论的、科学的指导，可以帮助授课教师从数学史以及数学艺术的角度去探索数学知识。一线数学教师是介于两者之间的经验者，对于数学教学技巧与模式有参考性的意见。这三者组合而成的教研团队对数学微课教学起着至关重要的作用。

（2）确定数学教研主题。在确定教研主题之前要先考虑这个课题的可行性、实效性，不可盲目确定主题。数学共分为四大板块：数与代数、图形与几何、统计与概率和综合与实践。确定主题时要结合学生所处的学段，根据不同分支的要求来把握，所选主题不易过大、过空。

（3）制定并实施教学设计方案。校本“微课”教研内容具体、目的明确，故其教学设计方案十分重要，它包括学习内容分析及学习者分析。教学“问题”往往直接指向这两个因素。学习者的起点水平、认知结构、学习风格、学习动机，学习内容的类型、结构、深度、广度等都有可能是教学“问题”的原因。①

（4）总结提升，形成理论。总结是整个微课模式最关键的一步。教师的教与学生的学是根据现象表现出来的，而微课就是将现象显露出的问题加以研究与解决的过程，最后将这类现象背后深藏的本质揭示出来，为今后教学所用，发挥其作用，实现其价值。数学是一门逻辑性较强的学科，“微课”可以呈现某一知识点，同样可以反馈出学生的学习状况，在很短的时间内发现学生出现的问题，而根据数学的学科特点，某一问题的出现很有可能与前面学习过的知识点衔接，教师根据“微课”中学生的情况与出现的问题，进行调研与磨课，从而及时为学生查缺补漏，最终提高学生学习数学的能力。

思 考 题

1．案例研究的含义是什么？特点是什么？
2．行动研究法的特征是什么？
3．教育叙事研究法的特点有哪些？
4．校本教研有哪几种常见的研究模式？

① 周洋，周杰．基于“微课”的校本教研模式设计研究[J]．教学与管理，2015，(22)：8-10．

第六章　数学教育研究成果的实施和成果表述

第一节　数学教育研究成果概述

在数学教育科学研究中，经历了研究选题、文献综述、研究设计与方法实施等步骤获得一定事实与数据后，应对教育科研成果进行一定的表述。数学教育科研成果，是针对某种数学教育现象、某一教育课题或某种教育理论进行调查研究、实验或论证后得出的新的教育观点、理论、思想和方法等。数学教育科研成果的表述是指研究者通过一系列的教育研究方法，对某一问题进行研究，得出书面化的理论成果，并且将研究过程与结果用图表与文字的形式表示出来的过程。成果表述的好坏直接决定研究的成败。因此，成果表述必须是一个经历思维加工、缜密思索的过程，它不仅能展示研究者的教育科学研究能力，还能促进科研成果的分享交流与改革推进。

一、教育科研成果的分类

教育科研成果是指教育研究者运用科学的研究方法，利用已有知识，经过脑力劳动——智力加工而产生出来的具有一定学术价值、社会价值或经济效益并且被同行专家认定的增值知识[①]。教育科研成果的生命力在于新，得出前人还没研究或研究不透的新的理论与分析。这种成果根据研究的性质与研究时采用的不同方法，可以表现出多样形式。分类的方式不同，表现的类型也不同。

根据材料的内容与调查方法的不同，可以将科研成果分为三大类：关于教育事实的研究成果；关于教育理论的研究成果；综合性研究成果。

教育事实的研究成果是以确凿的事实材料为背景，并且对所得到的结果进行严谨论证的研究成果。因此，通过调查法、观察法、实验法与行动研究法等方法得出的成果均属于此种类型的成果。关于事实的研究报告包括教育调查报告、教育观察报告、教育实验报告、教育测量报告、教育教学经验报告、教育案例研究报告等。部分报告可以成为学位论文[②]。在这类报告中的事实材料一般属于第一手资料，并且事实材料的描述是报告的重要组成部分。研究者要详细地说明采用何种方法与实施的过程。

教育理论的研究成果主要是指部分学位论文、学术论文与专著。教育科学的理论研究是在已有的客观事实材料及思想理论材料的基础上，运用各种逻辑的和非逻辑的方式进行加工整理，以理论思维水平的知识形式反映教育的客观规律[③]。教育理论的研究成果最大的特点是具有强大的逻辑力量和深刻的哲理性，以论述为主，观点鲜明，体系清晰。

综合性研究成果是指教育事实与理论的综合成果，这也是教育科研成果表述的发展趋势。在综合性研究成果中，可以根据实际的情况需要，调整事实与理论的比例构成。

---

① 杨小微．教育研究的原理与方法[M]．上海：华东师范大学出版社，2002：305．

② 杨小微．教育研究方法[M]．北京：人民教育出版社，2005：231．

③ 裴娣娜．教育研究方法导论[M]．合肥：安徽教育出版社，2010：313．

例如，在研究成果中展示事实，又针对这一事实进行系统地分析，得出某一理论。

此外，根据研究的目的与功能，可以将教育科研成果分为基础性研究成果、应用性研究成果、发展性研究成果、预测性研究成果与评价性研究成果[①]。

二、教育科研成果表述的目的与意义

教育科研成果是研究工作过程的缩影，显示着研究的价值，对此进行科学整理与表述，不仅是为了科学地总结自身研究工作的需要，而且能向教育界以至社会提供科研信息，以丰富教育理论的宝库和推动实际工作，其表述的目的与意义可表现为如下几个方面：

首先，通过成果表述可以梳理研究过程，提供对事实资料与结果的分析与评价，进而确定研究的结论与价值，是科研工作本身的需要。同时也为解决某一教育教学问题提供理论依据、建议或方法，以推动教育教学改革，显示其实用价值。一项科研成果的表述，说明该项课题研究了什么，是怎样开展研究的以及研究的结果及其价值如何。成果表述可以站在全局的角度，分析研究过程与结论，进一步揭示普遍规律，提出对一类教育现象与问题的综合解决方案。以成文形式表述的成果是可以作为科研评价的依据，总结对某一类研究的方法与建议。因此，对科研成果进行表述，不仅是科研本身工作中的一个重要环节，是反映科研成果的需要，也是深化和发展科研成果的需要。

其次，有利于对知识的深化，并进一步发现问题，推动学术的交流，取得社会效益。教育科研具有持续性与可借鉴性，其研究过程是通过精心设计的，站在前人的基础上，对现有理论进行补充。经过成果表述，将研究者的发现与观点内化后呈现出来，不仅能提高研究者自身对某一领域知识的认识，也有助于其他学者对这块知识的了解。在此基础上进行学术交流，提出问题与意见，使科学研究的广度与深度进行不断拓展，才能形成系统的理论框架，解决现实教育中客观存在的问题，收获社会效益。因此，对科研成果进行表述，是不同时间、不同空间、不同地域的人进行学术交流的需要。

最后，数学教育科研成果的表述还可以提高研究者的分析综合能力、逻辑思维能力和文字表达能力等学术研究能力[②]。数学教育科研成果的表述，是一个严密的思维过程、创造性的劳动，是研究者把材料中所获得的感性材料，通过艰苦的思维加工、深入研究，上升为理性认识的过程，它对研究者研究能力和水平的提高所产生的作用是绝对不能低估的[③]。对教育研究者来说，研究的过程很重要，会写文章与研究报告也同样重要，这也是区别教书匠与教育研究专家的标志。数学教育科研成果的表述需要有准确运用语言文字的方法与技巧，否则很难将一项科研成果总结、表述出来，其研究也就成了一项无效或低效的劳动。因此，对科研成果进行表述，也是培养与提高研究者科研思维能力、总结能力和表达能力的需要。

三、数学教育科研成果表述的要求

一份数学教育科研报告或数学教育科研论文是否有意义，取决于它的质量。为了使

---

① 刘淑杰．教育研究方法[M]．北京：北京大学出版社，2016：268．

② 顾永安．教育研究方法[M]．南京：南京大学出版社，2015：263．

③ 张湘洛．教育科学研究方法[M]．北京：国家行政学院出版社，2013：49．

研究成果更好地呈现，保证成果的质量，在进行成果表述时要遵循以下几点要求：

1．真实性与科学性相结合

真实性研究是首要前提，科学性是科学研究成果的生命所在。研究的目的在于揭示事实材料背后的真实情况，针对这样的情况进行分析与突破困境。因此，成果表述首先必须是观点真实正确，材料内容翔实充分，并且经得起严密的论证与教育实践的检验。文章的整体结构必须符合思维的一般性规律，在表达上不能模棱两可，要有清晰严谨的逻辑思路，不能进行没有根据的臆造。论证要以事实为依据，无论是阐述因果关系，问题的利弊和价值，结论的实用性和可行性，都必须从事实出发。例如，对专家型教师课堂提问行为研究时，通过观察法得出教师课堂行为的特征，在总结行为启示时，应逐条对应研究的结果，得出建议与启示，而不是随意断论。如果研究结果与已有的理论有一定矛盾时，不能轻易修改结论，而是通过反复推敲与论证，检验是自己研究设计的某个环节出了问题，还是现有的理论出现了偏差。坚持真理，切不可人云亦云，被权威左右。

2．专业性与创新性相结合

教育科学研究是指对教育学科的某一领域的问题进行探析，研究的成果也仅限于同行的交流。因此有必要提高专业性，显示研究者的教育科学研究水平，撰写时不啰唆，言简意赅，语言精练，观点鲜明。此外，教育科研成果表达的专业性，还指对某一领域的专题研究，每一项科研成果只能有一个主题，否则主题太多，论证不充分，也不能论述深透[①]。创新性是衡量教育科学研究成果质量水平高低的重要依据[②]。这种创新性应该体现在已有理论、方法与实践上，提出新的理论、实验方法与突破性的发现与进展。观察到别人没观察到的现象，采用别人不常用的方式获得真实可靠的数据等都是创新性的体现。创新并不是没有根据的创新，它也需要借鉴别人的观点，吸收他人的研究成果，善于挖掘典型的、对自身研究最有价值的材料，结合独立思考。这种创新可以开阔人们的眼界，并且使人们受到一定的启发，鼓励学术研究的积极开展。

3．规范性与可读性相结合

成果表述是为了让同一领域内的学者更好地交流、学习与传播知识，因此要遵循可读性原则。研究者在进行表述时要观点鲜明，突出重点，使人明确领会作者的主要思想，语句流畅，内容清晰。成果的表述形式很多，但是各种表述都有一定的规范要求。在不损害规范性的前提下，尽可能使用简洁的语言；不得故弄玄虚，滥用专门的名词术语。切忌带个人色彩，以个人的好恶、习惯进行表述。一般不采用比喻、拟人、夸张等修辞手法；不可把日常概念当作科学概念，不宜采用口头述语的文字。一篇高质量的论文，不仅要有创见，也要讲究辞章，达到科学与文学、科学与美学的最佳结合。写作的结构反映研究内容的性质，首先要有一定的计划与提纲，结合内容与逻辑顺序确定表述类型，结构与体例的安排，材料与论述的过程都是有章可循的，不能缺少某一模块，切忌不伦不类。

---

① 顾永安．教育研究方法[M]．南京：南京大学出版社，2015：264．

② 张湘洛．教育科学研究方法[M]．北京：国家行政学院出版社，2013：55．

第二节 数学教育研究成果表述前的准备工作

不论撰写数学教育科研报告还是科研论文，在写作前一般必须做好准备工作。准备工作做得充分与否，是论文写作是否顺利的关键，也是影响论文质量高低的基础，必须认真对待。

一、材料的分析

学术论文中的材料是作论据用的。所谓论据，指的是证明论点的根据，或者说，是用来证明论点正确的一系列理论材料和事实材料。因此，为了写好论文，应对搜集的材料进行去粗取精、去伪存真的分析研究。

1．理论材料的要求

经过对材料的一番分析、研究、选择后，凡被选作理论根据的材料，必须具有可靠性、正确性、权威性的要求。

2．事实材料的要求

经过对材料的一番分析研究、选择后，凡被选作论述事实的材料，必须具有真实性、典型性、浓缩性、新颖性的要求。

二、论点的形成

论文中的论点是作者对问题的观点、意图、看法、主张、评价和态度的集中反映。它凝聚着作者从事研究工作的基本成果，是作者论述问题根本看法的集中表现。一篇论文的基础及其好坏，首先表现在论点上，论点的确立是论文写作中极其重要的一个环节。

论文中论点的形成，实际上是一个调查研究的过程，是一个从感性认识上升为理性认识的问题。作者在调查研究、搜集材料、整理材料的过程中，经过对材料的分析、综合、抽象、概括、比较、提炼之后，文章的论点就会逐步形成。

当然，提炼、确立正确的论点并不是一件容易的事情。有时材料很多，却提炼不出论点来。这时就要很好地思索，从比较中加以筛选、提炼，舍去那些与论题无关的材料，确立明确的论点。有时还会发现，自己从材料的分析中得出的观点，早已被人论述过，甚至还比自己的见解高明。如果遇到这种情况，我们可采取的策略是：一是把别人的观点，经过自己的消化理解，重新构思，尽可能用不同的材料说明自己的观点；二是改变论述的角度，重新组织材料，以形成自己的观点。

三、观点与材料的统一

在学术论文中，观点与材料在整个论证过程中，始终体现着辩证统一的关系。论点统帅论据，论据证实论点。因此，要使论点正确、深刻、能说服人，作者就需要使用充分、有力的论据来证实论点。

观点与材料的统一，要求对材料进行分析、研究和提炼，从而找出材料与观点的“吻合”点。这里就有一个材料的选取和对材料本身客观真实的鉴别问题。

观点和材料的统一，要求作者充分挖掘材料的蕴涵，使材料尽可能全面地为观点服务，这不仅是两者“统一”的问题，而且是驾驭材料的一种艺术。当然这种“艺术”离不开作者对材料的全面审视，敏锐的观察和灵活的运用。这样，才能使材料和观点融会贯通，极其自然，颇有新意，得出有独到见解的结论。

观点和材料的统一，还要求在一正一反中求得相辅相成。这就是说，作者为证明观点的正确必须要有充实的论据，正面的、反面的材料都要有。论据越充实，论点就越能得到充分的证明，也就越能避免特殊性、偶然性，而接近普遍性、必然性。在有些问题上，“孤证”或论据少，很容易引起读者的怀疑动摇。因此，作者应尽可能提供较多的论据，才能使论点能站住脚，才能有说服力。

观点与材料的统一，同样体现在驳论文章中。如果是驳论文章，就要找出错误论点与材料的相异点。因为错误论点往往与真理相悖，观点是对立的，使用的材料同样也应是对立的。用正确的观点和论据批驳对方，破在要处，立在其中，形成作者正确的见解和主张。

四、文献利用的再检索

在论文写作过程中总要引用一些资料，这是必然的。但是，为鉴别资料的真假，在使用时必须对照原始文献，仔细地审查，逐条核对，以保证材料真实可靠。文献利用的再检索，就是根据已查到的文献进行最后检索，看其是否达到了检索目的，是否合乎检索要求。也就是说，看检索的结果是否理想。对原始文献检索结果是文献利用的开始。

在检索和利用文献的过程中，要做好文献的筛选与复核工作。筛选出的文献要认真复核，看其文献是否为最佳检索资料。如发现漏检或错误，就要仔细回顾整个检索过程是否合理。查其失误原因，变换检索途径和方法，或修正调整检索方案，切不可粗心大意。因为筛选的目的，是为了从原始文献中获取正确的、真实的、有权威的文献资料。

五、学术论文的布局构思

撰写学术论文，首先在充分占有材料的基础上，逐步形成三论点。至于整篇论文怎样写，还必须认真构思，拟好论文的写作提纲。这是因为：第一，学术论文不同于一般文章，它的内容繁多，篇幅较长，不可能一气呵成，所以难于打腹稿：第二，学术论文有严密的逻辑性，编写提纲便于理顺逻辑关系，避免杂乱无章；第三，论文写完后，需要根据提纲调整内容，进行修改，以提高论文的质量。

学术论文的写作提纲，是全篇论文的框架结构。可分为简单提纲和详细提纲两种。简单提纲的结构一般只有两个层次，只扼要地提示论文要点，起纲目作用就可以了。至于各部分的论点，如何论证，均不涉及。详细提纲，不仅要列出纲目，还要确定材料的使用及各部分的篇幅。

在撰写提纲过程中，构思主要从以下几个方面考虑：①如何提出中心论点？②如何处理中心论点与分论点的关系？③如何处理段与段之间关系？如何安排过渡段、句？

④如何将论据分布在各个相应的分论点之后？⑤如何用归纳论证或演绎论证去论证每个分论点？⑥用什么笔法开头和结束每一个层次及总结全文？等等。

同时，拟定提纲，应注意以下几点：

（1）首先要有全局观念，从整体出发去检查每一部分在论文中所占的地位和作用，看看各部分的分配比例及其篇幅的长短是否合适。

（2）从中心论点出发决定材料的取舍，把与主题无关的或关系不大的材料毫不吝惜地舍弃，尽管这些材料是花费了大量的劳动搜集来的。

（3）要考虑各部分之间的逻辑关系，使全篇论文的各个部分之间，各个分论点之间保持相容性、一致性。

提纲拟完之后，在写作过程中并不是一成不变的。写作过程中，随着实际情况的不断变化，思路的不断发展，问题的不断深入，认识的不断深化，提纲也将随之调整。然而，如果完全脱离了原提纲另行随意写作，原提纲也就成为一纸空文，这就失去了规范写作的意义。当然，如果写作中发现原提纲完全不适用，仍然生搬硬套，也会影响论文的写作效果。出现这种情况时，则需要重新拟定提纲。

第三节　数学教育研究成果的表现形式

教育成果表述有多种不同的类型，规范性是成果表述的基本要求，因此不同类型的表述也有各自不同的规范要求。按照科研成果表述的三种分类，可以总结出以下几种表现形式：教育研究报告；学术论文；学位论文。

一、数学教育研究报告

（一）数学教育研究报告的类型

数学教育研究报告是描述数学教育现象中的客观问题、数学教育研究工作的结果或进展的文件，是报告相关情况、新发现、结果与建议，对整个过程与结果进行整理与归纳的书面材料。它是数学教育研究工作者广泛使用的一种文体，随着数学教育研究的内容与方法的不同，数学教育研究报告也有不同的种类。

数学教育研究报告可分为实证性研究报告和文献性研究报告。实证性研究报告是教育研究者经常使用的文体，有助于沟通理论与实践。它主要包括教育调查报告、教育实验报告、教育观察报告与经验总结报告。如对某个数学教育问题进行调查研究后写成的调查报告；对某种数学教育现象进行科学实验后写成的实验报告；对某个学校的数学教育教学经验进行总结后写成的经验总结报告等。这类报告都是以直接研究所得到的材料为基础，对研究的方法和过程加以分析，找出规律性的东西，提出经验、办法、建议以及存在的问题，得出相应的结论。文献性研究报告，即用文献法进行研究的报告，如教育史研究中的文献考证的报告，对某一数学事实研究的综述报告等。这类研究报告以对文献的分析、比较、综合为主要内容，并展示文献的考证过程，说明文献的来源与可靠程度等。

撰写数学教育研究报告有一般的共同要求，但不同类型教育研究报告由于其结构的不同，表现出不同的风格和特色。研究撰写数学教育研究报告，首先必须把握各类报告的特征。

1. 数学教育调查报告

教育调查报告具有真实性、针对性、新颖性、时效性等特点①。它是对某一数学教育现象调查后，经过整理分析写成的文字材料。一般来说，教育调查报告由以下几个方面构成。

（1）题目。题目要简明扼要地说明对象、问题、内容等，常用的写法有三种：一是类似文章标题的写法，例如《中小学数学教育的现状分析与对策建议》；二是类似公文标题的写法，也是最常用的标题形式，例如《农村初中数学教师教育科研现状调查》；三是用正副标题的写法，如题目过长或想进一步说明调查的细节，可加上副标题，此时则称作双行标题的形式，如《实施素质教育的再思考——对中学生“厌学数学”问题的调查与思考》。

（2）摘要与关键词。调查报告摘要中要反映报告的主体内容，包括调查的问题、过程与方法、结果与结论，字数一般不超过 300 字。关键词可以摘出 3～5 个。

（3）前言。在前言中交代调查的目的、意义、问题与方法。这部分的内容相当重要，为正文准备与铺垫。另外，在前言中要说明调查的基本情况，如调查时间、地点、对象、范围与取样②，使读者对调查报告获得总体认识；或提出社会、师生所关注和迫切需要调查了解的问题，以引起关注。

（4）正文。正文是教育调查报告的主体部分。此环节的目的是让读者了解调查通过什么方法与操作步骤，使读者基于此判断结论得出的合理性与适用范围。因此，这部分包括调查的对象，即被试者、取样的方法与手段、数据处理以及研究步骤，并且包括实施中的注意事项。在正文中，要把调查获得的大量材料，经过分析整理，归纳出若干项目，加以分析地叙述，做到数据确凿，事例典型，材料可靠，观点明确。同时，为了增强形象性，使人一目了然，对一些数据应尽可能地用图表呈现出来。

数学教育调查报告的内容的重点视调查的目的和问题的性质而定，写作安排也应先后有序、主次分明、详略得当。大致有以下几种写法：第一，按调查的顺序逐点来写；第二，按被调查单位的人和事的产生、发展和变化的过程来写，以体现其规律性；第三，对两种事物加以对比，以显示其是非、优劣，找出其差异性；第四，按内容的特点分门别类，逐一叙述。不论采用哪种写法，最后都要写清楚调查的结果。总之，总结经验、揭露错误、分析原因等，都要以调查结果这一事实为依据，做到客观、求实。

（5）调查结果及分析。调查结果与分析是调查报告的主体部分，是对调查得到的原始数据进行处理，配上统计图与文字进行说明，形成自己的观点。

（6）结论与建议。结论是对全文观点的总结，对主题的升华，要交代调查研究了什么问题，获得了什么结果，说明了什么问题，切忌描述过细。建议是基于研究的结果与

---

① 顾永安．教育研究方法[M]．南京：南京大学出版社，2015：274.

② 杨小微．教育研究方法[M]．北京：人民教育出版社，2005：233.

分析，是有一定依据的，并且是实际可行的。

（7）参考文献。参考文献是在研究过程中，对某些著作或论文的参考或借鉴。

（8）英文翻译。将标题、作者与单位、摘要、关键词等内容翻译成英文。

以上几个部分，在具体写作时也可以灵活安排，适当合并，无需面面俱到。

2．数学教育实验报告

数学教育实验报告是在教育实验之后，将教育实验全过程及其结果进行客观、概括地反映的书面材料。其基本要求是数据采集的规范性、数据分析的科学性、实验结果的真实性、实验推断的合理性[①]。由于实验分为探索性和验证性(决断性)两种，所以实验报告的表述方式也就有所不同，但实验报告的基本结构是相似的。具体如下。

（1）题目。题目同样应以简练、概括、明确的语句反映出教育实验的对象、领域、方法和问题，使读者一目了然，判断出有无阅读价值，如《小学数学整体结构改革实验报告》。为避免题目冗长，可以加副标题，使主标题简练。

（2）摘要和关键词。字数在200～300字。

（3）前言。前言有多种说法，或称序言、导言、绪论、导论、引论等。前言包括问题的提出、实验背景、研究的目的与意义。前言可以涉及问题的性质与重要性、研究的综述、目的和假设、术语解释、研究的问题等。

（4）实验过程和方法。这是实验报告的主要内容之一，通过这一部分，说明实验假设、研究的基本方法、设计思路与模式。使人了解研究结果是在什么条件和情况下，通过什么方法，根据什么事实得来的，从而判断实验研究的科学性和结果的真实性与可靠性，并可依此进行重复验证。在实验设计中说明研究的对象、具体设置、前后测的内容、变量的清晰解释，以及数据的处理方法。其中，关于实验方法的阐述要注意：第一，应具体交代清楚是如何选择被试的。即被试的条件、数量、取样方式、实验时间及研究结果的适用范围；第二，应交代清楚实验的组织类型（方法）；第三，应交代清楚实验的具体步骤及其操作要领，以及对无关因子的控制情况等。

（5）实验结果及分析。实验结果中最重要的是提出数据和典型事例。数据要严格核实，要注意图表的正确格式。典型事例要能使人更好地理解实验结果，使实验更有说服力。经统计检验来描述实验因子与实验结果之间的关系。对非单因单果的关系，要经过适当的设计与统计分析，判断影响实验结果的原因，并做出实验假说的验证。在分析中要运用教育教学理论来分析和讨论与实验结果有关的问题。其主要内容：一是由实验结果来回答篇首提出的问题；二是对实验结果进行理论上的分析与论证；三是把实验结果与同类研究结果相比较，找出得失优劣；四是提出深入研究的问题及本实验存在的问题。

（6）结论。结论是对整个实验的一个总结。下结论必须慎重，语言要准确简明；推理要严密而有逻辑性。

（7）参考文献。参考文献是在研究过程中，对某些著作或论文的参考或借鉴。

（8）英语翻译。将标题、作者单位、摘要、关键词等内容翻译成英文。

---

① 顾永安．教育研究方法[M]．南京：南京大学出版社，2015：283．

（9）附录。在附录中加入客观材料，帮助读者理解实验过程。

3. 数学教育经验总结报告

数学教育经验总结报告是对在数学教育教学实践中，经过去粗取精、去伪存真的积极探索而积累起来的经验的系统化、理论化的书面材料。教育经验总结报告的基本结构大体有以下几部分：

（1）题目。题目既可以是预定的科研项目，即专题经验总结；也可以是对某一阶段（如某一学期、一学年等）全部工作的回顾。从中找出成效较大、印象较深，且富有新意的东西来确定总结的题目。

（2）引言。引言没有固定的表达方式，大多数以精炼简洁的语言交代本篇经验总结的背景、写作目的、取得的主要成绩等，使读者一开始就能判断出有无参考价值。

（3）正文。正文是围绕经验总结的主题组织材料，也是教育经验总结报告的主体部分。可在文中设小标题，但要注意所叙述的若干个问题的内在联系。经验总结既要有典型的事例，又要通过分析研究，加以理论概括，做到内容生动，说理性强，使他人在思想上受到启迪，工作上可以借鉴。

（4）结尾。结尾是经验总结的精髓和结晶。它是通过正文的典型材料及对其分析而概括出的结论，是从大量具体事实中找出的规律性的东西，它应反映作者的独到见解。

一篇完整的数学教育经验总结报告，除了上述几个组成部分外，还应有署名和参考文献两个部分。

由此可见，各种类型的科研报告的写作形式是不尽相同的。但它们都包含或者可以归结为前言、正文、结论这个三段式的基本结构。如调查报告可分为引言、正文、结论三个部分；实验报告可分为引言、正文〈包括实验方法、过程和结果〉、结论三个部分。经验总结报告可分为情况概述、经验总结、存在问题和今后意见三个主要部分。当然，这只是科研报告习惯格式的沿用，并不能限制文章结构形式的创新。科研报告的结构可以根据内容和体裁的不同而灵活掌握。只要能达到结构完整、层次分明、逻辑缜密、条理清楚的要求，在写作形式上是可以有所不同的。

（二）数学教育研究报告的撰写过程

把第一手研究资料变成科研成果，需要经过思维加工和文字加工的过程，这也是一个再创造的过程。要写好科研报告必须抓住以下三个环节。

1. 草拟提纲

撰写者必须先筹划好文章的结构，组织好材料，草拟好提纲。研究报告撰写提纲的过程，实际上是对所从事的研究工作进行全面总结和构思的过程，对搜集到的大量材料，经过比较、提炼，进行必要的取舍和增删，精选出最有价值的论点和论据，并对篇章的结构、中心思想、内容和表达层次、每一章节叙述什么内容、穿插哪些图表、照片等，都要缜密考虑。一般先列出粗纲，然后修改补充为详细提纲。有了详细提纲，便可以从全局着眼，开始撰写。

2. 撰写初稿

撰写初稿是撰写研究报告过程的中心工作。现仅对研究报告的三个主要组成部分（引言、正文、结论）的写作要求分别阐述如下。

（1）引言。引言是科研报告的开场白。引言部分必须说明进行这项工作的缘由和重要性；前人在这一方面的研究进展情况，取得什么成绩和存在什么问题；本课题研究的目的，采用什么方法，计划解决什么问题，在学术上有什么意义等。引言的撰写要求简明扼要，直截了当。在此，还须指出的是，有的人在文章中对前人的工作随意否定或贬低，或轻易断言“此问题前人没有研究过”，属于“历史空白”等，这是不妥当、欠慎重的。

（2）正文。正文是研究报告的主体，占据报告的绝大部分篇幅，是研究报告的关键部分，体现着报告的质量和水平。所以，必须重视正文部分的撰写。

各种不同类型的研究报告在正文部分叙述的内容不尽相同，但要写好正文部分，都必须掌握充分的材料，然后对材料进行分析、综合、整理，经过概念、判断、推理的逻辑过程，最后得出正确的观点。并以观点为轴心，贯穿全文，用材料说明观点，做到材料与观点的统一，这是基本的要求。对初学者来说，往往易出现两种毛病：一是只限于表述自己的论点，而缺乏科学的论证，缺乏说服力；二是罗列大量材料，平铺直叙，不能突出其主要论点是什么。出现上述毛病的原因就在于没能以确凿的论据来说明论点，做到论点与论据的统一。为了科学、准确、生动形象地表达研究成果，提高说服力和可信度，还应减少不必要的文字叙述，而采用图、表、照片来集中反映数据和关键的情节。当然，选用的图、表、照片也要注意少而精，准确无误。

（3）结论。研究报告的结论部分是作者经过反复研究后形成的总体论点，它是整篇报告的归宿。结论必须指出哪些问题已经解决了，还有什么问题尚待研究。有的报告可以不写结论，但应作一简单的总结或对结果开展一番讨论；有的报告可以提出若干建议；有的报告不专门写一段结论性的文字，而是把论点分散到整篇文章的各个部分。不论是哪种类型的科学研究报告，都必须总结全文，深化主题，揭示规律，而不是正文部分内容的简单重复，更不是谈几点体会，喊几个口号。此外，写结论还必须十分谨慎，措词严谨，逻辑严密，文字简明具体，不能模棱两可，含糊其辞。

3. 修改定稿

有的人感到修改比写初稿还难，确有其事。因为初稿是自己精心写出来的，自己觉得很恰当的才写进去，要自己去发现哪些地方不恰当就不那么容易。只有对自己高标准、严要求，才能修改得好。修改初稿首先要经过反复审阅，对那些可有可无的叙述要大刀阔斧地砍掉，毫不痛惜。当然，初稿写好后，可以不必马上修改。因为人的思维有“滞后性”，一写完就修改，往往跳不出原构思的“圈子”。所以搁置一段时间后再修改，原先的思路淡薄了，或许能得到新的启发，这时修改的效果就会更好些。

一篇研究报告经过反复修改后，条件允许时还应当请人指教，再行修改。应发扬“不耻下问”“登门求教”的精神，必须“自以为非”，不可“夜郎自大”。只有经过精雕细刻，精益求精，才能达到比较成熟的程度。

总之，撰写研究报告应有严肃的态度，严谨的学风，严密的方法。尽力达到科学性、客观性、公正性、可读性的要求。这样的报告才可能是有一定质量的研究成果。

（三）撰写数学教育研究报告应注意的几个问题

1. 重点突出，主次分明

研究报告的价值是以方法的科学性和结果的可靠性为条件的，而这两者又有内在的联系，因为只有研究方法是科学的，才能保证研究结果是可靠的。人们阅读或审查研究报告，主要关心的是如何开展研究，在研究中发现了什么问题，这些问题解决了没有，是如何解决的，研究结果在现阶段达到什么程度，还有什么问题需要继续解决等。因此，撰写研究报告，主要精力应花在撰写方法和结果部分，把研究方法交代清楚，使人感到该项研究在方法上无懈可击，从而不得不承认结果的可靠性。

2. 理论性高，逻辑性强

在研究报告中怎样使自己的论点清晰有力地得到论证，这是应关注的核心问题。论点的证实除了必须依靠逻辑的力量外，还必须依靠科学事实的支撑，做到论点与事实相结合。研究报告一定要有具体材料，尊重事实，从事实中列出观点。

只有做到理论观点的阐述与实际提供的验证材料一致，当两者相结合时，才能显现研究报告本身的理论性与逻辑性，只有理论性高、逻辑性强的研究报告，才能给人以实际的指导意义或参考价值。

3. 实事求是，不落俗套

撰写研究报告应坚持实事求是，即分析讨论既不应夸大，也不应缩小；应敢于坚持真理，不为权威或舆论所左右；在下结论时要注意前提和条件，不要绝对化，更不要以偏概全，把局部经验说成是普遍规律。同时，应尽可能做到不落俗套。即研究报告所论述的问题，最好是针对新情况、新问题的研究；如果是传统问题，也应有自己的新思想、新观点，切忌老生常谈，人云亦云，使研究失去意义。

二、学术论文的写作

（一）学术论文的含义与特征

学术论文是指研究人员通过科学研究所取得的新成果或新见解的规范记录，或是某种已知原理应用于实际而取得新进展的科学总结①。此处的教育学术论文指投稿论文。教育学术论文的主要目的是探求一些教育现象的起因，对某种教育现象进行描述，探索新知与创造新的理论，解决实际问题。

学术论文具有观点鲜明、注重思辨与演绎推理的特点。此外，还遵循一般科研成果表述中的特点，如学术性、专业性、创新性、规范性和平易性。

① 邵光华. 教育研究方法[M]. 北京：高等教育出版社，2016：275.

（二）学术论文的基本结构

一般的教育学术论文由标题、署名、摘要和关键词、正文、注释与参考文献、英文翻译等部分组成。正文包括绪论、本论与结论。绪论相当于引言部分，主要是引起读者的兴趣。绪论涉及的主要内容有提出要研究解决的问题，明确论文的中心论点，概述研究目的、意义，界定主要概念和术语，评述前人研究成果等。在实际操作中仅需选择其中几点即可[①]。本论是论文的主体部分，决定论文质量的好坏，其篇幅要求占到全文的2/3以上。结论是论文研究的结晶，要求严谨、简洁、概括。

论文题目要求精炼，一般不超过20字，若字数过多，可以采用副标题。论文题目的样式有多种，如立论式题目与非立论式题目，通常情况下，非立论式题目较常见，仅指出论述的范围，但没有具体表达出作者的观点。

署名要放在论文的题目之下，要求著明作者姓名、工作单位、所在的城市及邮政编码。署名按照贡献大小进行排列，对论文所负的责任程度不同。

通过摘要的阅读可以获悉全文的信息，它具有独立性与自含性。一般3000字以上的论文需要200～300字的摘要。撰写摘要时有以下注意要点：以第三人称撰写，避免使用本文、作者、我们等描述；客观反映原文内容，但是不是简单重述论文中直接出现的信息；不分段落，结构严密，语言简洁；不可使用缩写与表格等。

正文前要加上前言，前言的要求与一般性教育报告的要求相似。

参考文献体现作者写论文的依据，也是研究的基础，反映作者的学术与道德。参考文献一般由文内标注与文后著录两部分组成，两部分的编码要求一致，引文中要求详细地表明出处，分别按照文中引文的参考顺序依次排列。

一般学术论文的论述有两种类型：一是实践证明；二是逻辑证明。逻辑证明由论题论据和论证两部分组成。

学术论文的写作应采用第三人称的过去时态描写，避免运用第一人称。在写作时，要经历选题、选材、拟提纲、起草与修订等步骤。选题时应明确论文的研究方向和范围，确定论文的题目以及各部分的题目，这是论文的起点，决定研究的价值与意义。在选材时可应用多种研究方法，如调查法、观察法、实验法获得数据，此时应注意必要性原则、准确性原则、典型性原则、新颖性原则、充分性原则、全面性原则、同类性原则[②]。在正式写作前，要拟论文提纲，应考虑论文要立什么论与结构如何设置。提纲分简要提纲和详细提纲，可以拟作标题式、句子式和段落式。其中标题式是最简单，也是最常用的提纲形式。论文写作的核心是论文的起草，起草也称为初稿的撰写，在起草时要对论文的结构关系有一定了解，对参考文献与引用的内容也准备齐全，所谓万事俱备只欠东风。起草分两种方式，一种是从前往后，一气呵成，最终一同修改。另一种是分段分块完成，挑选某一块内容先写，写完即修改，最后再连成全文。修订是一个不断重复完善的过程，好文章是改出来的，在修订过程中可以加深对论文的认识。如果修订过程中发现并没有

① 邵光华．教育研究方法[M]．北京．高等教育出版社，2016：276．

② 邵光华．教育研究方法[M]．北京：高等教育出版社，2016：277．

太多的修改想法，也可以将论文放置一段时间再进行修改。

三、学位论文的写作

学位论文是指研究人员通过科学研究所取得的新成果或新见解，并以此申请学位的学术论文。学位论文分为学士学位论文、硕士学位论文和博士学位论文。学位论文是对大学或研究生阶段学业的考核，有利于学生对科学研究能力的培养，提高综合运用知识发现与解决问题的能力，为今后进一步的科学研究打下基础。

学位论文与一般学士论文最明显的区别是论文的长度，一般来说，如学士学位的论文字数要求不低于10000字。从内容上看，学位论文要求选择一个窄小的点，而不是一个广大的面，选题要新颖，可以选择新的方法或角度得出创新的结论。应对选择的小点进行精、透地分析，做到深刻有理、真实有据。学位论文的大篇幅必须依靠翔实的参考文献支持，与严谨的论证手段。

学位论文一般经历开题、中期考核、评审答辩三个环节。在开题报告中，主要阐述选题的目的与意义，理论框架、研究的方法与内容、文献综述与时间计划安排。中期考核是对论文的阶段性评价，有利于及时发现问题，中期检查包括汇报论文的完成进度，可能存在的问题与相应的解决方法，以及后期的工作安排。论文的答辩包括自我介绍、答辩人陈述、提问与答辩、总结与致谢等环节①。审查是检验论文是否是作者独立撰写，遵从学术规范的一种方式。

学位论文的基本结构与学术论文相似，另外学位论文中有必要将文献综述单独成一章，文献综述要用批判性的眼光分析前人研究的现状与不足，在本文中提出要解决的问题与研究的意义。

学位论文具有严格的要求，封面与封底、目录、字体与页码都有规定。封面中包括论文的题目与作者，一般是学校授予规定的。题目页中包括学校授予单位、论文题目、论文作者、学科专业、研究方向、导师信息、论文完成的时间、学校代码、分类号等②。论文的主体部分没有固定的格式，但是参考文献与附录的格式一般符合国际社会科学领域的APA格式(《国际社会科学学术写作规范手册》③和《中国学术期刊检索与评价数据规范》)。

引用分为直接引用、间接引用和转印三种形式。直接引用是直接展示原文，以脚注的形式说明原文的出处，在引用时要选择最权威的版本，篇幅不宜过多，但是要完整，若有省略部分，应用“……”代替，并且说明“对原文有所省略”。间接引用是将原文进行概括，能避免一些不必要的信息。但是间接引用要尽量还原作者的本意，可以直接用作者姓名或用“有人认为”“有人说”等作为引导语。转引也要与前两种引用一样，都需以脚注的形式表明引自何处。但是转引应在找不到原始文章时才使用，在脚注前加上“原始文献，转引自……”。

不同类型的参考文献有不同的标注方式与字母标识。例如，专著为M，会议论文为

---

① 邵光华．教育研究方法[M]．北京：高等教育出版社，2016：285．

② 顾永安．教育研究方法[M]．南京：南京大学出版社，2015：281．

③ 美国心理协会．APA格式：国际社会科学学术写作规范手册[M]．席仲恩，译．重庆：重庆大学出版社，2011：159-215．

C，报纸为N，期刊论文为J，学位论文为D，研究报告为R，标准为S，档案为B.

1. 专著的引用

专著的引用有引用国内专著、引用翻译的国外专著、引用国外专著的某一章节。

国内专著的引用格式为：作者. 书名[M]. 出版地: 出版社，出版日期: 页码. 如：邵光华.教育研究方法[M]. 北京: 高等教育出版社. 2016: 285.

引用翻译的国外专著格式为：[国家]作者，书名[M]. 译者名，译. 出版地: 出版社，出版日期: 页码. 如: [澳]贝弗里奇著. 科学研究的艺术[M]. 陈捷，译. 太原: 太岳文艺出版社，2015:111-138.

引用国外专著的某一章节的格式为：章，作者姓、名首字母缩写.(年份). 章名称. In: 编者名首字母缩写. 姓(Ed.)， 书名. 出版地: 出版社. 如①：

Stronge, J.H. (1997). Improving schools through teacher evaluation. In: J. H. Stronge(Ed.) *Evaluating teaching: a guide to current thinking and practice*. California: Thousand Oaks, CA. Corwin Press, Inc.

当有多个章节作者或书的编者时，用逗号隔开，编者后用(Eds)；书名用斜体。

2. 期刊的引用

国内期刊的引用格式为：作者. 文章名称[J]. 期刊名称，出版年份（卷期）：页码. 例如：斯海霞，叶立军. 基于视频案例下初中数学课堂学生参与度分析[J]. 数学教育学报，2011，20(4)：10-12.

国外期刊的引用格式为：作者姓、名首字母.（出版年份）. 文章题目. 期刊名称，卷次号，页码. 例如：Rosenshine，B.(1995) Advances in research on instruction. The Journal of Educational Research， 88(5)，262-268.

3. 学位论文的引用

学位论文的引用格式为：作者姓名.论文题目[D]. 学位授予单位所在地：学校授予单位名称，学位获得年份. 例如：叶立军. 数学教师课堂教学行为比较研究[D]. 南京：南京师范大学，2012.

最后，学位论文完成后需要对曾经对你给予帮助的人致谢。

第四节 数学教育研究成果的交流

一、研究成果交流的主要途径

当前，我国数学教育研究成果交流的途径主要有三种形式。

---

① 顾永安. 教育研究方法[M]. 南京：南京大学出版社，2015：281.

1. 学术期刊

数学教育研究成果除可以发表在国内外专门的数学教育研究期刊外，还可以发表在教育类学术期刊，如《教育研究》、《数学教育学报》、《课程·教材·教法》、《人民教育》及各大学学报的教育科学版等。也可以发表在数学类期刊，如《数学通报》、《中学数学教学参考》，也可以发表在理科类期刊《中学生数理化》、《中学理科参考资料》等。

在学术期刊中，又有国外期刊，国内公开发行的期刊，有关报纸中的学术园地以及在内部交流的期刊。但研究成果评审时，只对公开发行期刊发表的论文给予承认，实际上它也是有价值研究成果的最主要交流途径。

2. 学术会议交流

学术会议宣读或交流，可指国际性、全国性或部门、省市学术会议，一般要求作者按会议统一格式要求及份数，自行打印好单行本，邮寄或带至会议。这种会议，对每个与会者均有一定的宣读或交流机会，并开具在会议上交流的证明，有些学术会议还举行评奖活动。

3. 学术会议论文集

学术团体在召开学术会议以前通常发出征文通知或专门约稿。提出征文主题、要求及截稿时间。会议主办单位在收到稿件后，组织专人审稿，会议召开后由出版单位出版或由会议主办单位编印成册为论文集。若该论文集系公开出版发行，则在研究成果评审时应予以承认。

二、投稿期刊的选择

研究论文的成果，只有在公开学术期刊上发表，才能得到承认、交流和推广，因此能否选择合适的期刊投寄稿件也是相当重要的。

在论文写作前，就应该了解和考虑以下情况：如准备向什么刊物投稿，什么时候投稿，该刊物的宗旨、读者对象、内容范围、所设栏目，该刊物纳稿的范围、性质、水准等，由此决定自己撰写论文的文体、内容、篇幅，使与所投刊物性质、水平相吻合。因此，首先要阅读该刊物所设栏目和刊登的有关文章，从中了解是否有雷同的文章已经发表及其编辑方针、文稿的规格、水准等具体信息，在“作者须知”中了解该刊征稿范围和要求，以及该刊是否需要交付论文审稿费和版面费等，这都是非常必要的。

选择投稿期刊的依据，除确保文章能及时发表以外，还要考虑以下两个因素。

1. 刊物的级别

一般说来，最有声望的杂志是专业学科学会主办的，它的发行量较大，论文有最好的机会引起学者们的注意，较易得到同行们的重视，也容易被各种文摘摘录而进行广泛的交流。文章如适合国外期刊发表的，应向国外投稿，以提高研究结果的学术价值，扩大国际影响。

2. 出版周期

研究成果总是想能尽早发表。因此，在向杂志投稿时还必须考虑到它的出版周期，有些杂志刊登“收稿期”，可以大致估算出此刊平均出版的间隔时间。另外，我国绝大部分期刊稿件积压现象较严重。因此，要考虑到月刊、双月刊、季刊、半年刊、年刊等不同的出版周期。一般说来，出版周期短，所需稿件容量大，论文被选用的可能性也就较大。

此外，投稿时还应注意以下几点：

（1）注意介绍作者情况。投稿要注明作者的真实姓名、工作单位、通讯地址、电话号码，以便编辑部与作者及时联系。还可以适当介绍自己的简历、职务、职称、已发表过的论著，介绍本篇论文写作背景与应用情况，以增加编辑对自己的了解和信任。

（2）切勿一稿多投。虽然我国著作权法规定，自稿件发出 30 日内未收到通知可以另投，但我国期刊的审稿期限一般规定为三个月。因此，宜在三个月后，再考虑另投。

（3）要自留底稿。目前，我国众多数学教育杂志，由于稿件多，工作人员少，许多来稿被束之高阁或进入废纸篓，既无收件通知，又无审稿结果，也不退稿，在大多数情况下，寄出去的稿件石沉大海。因此须自留底稿，必要时可以投向其他刊物。

（4）请名人推荐。请求国内外专家名人，特别是与该期刊有密切关系的名人推荐，请他们从中牵线搭桥。这样，稿件更能引起编辑部的注意，以提高刊用的命中率。当然更主要的是取决于文稿的质量与投稿的时机问题。

（5）注意境外刊物的特殊要求。如向国外期刊投稿，必须是打字定稿，符合该刊物的出版语种，符合该国语言的规范化、标准化等要求。

总之，对刊物的选择有一个知己知彼的问题。“知己”就是对论文的性质、价值、读者对象等有一个正确的估计，不可妄自菲薄，也不可夜郎自大；“知彼”就是对有关刊物的性质、出版周期、读者对象，过去已发表的论文情况，近期征稿的动态等有一个初步了解。有的刊物为配合研究中心，配合教学需要，征稿还要考虑提前量。只有做到“知己知彼”，而且两者一致时，被选用发表的可能性才大。

思　考　题

1. 在数学教育研究成果表述前的准备工作有哪些？
2. 数学教育研究成果的表现形式有哪些？
3. 如何撰写数学教育研究报告？应注意什么问题？
4. 数学教育研究成果交流的主要途径有哪些？

第七章　如何撰写数学教育教学论文

教育教学论文是一种对教育教学进行理论分析、概括和阐释的写作文体，是一种具有认识价值和传播价值的实用文体。

数学教育教学论文是数学教育工作者或数学教育科研工作者对某些数学教育现象、教育问题进行比较系统专门的研究和探讨，提出新观点，得出新结论，或站在新的角度作出新的解释和论证的一种理论性文章。

撰写数学教育教学论文就是对数学教育教学中存在的问题或者出现的教育现象进行调查研究，借助教育科学理论对此类问题、现象进行系统、深刻地研究，进而提出新的观点，得出新的结论，把研究成果文字化，形成论文。

教育教学论文既可以是教育教学实践的探索，也可以是对教育理论中某一问题或教育实践中某一现象的理性认识。教育教学论文并不是对研究过程和结论的简单描述，而是对课题研究的过程和结论或教学经验进行阐释，使成果或经验得到公众认可。要使教育教学的研究成果能够真实地反映出来，使有价值的观点能够得到大家的认可，发挥教育教学论文应有的作用，就必须重视教育教学论文的撰写，掌握好教育教学研究的基本知识和写作技能。撰写及发表教育教学论文既是教育科研人员、广大教师及其他教育工作者总结研究成果、进行学术交流的需要，又是进行教育研究的重要途径。

第一节　撰写教育教学论文的意义

教育教学论文是教育研究的结晶，撰写教育教学论文不仅在科学地总结一个阶段的研究工作，更重要的是向教育工作者乃至整个教育行业提供教育研究信息，交流传播最新的研究成果，推动教育科学发展，丰富教育理论宝库，改进教育实践工作。撰写教育教学论文，是一个深化科研成果和发展科研成果的过程，在撰写科研论文过程中，对实验研究过程所取得的大量材料进行去粗取精，实现由感性认识向理性认识的飞跃和升华，使研究活动得到深化，使人们的认识得到深化。具体而言，撰写教育教学论文有以下三个方面的意义：

对于研究者来说，撰写教育教学论文可以加深他们对教育教学理论知识的理解，锻炼其分析能力和表达能力。撰写教育教学论文需要对整个教育研究过程进行高度地概括和科学地总结，提炼新的教学观点，揭示新的教学规律，因此，使研究者能够进一步深化理解教育研究成果。教育教学论文的撰写是一个严密的思维过程，需要一定的分析、综合、抽象、概括能力，要求有准确运用语言文字的能力和技巧，有助于锻炼研究者的思维能力和表达能力。

对于广大一线教师来说，撰写教育教学论文可以提高自身的素质和科研能力，通过撰写教育教学论文，既可以加深对教育教学理论知识的认识，又可以通过经验的总结提高自己的教育水平和科研能力。通过理论与实践的相结合，提高教师的工作效能，进一步优化教育教学实践，提高教学质量。

对于教育本身来说，教育研究过程是获得直接经验的过程，这种经过精心设计、精心探索而获得的直接经验，不仅对直接参加者来说是十分宝贵的，而且对于所有教育工作者，对于整个教育事业都是十分宝贵的。首先，通过论文成果的展示进一步揭示了教育教学的规律，同时，对教育教学问题进行系统地、深刻地概括与总结，推动了教育教学的科学化进程；其次，有利于积极的教育教学思想的传播，促进教学方法的推广与普及。

对于教育实践来说，教育教学论文成果的展示有利于推动教育改革，提高教育教学质量。学习和掌握现代基本的教育教学理论，可减少教学实践的盲目性。一方面，有利于提高教育的教学质量，优化教育实践；另一方面，给学校数学教育教学活动提供了宝贵的建议。

第二节　教育教学论文的基本类型和基本要求

一、论文的类型

根据研究的特点、层次和水平可将数学教育教学论文分为研讨性教育教学论文、经验性教育教学论文、报告性教育教学论文、实证性教育教学论文、评述性教育教学论文。

1. 研讨性教育教学论文

研讨性教育教学论文是针对教育理论或教育实践中存在的主要问题或出现的新现象、新矛盾而进行专题分析、探讨，从理论和实践的结合上，提出自己的见解或相应的解决措施的理论性文章。这种类型的教育教学论文，着重于发现问题的本质，分析问题的原因，以及提出解决问题的措施。从近几年的发展趋势来看，经验性教育教学论文逐步在向研讨性教育教学论文发展，即论文的性质，既具有经验性教育教学论文的特性，又具有研讨性教育教学论文的特性。

2. 经验性教育教学论文

经验性教育教学论文是一线教育工作者尤其是广大教师中最常见的论文类型，它主要是将自己在教育教学实践中获得的经验、体会，进行分析、概括、抽象、提炼，由感性认识上升到理性认识而撰写的文章。经验性教育教学论文根植于实践，是第一手材料提炼后的思考。其要点是在总结、选择、经验、论证经验的基础上，把收获最大的一点、体会认识最深的一点、做法最有成效的一点，抓住其本质，进行思考和发掘，上升到理论的高度，形成自己独特的观点。并在经过论证之后，使原有“经验”转化为具有概括性、独创性、理论性的论文。经验性教育教学论文也是属于实证性教育教学论文的一种，但经验性教育教学论文与调查性教育教学论文、实验性教育教学论文等实证性教育教学论文相比，无论是写作方法，还是其学术价值都有很大的差别，因此，应将经验性教育教学论文单独分类。

3. 报告性教育教学论文

报告性教育教学论文是指描述并阐述教育实践中某一体系、模式等具体项目的构建的理论性文章。这种实证性教育教学论文，并不是指以调查方法获得的数据及典型事实而撰写的调查报告类论文，一般是以实证性教育教学论文的方式表达其成果。报告性教育教学论文也属于实证性教育教学论文的一种类型，但与调查实证性教育教学论文、实验实证性教育教学论文差异较大，因此，报告性教育教学论文应单独归为一类。报告性教育教学论文与经验性教育教学论文有相似之处，都是教育实践中的做法，但报告性教育教学论文除了做法外，还要探讨有关的理论问题。报告性教育教学论文一般多为学校教育教学管理和教学一线教师进行实践探索性课题研究成果的理论概括和理论阐释。

4. 实证性教育教学论文

实证性教育教学论文是以定量分析验证理论性假设的理论性文章。包括调查实证性教育教学论文和实验实证性教育教学论文。调查实证性教育教学论文是对教育活动出现的新情况、新问题进行调查研究的成果而表达出来的正确反映客观事物、揭示客观规律的理论性文章。调查实证性教育教学论文不是调查情况的罗列、材料的拼凑，而是揭示教育现象的主要矛盾和最本质的东西，是对材料的加工、提炼，同时在分析原因的基础上提出解决问题的看法或对策。

5. 述评性教育教学论文

述评性教育教学论文包括综述性教育教学论文与评析性教育教学论文。它是在归纳总结别人在某一学术问题或某一研究领域中已有的研究成果的基础上，进一步加以分析、评析，进而发表自己见解的一种论文，包括读后感、对新理论和新观点的阐述。在表现形态方面，它有述有评，述评结合，述评并重。述评类教育教学论文的价值既在述，又在评。它既要客观、公正地介绍、引述别人的研究成果，又要站在学科前沿的高度评价别人的研究成果。一篇优秀的述评，既要客观、公正、准确地介绍某一领域、某一课题在一定时段内的研究进程、主要成果、存在的问题，同时又要有高屋建瓴的精到评价。如果只有别人研究成果的介绍而没有自己独到精辟的见解，只有述而没有评，那就是一般的信息介绍或综述文章，不能称为述评文章。

二、数学教育教学论文的基本要求

数学教育教学论文是否有意义，取决于它的质量，为了保证教育科研成果表述的质量，必须遵循以下几个特点。

1. 科学性

科学性是科学研究成果的生命所在。数学教育科研成果的表述必须观点正确，材料可靠，论证要以事实为依据，无论是阐述因果关系、问题的利弊和价值、结论的实用性和可行性，都必须从事实出发。推理要合乎逻辑，不可无根据地臆断。

2. 规范性

数学教育科研成果的表述虽无定法，但有常规可循。在撰写数学教育科研论文时，要按照一定的格式，遵循最基本的规范要求。写作之前要有明确的计划和提纲，要根据研究的结构特点和逻辑顺序，研究课题的任务和内容，来考虑表述的形式和表述的方式。

3. 创造性

创造性是衡量数学教育科研成果质量水平高低的重要依据。凡别人没有提出过的理论、概念、教学新方案，新的实验方法，别人没有观察到的现象，以及在实验和调查中第一次获得的新的数据等，都应视为创造性的研究成果。

4. 可读性

为了便于传播和交流，数学教育科研成果表述的语言必须精确、通俗，在不损害规范性的前提下，尽可能使用简洁的语言；不得故弄玄虚，滥用专门的名词术语。切忌带个人色彩，以个人的好恶、习惯进行表述。一般不采用比喻、拟人、夸张等修辞手法；不可把日常概念当作科学概念，不宜采用口头述语的文字。一篇高质量的论文，不仅要有创见，也要讲究辞章，达到科学与文学、科学与美学的最佳结合。

三、数学教学论文选题和写作的基本要求

数学教学论文的选题，应该以丰富的实践体会和材料积累为基础。数学教师要积极进行教学实践活动，进行教学研究或学科研究工作，这是数学教育论文写作取之不尽、用之不竭的重要源泉。

1. 逐步积累，探索挖掘

在教学实践活动中，教师常会涌现许多心得体会。上了一堂成功的课，解决了教材研究中的一个疑难问题，帮助一个学生取得某些进步，都能使我们感到欢悦。有些教师坚持写教学日记，及时记下一时之得，一孔之见，日积月累，整理思索，前后对比，他们可能会欣喜地发现，自己在教学上逐步成熟，从中也可能会悟出许多教学的道理，某个科研课题或成果雏形可能就会从中产生。如果能运用数学教育的有关原理，使之升华提高，他们就在科学研究的征途上迈开坚实的一步。有些教师经常制作学生的学习档案，记录班内被研究的学生的学习行为，学生在数学学习中的表现，所存在的问题，教师对他们的帮助，学生取得的进步等。把上述经验情况加以整理，很可能从中取得学生学习的精彩个案。

学生的学习状况，数学教育的有关规律，是客观存在的事实，如果我们积极进行调查研究，这些规律就得以挖掘，对教师和学生都可能有很大的参考价值。例如，广东教育学院苏式冬教授，广东省教育厅徐勇副教授，对数学慢生的思维障碍进行了卓有成效的研究，慢生的数学思维有何特点？如何帮助慢生排除思维障碍？他们在调查研究或实验研究的基础上进行了深入的论述。又如，数学优生应该具备哪些思维品质？华南师范

大学傅学顺在长期的研究探索的基础上，发表了许多精彩的见解。

2. 更新理念，与时俱进

选题要注意审时度势，正确把握大方向。所提的课题，应该符合当前国家教育改革的精神，应该抓住数学课程和教学的重点、热点问题。论文应该符合国家数学课程的理念，应该反映国家学科教学改革的精神，应该对读者具有正面引导意义。例如，化解素质教育与应试教育的矛盾，让广大师生摆脱题海战术的困扰，真正做到主动、生动的学习，就是广大师生渴望解决的问题。有人提出，为了减轻学生的学习负担，数学的内容需要精简；也有人认为，和发达国家相比，我国中小学课程的内容陈旧，知识面窄，应该予以拓广和更新。如何既能使我国学生数学基础扎实，视野宽广，又能减轻学生负担，使之学习生动活泼？这是很有挑战性的问题。

例 1　一篇题为《整合数学教学内容》的论文

论文在介绍作者的教学经验后说，经过作者对教学内容的整合，提高了数学教学的效率，原有高中三年的教学内容，现在一年半就完成了。作者应该反思，这种过早学完高中课程内容的做法，是否存在什么利弊呢？一年半学完教材之后，应该引导学生干什么？过早结束高中数学内容的教学，任意延长复习备考的时间，是片面强调应试教育的结果，这正是我们当前所反对的。

例 2　一篇题为《强化课堂训练，进行数学教学改革初探》的论文

关键词：强化，训练，提高，大量练，重复练，局部练，重点练

论文提出所谓强化课堂训练的理论根据是：通过重复练，将书本的知识化为自己的知识，在练习中掌握每一节课的基础知识；通过大量练，将基础知识上升为自己的技能；通过局部练、重点练，使学生掌握上课内容的重点和难点，并上升为自己的能力。文章所主张的强化课堂训练，事实上就是题海战术，或者称为机械性练习。论文的题目与论点，都与当前数学教学改革的理念相对立。因此，在该论文的答辩中，专家们建议作者更新教学理念，做到与时俱进。

3. 注重实际，扬长避短

选题要注意扬长避短，充分认识和利用自己的优势，从而增大成功的把握。在实践中经常遇到的问题，个人体会较深的问题，可以在选题时优先考虑。数学教学第一线的教师，其优势在于对教材内容和对学生实际有深入的了解，有充分的机会进行教学研究。另外，数学教师教学工作繁忙，理论学习时间不足，缺乏信息与资料，理论研究的条件相对较弱。因此，我们建议，开始入门进行研究的教师，不妨以具体的教学问题作为突破口。

数学教育工作者选取科研课题，应该量力而行。一般地说，刚开始学习搞科研的教师，所选的课题宜小不宜大，宜具体不宜抽象。具体的课题容易切入，小口子的课题容易论述透彻。如果论题过大，写作时往往分散精力，又显得力不从心。教师所选取的课题，大多应该与个人教学研究工作相关，应该符合个人实际，应该力所能及。

开展课题的研究，研究人必须有机会了解被研究的对象。例如，研究数学教学改革，就应该有机会参加教学实践；研究学生的数学学习心理，就应该有充分机会接触学生；从事数学教育的比较研究，就应该有机会了解被比较的双方。

例 3　一篇论文的开题：职中数学非线性主干循环活动型教学实验研究

笔者曾问及开题报告的作者，什么是“非线性主干循环活动型教学”？可惜的是，开题报告的作者对“非线性主干循环活动型教学”的内涵一无所知，在这种情况下，怎能进行深入的实验研究？如果勉强进行写作，其结果只能是别人成果的翻版。

例 4　一篇题为《在系统论和建构主义指导下进行教学改革》的论文

我们认为，该课题的主持人必须对系统论与建构主义有比较深入的了解，如果作者自己对课题的基本理念尚且一知半解，又怎能利用这些理论指导教学改革呢。一些在数学教学研究刚刚入门的同志，有时存在着好高骛远、求多求全的毛病。选题时左一个“模式”，右一个“主义”，我们并不反对在论文中使用这些词语，只是建议作者在使用前深入研读文献，切莫误用或滥用。

第三节　数学教育教学论文的写作

一、论文写作的基本过程

素材是撰写论文的基本材料，要写出优秀的论文，还要对素材进行合理选取，恰当组织，细致加工，反复修改。论文的撰写要注意以下方面。

1. 构思拟纲，整体把握

这个阶段的任务是：根据论文题目，确定论文的中心思想与结构，思考论文的主要展开顺序，设计论文的段落安排。换句话来说，就是定思路，拟大纲。定思路就是为论文设计蓝图；拟大纲，就是为论文搭架子。这件工作完成后，就如同盖房子已经搭好了骨架，完成了基础的工程。这个阶段的工作包括以下要素：①确定论文的中心思想。②确定论文的主要论点及其排列顺序。③提出每个论点的主要论据及其展开的层次。④研究各个论点对论题的支撑作用。⑤思考首尾之间的呼应，论点间的相互配合。一般来说，为了说明论文的中心思想，除了需要基本论点之外，每个基本论点往往需要若干分论点支撑，分论点有时又需要若干个小论点支撑，论点之间必须相容，它们共同构成论文的说理体系。

例 5　一篇题为《初中生数学理解障碍研究》的论文稿

论文用以下六节阐述作者对数学理解障碍的研究成果：第一节，研究数学理解的意义和背景；第二节，对数学理解和理解障碍的基本认识；第三节，“数学理解”的过程要素及“理解障碍”的生成机制；第四节，初中生“数学理解情况”的现状调查；第五节，初中生的数学理解障碍的分析；第六节，克服学生的数学理解障碍的教学对策。以上各节的论点，围绕着论题展开，一环紧扣一环，共同构成紧密的说理体系。

2. 独立见解，以我为主

论文的取材，应该主要来自作者本人的研究工作。为了说明某些观点，论文有时需要引用一些外校、外地甚至外国的材料，但是，作者本人的劳动成果，应该在论文的取材中占主导地位。为了说明某个观点，如果国内的材料与国外的材料有同样的说服力，则应该首先使用国内的材料，如果校内、校外的材料有同样的说服力，则应该首先使用校内的材料。特别是文章应该尽可能使用作者本人在教学研究中的材料。

对于在实验中积累的经验材料，需要进行理论升华；在调查研究或实验研究所得的素材，需要利用数学教育理论予以指导，并且努力揭示隐藏在日常数学教育现象中的规律性。对于已有的理论成果，我们要敢于质疑，必要时做出更正与补充，发展或引申。总之，数学教育论文的基本内容，应该凝聚作者数学教育研究的心血，应该反映作者对问题较深刻的体会。我们认为，对别人的材料随手捡来，予以剪取，甚至大段抄袭，是应该坚决反对的。

3. 扣紧学科，凸显个性

数学学科教育研究的论文，应该扣紧学科教学的内容，注意凸显数学教学的个性。一些数学教育研究的论文，只论述一般教育的共性，缺乏论述数学学科教育的个性，这种论文可以考虑在一般教育的刊物上发表，不宜在数学教育的刊物上发表。

例 6　一篇论文题为《山区初中数学教学成绩滞后的原因及对策》

论文在谈到山区初中数学教学成绩滞后的原因时指出：①师资缺乏、配置不当、流动性大。②教学观念与教学手段相对落后，教学方法与时代脱节。③教师缺乏小学教学经验，不了解小学生学习特点。④山区学生素质差。论文指出了山区学生成绩较差的一般原因，并未指出学校数学教学有何不当。作者应该思考，为什么在同样的客观条件下，有些学校的数学教学效果较好呢，本校本地的数学教学还有什么需要改进呢？

例 7　一篇题为《帮助差生提高数学学习》的论文

论文指出提高差生数学水平的措施是：①通过调查与家访，弄清学习障碍产生的原因。②加强辅导，消除学习的困难。③多方鼓励，树立学习的信心。④动之以情，师生相互信任。以上只从教育的角度帮助差生提高，诚然，我们需要这方面的经验。但是，数学教师更有责任结合学科的特点，帮助学生改进数学学习，这是数学教育研究的重要课题。

4. 抓紧时机，注重质量

一些数学教育的论文具有很强的时间性。重要的数学教育研究成果，应该力求尽早发表，以扩大它在数学教育研究中的影响力。为了保证质量，需要对文稿仔细思考，反复修改，力求规范，以对读者负责。例如，每年高考的试卷分析和试题评价论文，应该在次年高考前发表，否则难以引起广大师生的注意。又如，我国著名的组合数学家陆家曦先生对斯坦纳系列问题最早取得世界领先的成果，但由于未能及时在世界范围内发表，使得同一成果的领先权为外国学者所属，这是我国数学研究成果的一大憾事。

论文的取材应该富有时代感，并且体现创新精神。论文的材料应该反映当代数学教育的新鲜事物，如计算机、计算器在数学教学中的应用，开放性问题的设计研究，高考综合科考试及其对策研究，初中、高中数学课程标准的讨论与实验研究等。论文的材料，应该反映作者对论题的独到见解和体会，对于人所共知的经验和材料，应该尽量少用甚至不用，一些不得不使用的旧观点、旧材料，也应该力求采用新颖的阐述角度和方法。

二、数学教育教学论文的结构

由于数学教育教学论文的性质、题材、对象的不同，在结构、体制与写作的方法、技巧上有所差异，但就其共性而言，它主要由以下几个主要部分组成。

1．题目

题目又称标题、总题目，它是论文的窗户。论文的题目应既能概括整个论文的中心内容，把握论文的基本论点和立意，又能引人注目，使得读者由此可以初步预料有无阅读的价值。因此，题目用词要求确切、恰当、鲜明、精炼，且一般不超过 20 个字。如果有些细节必须放进标题，为避免冗长，可以分成主标题和副标题，主标题写得简明，将细节放在副标题里。

2．署名

论文完成后，一般须在论文上签署作者的真实姓名，这样既表示作者文责自负的认真态度，又反映研究成果的归属，也表示作者对论文所拥有的版权。署名是以是否直接参加全部或主要工作，能否对研究工作负责，是否作出较大贡献为衡量标准。因此，通常以贡献大小的先后次序为标准作署名的顺序。

3．摘要

摘要，是论文内容不加注释和评论的简短陈述，它是论文基本思想的缩影，可作为论文的简要介绍。数学教育教学论文的摘要，是对教育教学研究内容的高度概括，摘要应包括对问题及研究目的的描述、对使用的方法和研究过程进行的简要介绍、对研究结论的简要概括等内容。通过阅读摘要，读者应该能够对数学教育教学论文的研究方法及结论有一个整体性的了解，因此摘要的写法应力求精确简明。对于摘要的写作要求是：①文字应完整、准确、简练。一般不超过 300 字。②必须对原文作客观介绍，一般不加评论。③要独立成文。表达要完整，使其可独立使用。④切忌写成全文的提纲，尤其要避免“第 1 章……；第 2 章……；”这样的或类似的陈述方式。

4．关键词

关键词，一般是从文献的标题以及摘要、正文中抽取出来的，它是对表述文献主题内容具有实际意义的词汇，作为标引文献主题内容特征的语言。因为这些具有实际意义的词汇对能否检索到该篇文献起着关键性的作用，故称为关键词。它是适应目录索引编制过程自动化的需要而产生的，在计算机情报检索中有着广泛的应用。关键词是未经规范化处理或者只作少量规范化处理的自然语言，应尽量采用《汉语主题词表》，而不用冠词、介词、连词、代词、感叹词、某些副词、某些动词、某些形容词，某些缺乏检索意义的名词等。近年来，很多刊物要求提供关键词 3～8 个，要求另起一行，排在摘要之后的左下方。

5．前言

前言又称引言、序言、绪论，它是论文的开场白，一般包括课题研究背景、研究目的以及研究这一课题的实际意义和价值。这部分占比例较小，起简介作用。在撰写时，要遵循以下几个方面：第一，要开门见山，直接切入主题，不要过于过渡和铺垫；第二，措词精当，言简意赅，内容选择不要过于细致、琐碎，文字要简洁、明确、具体，篇幅不要太长。特别要注意实事求是，用词谨慎，恰如其分，不要夸张。

前言的内容一般包括：①选题提出的缘由和重要性。②对本课题已有研究情况的评述。即介绍前人研究的进展和存在问题情况以及有什么分歧等。③本课题研究的目的，采用什么方法、手段，计划解决什么问题，在学术上有什么意义和价值。

前言和摘要，虽然所写内容大体相同，但仍有很大区别。其主要区别在于：①摘要是独立于文章之外，即使没有，也不影响论文的质量；而前言是论文的开头部分，不可缺少。②摘要一般要写得高度概括简略，前言则可稍长一些。③摘要内的某些内容和结论意见，可以作笼统的表述，而前言中所有内容则必须具体明确表达。④摘要不写选题的缘由，而前言要明确交代。⑤在文字上，一般情况是前言多于摘要。

6．正文

论文的正文是整篇论文的主体和核心，这部分占论文的绝大部分篇幅，它体现教育教学论文的质量和学术水平的高低。正文部分必须对研究内容进行全面的阐述和论证，这里包括课题的提出、对问题解决的设想、研究过程（研究中出现的问题及解决问题的方法、手段）、主要数据，以及所形成的观点和理论。论文中的论点、论据和论证，都要在正文中得到充分的展示。为了使论述具有条理性，正文部分一般都划分为若干小节，各部分之间要有明确的逻辑关系，而且各部分层次分明、脉络清晰，要注意段与段之间的过渡衔接，如果内容多，可加小标题，也可使用由大到小的不同序码。

正文部分撰写的基本要求是：有材料，有观点，有论述；概念清晰，论点明确，论据充分，论证严密，合乎逻辖，无科学性差错；叙述条理应清楚，文字通顺流畅，能用准确、鲜明、生动的词句和语言来表达。

7．结论

结论部分是整篇论文的归结，它集中反映了作者的研究成果，表达作者对所研究课题的见解和主张，对全篇论文起着画龙点睛的作用。使读者仅通过结论，就能对论文有概括了解，掌握其核心思想，从而初步判定这篇论文的价值。结论部分可以概述自己研究了什么问题，有什么成果，对存在问题是怎样进行深入研究的，还有什么问题尚待解决等。结论必须起到总结全文、深化主题、揭示规律的作用。同时要求结论部分的撰写必须十分谨慎，措词要严谨，逻辑要严密，语句要明确，前后要呼应，文字要简明具体。

有一些论文通过叙述后，感到还有些问题需要与读者讨论交流，这时可用讨论式结尾。讨论式结尾也没有固定格式，通常可以包括：由研究结果来回答引言中提出的问题；把研究结果与别人已有的同类研究结果进行比较，提出可供深入研究的问题；提出对某一数学命题的猜想、推测；对一些数学问题、教育教学问题提出不确定的看法，以及提出本课题研究中存在的问题等。

8．参考文献

参考文献是指作者在撰写论文的过程中所引用的图书资料，包括参阅或直接引用的材料、数据、论点等。参考文献中也包括一些必须在论文中注明出处的内容，如中外书籍、期刊、学术报告、学位论文、科技报告、专利、技术标准等。参考文献是学术论文的根系，是学术论文不可或缺的组成部分。参考文献能反映相关学术研究的基础和现状，直接而全面地反映前人的研究方法和成果。在文章的最后注明写作论文时所参考的文献；引用别人原话或原文时还需注明出处，这反映出作者严肃认真的科学态度，体现出论文的科学依据，作者尊重前人和别人研究成果的高尚文风，同时还向读者或同行提供研究同类问题可以参阅的一些文献或资料，提高论文的可信度。

9．附录

附录是指因内容太多、篇幅太长而不便于写入论文，但又必须向读者交代清楚的一些重要材料，主要是因为有些内容意犹未尽，列入正文中撰写又恐影响主体突出，为此在论文的最后部分用补充附录的方法进行弥补。主要包括有关座谈会提纲、问卷表格、测试题与评分标准、各类图表等。

三、撰写数学教育教学论文的基本步骤

1．选题

对自己所写的文章，是属于理论探讨方面，教材教法方面，解题方法技巧方面，是教学经验总结方面，还是争鸣、综述方面，所阐述问题的深度和广度等，作者首先要心中有数，具有明确的目的性和主题。不论选择什么论题，都要求要有一定的前瞻性，即在某一领域具有领先位置，同时具有指导性，即能给读者以启迪和教诲，或引起思考、研究和商榷，甚至引起学术大讨论。

选题要从教学理论和教学实际出发，选题的大小，题材的深度、广度要恰当，并一定要有新的思想、新的观点或方法。在通常情况下，题域越窄，涉及的内容范围越小，越容易把问题讲清楚、道明白[①]。特别对工作任务重，时间、精力、资料都受局限的中小学教师，更适宜于撰写内容集中、结构单纯、篇幅短小的论文。否则，题域过宽，文题过大，就只好面面俱到，拉杂冗长，例证说不清楚，道理讲不明白，结果事与愿违。对基层的一线教师来说选题切忌太大，忌好高骛远，对年轻教师来讲选题最好单一，切口要小，论述要精准专业，最好结合教学实践，避免选一些与自己专业岗位无关的大题、

① 艾合买提·艾买提．论中小学教师撰写教育教学论文的能力[J]．新疆教育学院学报，2016，22（4）：38-41．

泛题、滥题①。

2. 收集资料

在确定论文主题之后，就要开始收集与该论题相关的资料，包括期刊、杂志、图书等。首先要博览群书，充分占有材料。在充分阅读的前提下，熟悉选题所在领域的研究状况和发展趋势，能够充分把握该研究领域的动态，做到成竹在胸。随着网络技术的普及，网上查询既方便又快捷，能够在浩瀚的网络资源，如中国知网、中国学术期刊网、图书馆期刊等书海中打捞出自己需要的内容。搜集资料既要搜集对自己有利的材料，也要搜集与自己所选题目不利甚至相悖的材料，对不利的材料进行推究，洞察其中的矛盾所在。只有这样才能确定自己所选题目是否具有科学性、指导性和可论证性，从而达到以理为据，让读者折服。

3. 拟定题目，确定论点

在收集大量相关主题的文献资料之后，就要着手拟定标题，确定论文的论点。当中心论点确立后，就可以从中心论点出发，决定材料的取舍，合理呈现和使用相关文献。论文的标题具有激发阅读兴趣、揭示主题思想、圈定研究范围、明确研究问题的作用。标题制作要达到诱读和导读的效果，要能够反映文章的主要内容。在拟定标题时要注意以下两点：首先是贴切，题目要切合论文的内容，能够表达论文的中心思想和核心问题；其次是精练，做到引人入胜；题目宜小不宜大，因为一个大题目，往往写不深，出现蜻蜓点水现象；题目字数宜少不宜多。

4. 起草论文提纲

编制论文提纲是论文写作中一项重要的基础性工作，有了好的题目后，必须对通篇内容作一番精心设计，无论是中心思想、篇章结构、内容表达层次等，都要缜密考虑，先列出大纲，再补充为详细的提纲。提纲可以明晰论文总体结构，有效指导组织资料，分清写作重点和难点，梳理论文逻辑脉络②。

5. 立纲、执笔

撰写论文是整个教育教学研究中最重要的一个过程，具有一定的方法技巧，也是一个文字功夫的问题。首先要将内容、结构布局好，这与写普通文章一样，先要拟定一个写作提纲，使其结构严谨，层次分明，具有科学性和逻辑性。在所列提纲的基础上，借助科学的教育教学理论和数学教学实践中出现的教学现象，经过整理、分析、概括、总结，并参考他人的研究成果，来阐述自己的观点。在具体写作过程中，需要对事先编拟的提纲做些修改与补充也是常有的，但是编拟提纲却是不可少的，一旦拟订好提纲，组织好素材，在时间允许的情况下，就要进行“热加工”，就是抓紧时间一鼓作气写下去。

其次，要注意各类文章的特点。例如，理论性文章，最好要能确定大小标题，叙述

---

① 熊义勇. 教育教学论文写作“四要”[J]. 江西教育，2009，(7-8B)：7-11.

② 吴举宏. 教育教学论文写作的一般方法[J]. 辽宁教育，2013，10：12-15.

上力求论点明确，论据充分；经验方面的文章，所提供的经验体会应力求具体明确，有可信度，便于别人借鉴；教材分析方面的文章，应有比较，提出改进意见或值得深入研究的课题等。

论文的写作要做到观点新、角度新和结论新，切忌东拼西凑、改头换面或通篇照搬。论文的撰写要注重内在逻辑结构，材料和论题之间要具有一定的逻辑推断关系，一般来说，简单的论文正文和题目就是一个简单的逻辑推理，结构相对复杂的论文正文可能由多个逻辑推理组成，每一小推理，推出一个小论题，最后形成一篇理论层次和含金量较高的论文大篇。

6. 修改、定稿

修改，是文章初稿完成后的一个加工过程，它包括对论文文字的修改，材料的核实，科学性的推敲等。论文初稿形成后，作者应从头至尾反复地阅读，逐字逐句地推敲，审核文中的论点是否明确，论据是否充分，论证是否合理，结构是否严谨，计算是否有误差等。

一篇好的数学教育教学论文，应该是既有好的数学内容，又有好的文字表达。因此，文字功夫对数学论文来说也很重要。数学论文，贵在朴实，少用浮词，免得冲淡文章的中心。文字应通俗易懂，简明扼要，一般以三五千字左右为宜。叙述应准确简练，表达完整规范，特别是中心内容一定要阐述透彻清楚。此外，书写规范，用标准简化字，题号、表号、图号、图形、标点要正确，字迹要工整、清晰，最好用计算机打印在专用稿纸上。

这里书写格式（数、式）尤为重要。很多初学者书写都不合要求，希望多从一些经典著作和正式刊物中发表的论文得到启发，对于改动部分不宜乱画乱涂，最好重抄或进行适当贴补。对于原稿中的附图，最好用绘图机正式绘制；如没有条件，也可采用传统的办法，即用描图纸以 1∶2 的比例绘制正式附图，并贴上相应的文字或字母，以便印刷制版用。

修改是一项细致的工作，只有对文稿反复推敲，才能堵塞一些漏洞，消灭不应有的错误。初稿写成之后，如有条件，可在一定范围内征求意见，请有经验的同志审阅或请同行从不同角度提出修改意见，再行过细修改。如一时没有条件，也可先将写好的文稿进行“冷处理”，即放上几天，然后再拿出来自行修改定稿。这样容易发现问题，并且修改也较顺手。只有经过反复修改加工，文章的质量才会不断提高，这对初学者来说尤为重要。

【范文 1】

初中数学新老教师课堂教学语言比较研究

叶立军　李 燕　斯海霞

（杭州师范大学 理学院，浙江 杭州 310016）

摘　要： 教师的教学语言影响着课堂教学的质量. 基于课堂视频分析六堂数学课中新老教师教学语言使用的异同. 研究发现教师课堂教学语言有以下特点：（1）新老教师都较注重教学语言的使用，总体上以询问语言、肯定式语言和表情式语言为主；（2）新教师使用较多教学语言，但不敢对学生放手，老教师善于使用教学语言引导学生思考；（3）新老教师在新授课和应用课各教学环节中教学语言的使用分布存在差异. 研究同时得到如下启示：（1）老教师可适当精简课堂教学语言，多留一些时间给学生；（2）新教师需合理设计教学环节，加强对学生需求的关注与认识；（3）师范院校应加强在校师范生的教学语言训练，为就业做好准备.

关键词： 教学语言；视频案例；新老教师；数学

中图分类号：G420　文献标识码：A　文章编号：1004－9894（2015）04－0040－04

1 研究背景

语言是一种工具和载体. 通过语言，人们可以进行思想交流、信息传播. 语言更是教师从事教学工作的重要手段，是教师教学的基本功和必要修养. 苏霍姆林斯基认为“教师高度的语言修养，在很大程度上决定着学生在课堂上脑力劳动的效率，教师的语言——是一种什么也代替不了的影响学生心灵的工具”[1,2]. 教师向学生授业解惑的主要工具是语言，学生理解和接受的知识也主要来自教师的语言，课堂教学语言是教师在课堂教学中向学生传递信息的核心手段，课堂教学要顺利地开展，有效地进行师生间信息的传递、情感的交流和沟通，完成教学任务，实现教学目标，很大程度上取决于教师的教学语言[3]. 在教学中，教师驾驭语言能力的高低，对教学效果有着直接的影响.

2 研究目的

主要从语言学角度研究课堂教学中新老教师教学语言的异同以及应该如何改进使课堂教学更加有效. 研究试图通过课堂录像观察教师的教学语言并实录，根据语言学对教师教学语言进行分类，并对课堂实录进行量化分析，得出课堂教学中新老教师教学语言的异同，最后根据研究结果进行讨论并给出相关建议.

3 研究过程

课题借鉴 TIMSS Video Study 的录像编码和视频案例研究，采用录像分析的研究方法，具体分析如下[4~7]：

第一步，拍摄课堂录像，并与师生交流，收集相关的背景资料.

第二步，做 6 堂课的课堂实录，实录内容包括整堂课中师生的所有教学活动，然后对照录像和实录记录下每个教学活动的起止时间.

第三步，根据语言学对教师的教学语言进行分类. 统计出每节课中教师各种教学语言发生的次数和相应的时间；并且统计出在各个教学环节中各种教学语言发生的种类和次数. 每堂课的课堂统计需分两次进行，先根据分类定义进行初次统计，然后再初次统计基础上检查分类是否合理，对于把握不准的分类情况，与研究组成员、老师一起讨论，再最终决定分类[8,9].

3.1 研究对象的选择

研究对象来自研究者所在学校的 3 所实验基地学校，它们分别是杭州 C 中学、杭州 Y 中学和杭州 Q 中学.

研究者所在研究团队已在这些实验基地进行了为期一年的实验活动，有摄像机拍摄的听评课活动便是其中的一项，因此师生都已经适应了摄像机拍摄，所拍摄课均属于常态课. 研究者从这 3 所实验学校中各选择了两位积极参与听评课活动的数学老师作为研究对象. 为排除课型差异、课堂内容的差异带来的干扰，研究选择教师时遵循了以下原则：第一，每个学校各选一位新教师和老教师，共3位新教师和3位老教师；第二，每个学校所选择的两位教师的授课内容相同，即同课异构；第三，3组教师授课类型不同，分别为应用课、新课、复习课.

3.2 数据编码和分析

（1）新老教师定义.

对于新老教师，目前没有统一的界定，研究者都根据自己的理解来进行界定. 此研究借鉴已有的界定方法，采用以下3项标准作为斟选老教师的依据：一是教龄达到十年以上，二是获得教学荣誉或具备中学高级职称，三是在所任教的学校或者地区具有较好的教学业绩和教学口碑. 本研究中挑选的新教师是本科师范院校毕业、且工作在1~3年的教师[10,11].

（2）数据分析.

为便于统计分析，研究者对6位教师及其课堂教学内容进行了编码.

T1.T3.T5 分别表示来自杭州C中学、杭州Y中学和杭州Q中学的3位老教师，她们都为具有15年以上教学经验、有高级职称的数学教师，其所带班级学生成绩处于校年级较好水平；T2.T4.T6 分别表示来自杭州C中学、杭州Y中学和杭州Q中学的教学经验不足3年的新教师，她们有新的教学理念，工作认真，所带班级学生成绩处于校年级一般水平. 教师 T1.T2 授课内容是《因式分解的简单应用》（浙教版数学七年级下册第六章第四节），为应用课，分别编码为 L1(T1)，L2(T2)；教师 T3.T4 授课内容为《分式 2》（浙教版数学七年级下册第七章第一节第二课时），为新授课，分别编码为 L3(T3)，L4(T4)；教师 T5.T6 授课内容则为《三角形的性质》（浙教版数学七年级下册第一章）的复习，为复习课，分别编码为 L5(T5)，L6(T6)（表1）.

（3）教师课堂教学语言类型.

为了研究言语行为，首先应该对言语行为进行分类，而分类的基础是语句所表示出的说话人意向，因此所谓言语行为的分类就是意向行为的分类. 根据语言学可以将言语行为分为：① 肯定式行为（包含陈述、认定、断言）；② 承诺式行为（含许诺、保证）；③ 祈使行为（包含请求、命令等）；④ 询问行为；⑤ 表情式行为；⑥ 宣告式行为.

据此，可将数学教师课堂教学语言分为以下几种：

① 肯定式语言（包含陈述、认定、断言）：就内容或步骤提供事实或见解；表达教师自己的观念，提出教师自己的解释，或者引述别人的看法. 对事实的陈述，把肯定的内容纳入师生双方的视野中.

② 承诺式语言（含许诺、保证）：师生双方打算做某件事.

③ 祈使语言（包含请求、命令等）：期望学生能够完成教师的愿望.

④ 询问语言：以教师的意见或想法为基础，询问学生有关内容或步骤，期待学生会回答.

⑤ 表情式语言：接受或利用学生的想法，澄清适当扩大或发展学生所提出的意见或想法.

⑥ 宣告式语言：表扬或鼓励，对学生的语言、动作或行为进行表扬或鼓励[12].

4 研究结果及分析

在视频研究的基础上，分析了新授课、应用课及复习课中新老教师课堂教学语言的异同，主要研究如下.

4.1 新老教师都较注重教学语言的使用并总体上以询问语言及肯定式语言和表情式语言为主

对 6 堂数学课的教学视频进行实录、时间统计、分类，针对分类的次数和时间再次统计后发现：教师在课堂中较注重教学语言的使用，大约占了整堂课的 50%（如表 2 所示）. 从时间统计上来看（表 2），肯定式语言（均值为 32.35%）所占时间最多，它出现的次数也仅次于询问语言（表 2），由此也验证了教师在课堂教学中的主体性，向学生传递事实或见解，保证教学的有效性. 当然这种有效性同样建立在启发引导学生进行思考的基础上，从表 2 可以看出，在所有课堂教学语言中，询问语言出现的次数最多，其所占课堂时间均值为 27.66%，仅次于肯定式语言，教师为学生提供了大量的思考机会.

表 1　6 节课教师语言种类的次数统计

语言类型	肯定	承诺	祈使	询问	表情	宣告	总次数
L1(T1)	92	12	48	84	36	4	276
L2(T2)	79	8	34	98	53	17	289
L3(T3)	34	7	39	85	56	23	244
L4(T4)	70	11	52	106	74	19	332
L5(T5)	88	6	35	114	72	20	335
L6(T6)	84	9	39	105	57	17	311
均值 1	71.33	8.33	40.67	94.33	54.67	15.67	285.00
均值 2	77.67	9.33	41.67	103.00	61.33	17.67	310.67
均值	74.50	8.83	41.17	98.67	58.00	16.67	297.83

注：均值 1 指老教师的 3 堂课的相应统计均值，下同；
均值 2 指新教师的 3 堂课的相应统计均值，下同；
均值指所有教师的 6 堂课的相应统计均值，下同.

表 2　6 节课各种教师语言所占时间百分比统计

语言类型	肯定	承诺	祈使	询问	表情	宣告	语言总时间(单位：s)	所有语言所占整堂课的比例
L1(T1)	46.96%	4.64%	10.71%	13.75%	22.57%	1.37%	1 316	48.29%
L2(T2)	39.03%	4.52%	8.63%	22.35%	19.56%	5.92%	1 217	45.67%
L3(T3)	18.27%	5.16%	14.95%	33.87%	15.63%	12.13%	1 686	61.62%
L4(T4)	27.52%	3.20%	26.70%	20.42%	11.90%	10.26%	1 344.5	46.14%
L5(T5)	29.95%	3.86%	7.93%	38.55%	16.40%	3.32%	1 476	53.40%
L6(T6)	32.37%	2.71%	7.67%	37.04%	16.09%	4.12%	1 069	39.86%
均值 1	31.73%	4.55%	11.20%	28.72%	18.20%	5.61%	1 492.67	54.44%
均值 2	32.97%	3.48%	14.33%	26.60%	15.85%	6.77%	1 210.17	43.89%
均值	32.35%	4.02%	12.77%	27.66%	17.03%	6.19%	1 351.42	49.16%

从新老教师的比较上来看，首先，新教师使用肯定式语言的平均次数和时间百分比都高于老教师（表 1 中 77.67>71.33，表 2 中 32.97%>31.73%），新老师更倾向于向学生表达自己的观点，进行解释，但这种差异并不大．其次，虽然老教师使用询问式语言、表情式语言的平均次数比新教师少（表 1 中 94.33<103.00，54.67<61.33），但相应使用的时间百分比却高于新教师（表 2 中 28.72%>26.60%），这表明老教师每次分配在引导、评价学生回答的时间较多，其善于利用学生的想法，在学生回答的基础上进一步追问，从而加深学生的理解，拓展他们的思路．

4.2 新教师使用较多教学语言不敢放手于学生而老教师善于使用教学语言引导学生思考

按照上课的课型，研究者将课分成了新授课、例题课和复习课 3 类．这里选择了两节新授课、两节例题课和两节复习课．由表 1，表 2 可以看出，在新授课和例题课课堂中，老教师使用的语言总次数比新教师使用语言的总次数少．尤其是在新授课中，新老教师语言次数差别较大，其中，新教师 T4 教龄最短，但她的话语最多．结合课堂录像分析发现，新教师在新授课中特别注意新知识的传授，总怕讲不明白，怕学生会听不懂，不敢放手学生，什么事情都是自己在做，从而导致话语较多．教师的话语多，会容易导致满堂灌的现象，使学生不能自主地思考．在例题课中，新老教师差别不是很大，新老教师使用的宣告式语言多．

在复习课中，老教师的语言次数（表 1 中 335>311）和时间百分比（53.40%>39.86%）多于新教师，尤其是在询问语言和表情式语言中．在复习课中，学生在教师的引导下，对所学知识进行梳理、整合，即使分散的知识系统化，形成较为完整的知识体系，利于学生对知识的掌握．在此两节复习课中，两位教师都比较注意引导提问，但是在实录中发现，新教师 T6 每当发现学生的思维不正确时，常出现简单否定学生的错误思路，或者再次重复提问该问题的现象，再次引导比较少．而老教师 T5 则善于抓住学生的思维，顺势引导，无论学生的回答是否正确，都会耐心听完，然后提供信息引导学生思考、再次回答．

在课堂教学中，教师作为主导者，如何在学生最近发展区内适时引导，最大程度激发学生思考是新教师需要改进的地方．为了更好地探寻新老教师在不同教学环节中教学语言的使用情况，同时考虑到复习课教学环节设置较少，且与新授课、应用课中的教学环节差异较大，研究者下面将对新授课 L3(T3)，L4(T4)、应用课 L1(T1)，L2(T2)分教学环节进行深入分析．

4.3 新老教师在新授课和应用课各教学环节中教学语言的使用分布存在差异

对于每一堂新授课，研究者根据教师的上课程序，将一堂课分成了 6 个教学环节：复习旧知、引入新知、讲解新知、例题讲解、练习和课堂小结．由表 3 可看出：第一，无论是在哪个教学环节，各位教师使用询问语言和表情式语言的频率最高；第二，教师在练习环节使用教学语言最频繁，其次是讲解新知环节，具体地，在新授课和应用课中，老教师在讲解新知环节使用教学语言的次数高于新教师，而在练习环节则低于新教师；第三，老教师在新授课和应用课中，6 个教学环节都有经历，而新教师 T2 在应用课 L2(T2)中没有对上一节课的内容进行回顾，这不利于上节课跟本节课的衔接，新教师 T4 在新授课 L4(T4)中没有课堂小结，这不利于学生对本节课的知识点进行巩固；第四，新教师 T4 在 L4(T4)中在复习旧知时使用了较多的话语，比讲解新知环节的语言次数多 48 次，复习旧知固然重要，但在新授课中若复习旧知比重过多，新知讲解过少，基于讲解例题、安排练习，并不利于学生新知识的理解、掌握.

表 3　各教学环节中教学语言的分配

			语言类型						
	调查对象	教学环节	肯定	承诺	祈使	询问	表情	宣告	总计
应用课	L1(T1)	复习旧知	5	2	0	4	2	0	13
		引入新知	0	1	0	0	0	0	1
		讲解新知	24	1	5	32	15	1	78
		例题讲解	17	1	0	1	5	0	24
		练习	39	5	39	34	14	3	134
		课堂小结	6	1	3	2	0	0	12
	L2(T2)	复习旧知	0	0	0	0	0	0	0
		引入新知	1	0	0	4	3	0	8
		讲解新知	9	1	6	19	8	2	45
		例题讲解	9	0	1	13	8	1	32
		练习	49	6	20	45	25	11	156
		课堂小结	10	1	6	17	9	3	46
新授课	L3(T3)	复习旧知	2	0	2	7	2	3	16
		引入新知	1	0	1	5	1	0	8
		讲解新知	9	1	9	19	19	5	62
		例题讲解	10	3	6	15	12	2	48
		练习	10	3	17	37	22	12	101
		课堂小结	1	0	3	2	0	1	7
	L4(T4)	复习旧知	16	2	10	18	19	7	72
		引入新知	4	0	4	8	3	1	20
		讲解新知	4	1	2	5	9	3	24
		例题讲解	15	3	3	27	18	4	70
		练习	3	5	33	48	24	4	117
		课堂小结	0	0	0	0	0	0	0

5 思考与建议

通过上述对新老教师课堂教学语言情况进行的比较分析，对新老教师的数学课堂教学提出下面几点建议.

5.1 老教师可适当精简课堂教学语言，多留一些时间给学生

从上述有关教学语言的分析可知，教师仍是当前的课堂教学的主导，其中教师询问语言、肯定式语言和表情式语言占据大量课堂教学的时间. 尤其是老教师，其教学语言所占课堂总时间的百分比均值为 54.44%，高于新教师 10%左右. 老教师若能更加精简其教学语言，可将更多的课堂时间交给学生去思考知识、探究问题.

5.2 新教师需合理设计教学环节，加强对学生需求的关注与认识

新教师相比老教师更倾向于向学生表达自己的观点，进行解释，尤其是在新授课中，

新教师（如 T4）常出现怕学生不明白，因而多讲，不敢放手于学生的现象．与此类似地，新教师在引导、评价学生回答，利用学生应答进行追问上所用的时间较少．新教师更多地关注于自身的教，而无法很好地关注到学生的学，要改善这一情况，新教师除了要建立对学生学习能力的自信心，同时也再需通过各种途径多了解学生的学习情况，如此才能有的放矢，提高教学效率．此外，上述分析也发现新教师的课堂教学中存在应用课中缺少复习旧知环节，新授课中缺少课堂小结环节，而这两个环节分别对于应用课与新授课都十分重要，新教师应根据上课内容合理设计教学环节、分配各环节教学时间．

5.3 师范院校加强在校师范生的语言训练，为就业做好准备

上述分析发现新教师的教学掌控、教学语言使用情况都存在一些问题，对于在校师范生，课堂教学语言存在的问题势必更多．因此，教师教学语言能力的加强除了通过教师职后培训，自我学习等途径提高之外，还需要师范院校在培养师范生时进行加强．师范院校在重视其学科专业知识的同时，加强包括课堂教学语言培训在内的教学技能培养，为其就业做好准备．

参 考 文 献

[1] 刘元宗，胡灵敏．数学教学语言的艺术修养[J]．郑州航空工业管理学院学报（社会科学版），2001，20（2）：17.

[2] 陈涵平．教师言语美[M]．广州：中山大学出版社，2004.

[3] 李如密．中学课堂教学艺术[M]．北京：高等教育出版社，2009.

[4] 白改平，韩龙淑．专家型—熟手型数学教师课堂提问能力的个案比较研究[J]．数学教育学报，2011，20（4）：16-19.

[5] 斯海霞，叶立军．基于视频案例下初中数学课堂学生参与度分析[J]．数学教育学报，2011，20（4）：10-12.

[6] 斯海霞，叶立军．新老教师数学抽象概括教学差异的比较研究[J]．数学教育学报，2010，19（6）：53-55.

[7] 叶立军，胡琴竹，斯海霞．录像分析背景下的代数课堂教学提问研究[J]．数学教育学报，2010，19（3）：32-34.

[8] 叶立军，李燕．基于录像分析背景下的初中统计课堂教学提问研究[J]．数学教育学报，2011，20（5）：52-54.

[9] 叶立军，斯海霞．基于录像分析背景下的代数课堂教学提问研究[J]．教育理论与实践，2010，（3）：41-43.

[10] Ruth M Allen，Renee M Casbergue. Evolution of Novice through Expert Teachers' Recall [DB/OL]．http:// www.eric.ed.gov /PDFS/ ED383681．pdf：1995.

[11] 晏鸽．新老教师课堂教学评议的差异及其对专业发展的指向[J]．武汉职业技术学院学报，2009，（2）：76-78.

[12] 华劭．语言经纬[M]．北京：商务印书馆，2003.

Comparative Study of the New and Experienced Teachers' Differences about Their Language of Instruction in the Mathematics Classroom

YE Li-jun LI Yan SI Hai-xia

（College of Mathematics, Hangzhou Normal University, Zhejiang Hangzhou 310016, China）

Abstract: The quality of instructive language has a direct impact on the quality of classroom teaching, which restricts the level of teaching efficiency. By using the recording and quantitative analysis of six videos, we classified the teachers' language of instruction in mathematics classroom and also analysis the language of instruction in the different teaching process. The results after the analysis as follows: (1) teachers pay more attention to the use of teaching language and in general they mainly use query language, affirmative language and expression language; (2) the new teachers used much more instructive language than experienced teachers and they are afraid to let the students talk freely; (3) In the different teaching process, there are some differences in the distribution of instructive language among the new and experienced teachers' new and applicative lesson. Based on the analyze results of videos, we suggest that: (1) the experienced teachers need to simplify the language of instruction and give students more time to learn by themselves; (2) the new teachers need to design the teaching process better and give more attention to students; (3) the Normal University or College need to intensify prospective teaches' instructive language training.

Key words: instructive language; video case; mathematics; new and experienced teacher

【范文 2】

中美几何教材比较研究
——基于《三角形全等的条件》教材内容

叶立军　斯海霞

（杭州师范大学，浙江　杭州　310018）

摘要： 教材是课程实施的载体，各国教材能体现其课程实施情况. 基于《三角形全等的条件》的教材内容，从宏观和微观角度比较分析中美几何教材的异同点，得到以下启示：教材编排应具有连贯性，中国教材起点比美国高；教材编排所呈现的思维水平周期性地由浅入深；教材设计应注重让学生体验知识产生过程并理解知识系统化、公理化.

关键词： 中美；几何教材；宏观；微观

为了适应快速发展的科学技术和社会文化，从 20 世纪初开始，在全球范围内掀起了中小学课程教育改革热潮. 数学作为基础课程，其课程改革首当其冲. 教材作为落实课程教学目标的载体，是各国最重要的教育投入之一，从而成为课程改革的重点. 其编排内容、形式在很大程度上反映了各国课程教学的理念、目标、国家文化等.

许多研究者[1]认为，教材比较不仅可以反映各国课程异同，同时也能在很大程度上解释在国际比较中学生数学成就的差异. “他山之石，可以攻玉”，虽然各国社会结构、文化传统有所不同，但由于数学学科本身具有较强的稳定性、延续性，各国的数学教材有许多相通之处. 比较数学教材，有利于各国取长补短，更好地为本国数学课程改革服务[2].

我国中小学课程改革实施已有十余年，数学课程内容进行了大量的调整，其中对“平面几何”的过度消减，引起数学家的强烈反对[3]. 本研究基于《三角形全等的条件》教材内容，通过建立教材比较模型，对中美两国几何教材进行比较，探寻两国几何教材的异同点，希望能为即将进行的新一轮数学课程改革提供参考.

一、教学几何教材比较模型

考虑到教材整体编排顺序及各知识点的展开方式，我们从宏观和微观两个角度出发建立模型.

1. 宏观分析

宏观分析是指将某块几何内容从整体上的编排顺序及对应年级这两个维度分析. 每

个知识点从这两个维度出发，都可构成一个二维坐标点 $P(X,Y)$. X 表示编排顺序，Y 表示对应年级.

首先，对两种教材某块几何内容的中心知识点进行一一对应，找出与该中心知识点相关的其他几何内容；其次，对已有的所有知识点进行编码赋值；最后，根据得到的两列有序二维点，在平面直角坐标中画图，得到两条折线. 通过比较这两条折线的异同，比较两种教材在某块知识点宏观角度分析的异同点.

2. 微观分析

微观分析是指对宏观分析中每个知识点，从知识的思维水平、知识的呈现方式、知识的背景这三个维度进行深度分析，即对该知识点的每个片段都从三个维度进行编码赋值（表 1）.

表 1　微观分析框架

比较维度	分类	定义	赋值
知识的思维水平	直观性水平	整体地认识几何对象. 需要学习者依据几何图形的外表来认识、命名、比较和画出这些图形	1
	描述性水平	通过几何性质认识几何对象.（性质、公理） 要求学习者依据经验确立图形的性质和使用这些性质解决问题	2
	理论性水平	利用演绎推理证明几何关系. 要求学习者能运用“如果—那么”思想，并由此进行逻辑推理、证明	3
知识的呈现方式	知识导入	教材中作为新知识导入的部分	1
	知识体验	知识探索、合作学习、动手操作部分	2
	知识表征	教材中的性质、公理、证明	3
	知识应用——介绍	新知识的应用，只是介绍	4
	知识应用——例题	教材中的例题	5
	知识应用——练习	教材中的课内练习	6
	知识拓展	对于新知识的拓展应用	7
知识的背景	生活背景	知识背景来源于实际生活；日常生活、学习用具；游戏	1
	文化背景	知识背景来源于社会文化、风俗等	2
	科学背景	知识背景丁科技、及其他学科有关	3
	数学背景	知识背景只与数学自身体系有关	4

由于两国教材中习题差别太大，另作单独分析，方法类似.

三个维度赋值说明：

（1）知识的思维水平是根据范希尔几何三个思维水平[4].

（2）知识的呈现方式赋值.

几何学是研究现实世界中物体的形状、大小与位置关系的数学学科，人们通常采用直观感知、操作确认、思辨论证、度量计算等方法认识和探索几何图形及其性质[5]. 结合教材知识呈现的内容，我们将知识呈现方式表示为知识导入（直观感知）、知识体验（操作确认）、知识表征（思辨论证）、知识应用（度量计算）和知识拓展. 其中知识应用包括讲解、例题、练习三个方面，具体赋值如表 1.

（3）知识背景赋值.

弗兰登塔尔倡导的“数学现实”是指数学来源于现实社会，同时应该运用于社会生活. 这种理念影响着各国的数学课程教育改革，并在很大程度上反映在数学教材上. 虽然数学具有广泛的应用性，但本质上是思想材料的形式化抽象. 数学知识的获得，主要通过思想上的实验，进行紧张的思维活动[6]，因此，我们认为数学知识背景中数学自身知识体系是相对比较重要的，在赋值时，将其赋值为 4.

生活实际是人们接触最直接的背景，因此将其赋值为 1.

作为观念形态的社会文化，如哲学、宗教、艺术、政治思想和法律思想、伦理道德等，都是一定社会经济和政治的反映，并又给社会的经济、政治等各方面以巨大的影响作用，它与实际生活紧密相连，是对实际生活的一种提炼，因此将其赋值为 2.

科学知识背景是指与科技及其他学科相关的知识，虽然不是数学知识体系，但各科知识紧密相连，亦为形式化抽象，将其赋值为 3.

二、中美几何教材比较结果

本研究比较教材的内容是以《三角形全等的条件》为中心的相关知识点. 中国教材为浙教版初中数学教材，美国教材为 Prentice Hall 出版的几何数学教材.

1. 宏观分析

对中美教材中《三角形全等的条件》相关知识点的整理见表 2.

表 2　教材《三角形全等的条件》相关知识点整理

序号（X）	中国教材内容	授课时间（Y）	美国教材内容	授课时间（Y）
1	认识三角形	7.512		
2	三角形性质	7.536		
3	全等三角形	7.548	全等图形	9.262
4	三角形全等的条件	7.560	三角形全等的条件	9.286
5	作三角形	7.571	全等三角形的应用	9.298
6	等腰和等边三角形	8.112	等腰和等边三角形	9.310
7	直角三角形全等的判定	8.143	直角三角形全等	9.321
8			组合三角形中三角形全等	9.333

表 2 中整数部分表示授课年级（用数字 1 至 12 表示），每册教材时长为 0.5.小数部分 0.0 ~ 0.5 表示知识点在上册教材，大于 0.5 的表示在下册教材.

具体算法举例说明：如中国教材“三角形全等的条件”选自七年级下册第一章第五节. 该册教材共七章，每章平均时间为 $\frac{0.5}{7}$，第一章共六节，第五节的授课时间为 $7+0.5+\frac{0.5}{7\times 6}\times 5\approx 7.560$.

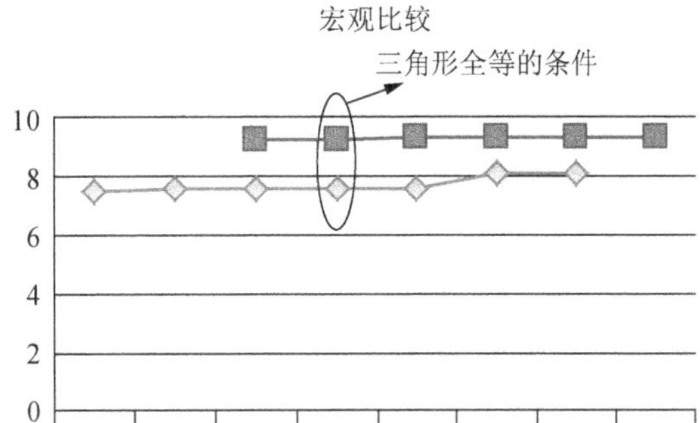

	1	2	3	4	5	6	7	8
中授课时间	7.512	7.536	7.548	7.560	7.571	8.112	8.143	
美授课时间			9.262	9.286	9.298	9.310	9.321	9.333

图 1　教材《三角形全等的条件》相关知识点折线图

从表 2 和图 1 可以看出以下几点.

（1）教材安排时间、梯度不同

在讲解三角形全等这一块知识点时，虽然美国教材比中国教材晚一些，但美国教材安排内容比较集中，几乎没有时间梯度，而中国教材在第五个点和第六个点之间有较长的间隔．这体现了中国教材中知识点编排螺旋式上升的设计.

（2）中美教材内容侧重点不同

从表 2 可以看出，中国教材在接受《三角形全等的条件》这一块内容是侧重“三角形”，而美国教材则侧重“全等”.

（3）美国教材更注重知识的应用

虽然两国教材都介绍了三角形全等在一些特殊三角形（如等腰三角形、直角三角形）中全等的条件. 但美国教材更注重三角形全等条件的应用，因为它除了介绍特殊三角形，还介绍了三角形全等在组合三角形中的应用.

2. 微观分析

微观分析是指对中美教材中相同的知识点展开深入分析，这里以《三角形全等的条件》这一节为例．微观分析的主要结果如下.

（1）各思维水平相关性分析

我们按照教材呈现的知识点的自然编排顺序，对每个知识点从三个维度进行编码，再用 SPSS 软件对这三个维度进行两两相关性检测．检测结果（表 3，表 4）显示：中美教材中思维水平和知识呈现的 pearson 相关系数分别是 0.696，0.630．Sig.(2-tailed)双尾 t 检验值均为 0.000<0.01．这表明两变量正相关，且相关性非常显著．而其他几个维度之间相关性都不显著.

表 3　中国教材各维度相关性比较

		思维水平	知识呈现	知识背景
思维水平	Pearson 相关性	1	0.696**	0.002
	显著性（双侧）		0.000	0.994
	N	27	27	27
知识呈现	Pearson 相关性	0.696**	1	−0.128
	显著性（双侧）	0.000		0.526
	N	27	27	27
知识背景	Pearson 相关性	0.002	−0.128	1
	显著性（双侧）	0.994	0.526	
	N	27	27	27

表 4　美国教材三维度相关性

		思维水平	知识呈现	知识背景
思维水平	Pearson 相关性	1	0.630**	−0.088
	显著性（双侧）		0.000	0.628
	N	33	33	33
知识呈现	Pearson 相关性	0.630**	1	−0.024
	显著性（双侧）	0.000		0.893
	N	33	33	33
知识背景	Pearson 相关性	−0.088	−0.024	1
	显著性（双侧）	0.628	0.893	
	N	33	33	33

（2）从整体上比较各知识呈现过程的思维水平和知识背景

从图 2 和图 3 可以看出，中国教材中三种思维水平出现百分比呈稳步上升趋势，美国教材则明显注重知识理论性思维水平.

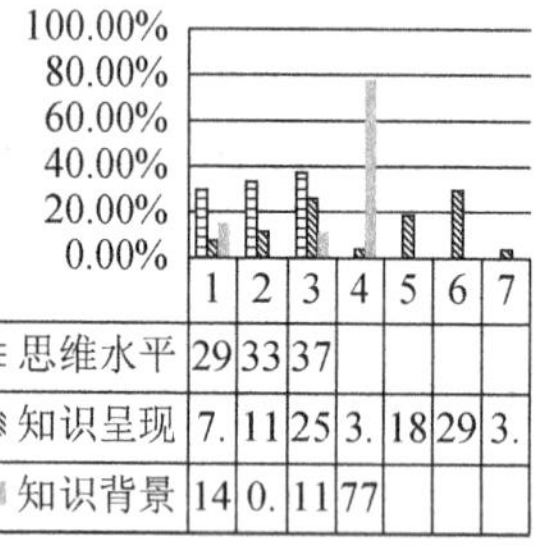

	1	2	3	4	5	6	7
思维水平	29	33	37				
知识呈现	7.	11	25	3.	18	29	3.
知识背景	14	0.	11	77			

图 2　中国教材微观三个维度分析条形图

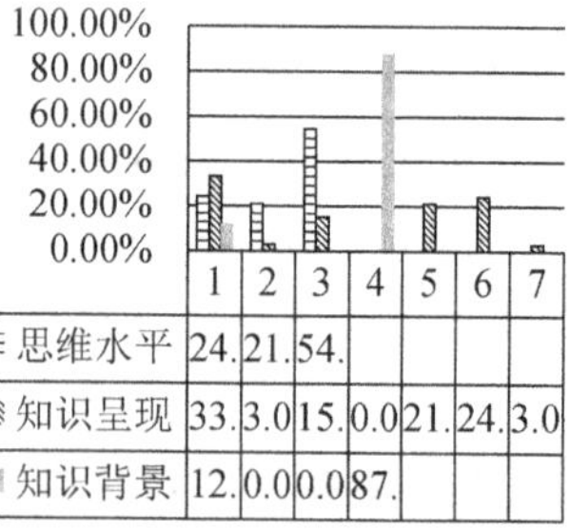

	1	2	3	4	5	6	7
思维水平	24.	21.	54.				
知识呈现	33.	3.0	15.	0.0	21.	24.	3.0
知识背景	12.	0.0	0.0	87.			

图 3　美国教材微观三个维度分析条形图

在知识呈现方面，美国教材比中国教材更注重知识的引入，且以复习相关旧知的方式进入新知，而中国则是通过介绍与实际生活相关的材料或旧知进行导入知识(图 4). 中国教材在引入新知后，会适当介绍其在现实生活中的应用，但美国教材在引出新知后变直接开始新知的应用. 虽然两国教材中都出现了知识拓展环节，但其出现的位置（图 4，图 5）与内容不同，中国教材中知识拓展主要是在本节末，介绍新知在智力游戏中的应用，而美国教材则是在引出三角形全等条件 SSS 后，介绍“公理”．这里值得注意的是对于三角形全等的四个条件，中国教材将其视为一般性结论，美国教材则明确其为数学公理，并解释“公理”．

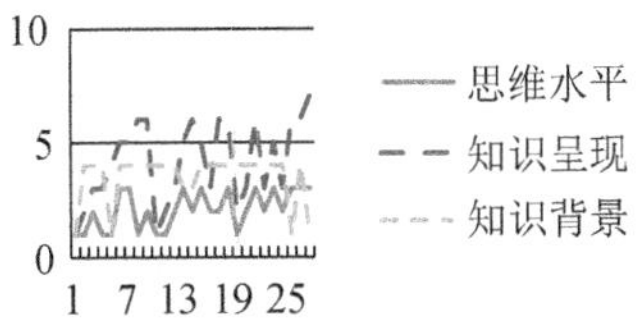

图 4　中国教材微观三个维度分析折线图

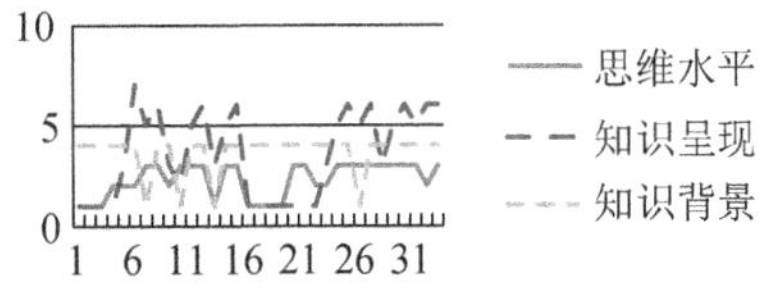

图 5　美国教材微观三个维度分析折线图

在知识背景方面，中美两国教材都注重知识的数学背景，尤其是美国教材，而中国教材比美国教材更重视在介绍知识的生活背景、社会文化背景．

（3）两国各对应维度折线的波动次数，波动程度比较（图 6）

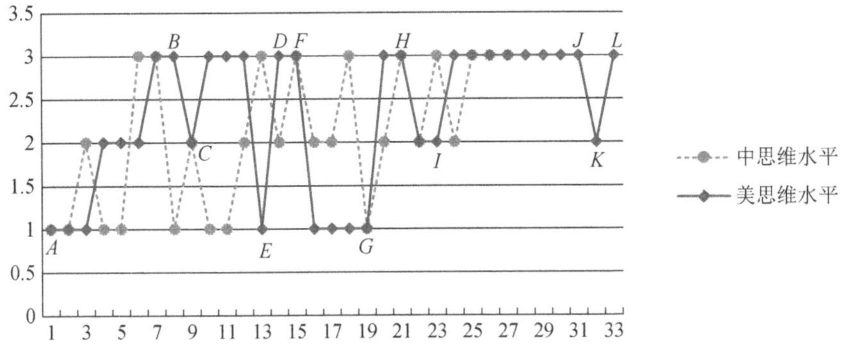

图 6　两国思维水平

定义波动：以起始点—最高点—最低点为一个波动．以美国思维水平折线为例，该折线主要有 $A—B—C$，$C—D—E$，$E—F—G$，$G—H—I$，$I—J—K$，$K—L$ 这 6 个波动．这里需要说明的是，最后一个波动 $K—L$，虽然它没有下降的变化，但为了易于比较，仍将其作为一个波动（表 5）．

表 5　中美三微观维度分析折线图波动数

维度	中国	美国
思维水平	9	6
知识呈现	6	7
知识背景	4	4

为了解各维度的波动情况，研究计算了各维度波动周期的方差均值和各维度方差（表 6）．

表 6　各维度波动周期的方差均值和各维度方差

	思维水平		知识呈现		知识背景	
	中	美	中	美	中	美
各波动方差均值	0.401	0.495	2.439	2.440	1.433	1.016
方差	0.661	0.696	3.040	4.547	1.139	0.959

从表 5 可以看出，中国教材在思维水平周期性循环比美国多，但从表 6 又说明其波动程度小于美国，因为中国教材在思维水平维度两类方差值都小于美国（0.401<0.495, 0.661<0.696）.

中国教材在知识呈现维度周期循环比美国少，且整体波动性比美国小，尤其是从总体上看（3.04<4.547）.从表 5 和表 6 可以看出，在知识背景维度，中国教材周期性循环与美国教材相等，但中国教材波动程度比美国大.

三、教材分析启示

1. 教材编排具有连贯性，中国教材起点比美国高

教材是教学活动的蓝本，它必须是连贯的、重点突出的[7]，从比较中发现，两国教材在这一章内容的设计虽然侧重点不同，美国教材侧重“全等”的概念、证明及应用，而中国教材重点则是“三角形性质”. 但其各节知识都是连贯的，美国教材以“全等”为中心展开，中国教材以“三角形性质”为中心展开，与三角形全等相关的等腰三角形和直角三角形内容在八年级上册介绍. 这里值得注意的是，中国教材中《三角形全等的条件》属于七年级，美国教材中则属于九年级，虽然相同的内容，美国教材比中国教材出现迟，但从知识整体编排可以看出，它对学习者的要求同样也更高. 中国教材中三角形初步知识的一块内容，从整体上看对学习者要求相对较低. 因此，两国教材这一章节中虽然都有《三角形全等的条件》，但其整体知识单元对学习者要求不同，教材体现了以学生为本的编排理念，充分考虑了学生的现有认知现状和学习水平.

2. 教材编排所呈现的思维水平周期性地由浅入深

通过对各维度进行相关性检测发现，两国教材《三角形全等的条件》内容中，思维水平与知识呈现方式呈显著性正相关. 其他维度之间相关性不显著. 这表明，中美两国教材的编排，随着知识呈现按导入、体验、表征、应用等顺序展开，知识点的思维水平都在逐渐上升，两者之间的相关性十分显著，这体现了两国教材由浅入深编排方式. 同时，比较亦发现两国教材三个维度都呈周期性波动，其中思维水平的波动周期性最大，美国教材在思维水平波动周期又比中国频繁，且波动时差异性更大. 从这可以看出，中美两国教材编排的思维水平呈周期性由浅入深，且美国周期性表现更明显. 学习是一个循序渐进的过程，教材作为学习的主要材料，其所呈现的知识思维水平亦逐渐递增.

3. 教材设计应注重让学生体验知识产生过程并理解知识系统化、公理化

在比较中，我们发现，中国教材设计中采用让学生动手画图的合作学习的形式，以一般性结论引出各个三角形全等的条件. 在合作学习过程中，学生可以通过画图并比较画出的三角形，观察其是否能够重合，从而得出一般性结论——三角形全等的条件. 而美国教材则是直接以公理的形式给出三角形全等的条件，并说明何为公理，公理的性

质．在例题和习题中，中国教材也注意让学生动手操作进行画图，而美国教材则没有．一直以来，美国中小学数学教学都被理解为是宽而浅，中国教材是窄而深，但从比较结果来看，并非如此，两国教材针对不同年龄层次的学生，设计了不同的知识展开方式，美国教材虽然在思维水平和知识呈现方面波动程度比中国大，但其理论性思维水平所占比例高于中国，且其知识应用题更多地来自数学背景，它比中国更注重逻辑推理，且在证明过程使用到结构框图，帮助教材使用者理解前后逻辑关系．让学生体验知识产生的过程，并接受知识系统化、公理化训练都是数学教学不可缺少的两部分，教材编制者在设计教材时，需要结合学生实际认知水平和数学自身特点，平衡两者关系．

参考文献

[1] Li，Y.（2000）. A comparison of problems that follow selected content presentations in American and Chinese mathematicst extbooks[J]. Journal for Research in Mathematics Education，31，234-241.

[2] 鲍建生．追求卓越：从 TIMSS 看影响学生数学成就的因素[M]．上海：上海教育出版社，2003．12：1.

[3] 张奠宙，宋乃庆．60 年数学教育的重大论争[J]．人民教育，2009（18）：54.

[4] 鲍建生，周超．数学学习的心理基础与过程．上海：上海教育出版社，2009．10：5.

[5] 普通高中数学课程标准（实验）[M]．北京：人民教育出版社，2003：20.

[6] 张奠宙．数学教育学[M]．南昌：江西教育出版社，1997：12.

[7] 全美数学教师理事会．美国学校数学教育的原则和标准[M]．蔡金法等译．北京：人民教育出版社，2004：12.

思考题

1．撰写教育教学论文的意义何在？

2．教育教学论文的基本类型有哪些？撰写的基本要求有哪些？

3．数学教育教学论文写作的基本过程是什么？

4．数学教育教学论文结构有哪些？

附　　录

国家标准 GB7713—87

根据国家标准 GB7713—87 的要求，一般撰写论文的构成应为：

（1）封面
（2）中文摘要
（3）英文摘要
（4）关键词
（5）目录
（6）前言、引言、绪论
（7）正文
（8）结论
（9）致谢
（10）参考文献
（11）附录 A（可选）
（12）附录 B（可选）

封面

标题、署名

标题：应是整个论文总体内容的体现，要引人注目，力求简短，严格控制在 20 字以内，符合学术性文体的要求、符合高职学生的层次特点、符合高职应用性的要求。

要求：使用学校提供统一格式的封面。

摘要和关键词

摘要应说明研究工作的目的、方法、成果和结论，要突出本论文的新见解，语言精练。摘要应具有独立性和自含性，即不阅读报告、论文的全文，就能获得必要的信息。关键词要便于检索。中文摘要 200 字左右。

要求：

中文内容摘要和关键词：另起一页。中文名称的“内容摘要”用小 2 号黑体加粗，居中，其内容另起一行用小 4 号宋体（1.5 倍行距），每段起首空两格，回行顶格；中文名称的“关键词”另起一行用小 4 号黑体加粗，内容用小 4 号黑体，一般不超过 8 个词，词间空一格。

英文内容摘要和关键词：另起一页。英文“内容提要”项目名称规定为“Abstract”，用小 2 号 Times New Roman 字体加粗，居中，其内容另起一行用小 4 号 Times New Roman 字体，标点符号用英文形式；英文“关键词”另起一行，项目名称规定为“Key words”，用小 4 号 Times New Roman 字体加粗，顶格，其内容接“Key words”后空一格，用小 4 号 Times New Roman 字体加粗，词间用分号“；”隔开。

目录

要求：另起一页。“目录”项目名称用小 2 号黑体加粗，顶部居中；内容另起一行用小 4 号宋体。

引言(或绪论)

简要说明研究工作的目的、范围、相关领域的前人工作和知识空白、理论基础和分析、研究设想、研究方法和实验设计、预期结果和意义等。应言简意赅，不要与摘要雷同，不要成为摘要的注释。为了反映出作者确已掌握了坚实的基础理论和系统的专门知识，具有开阔的科学视野，对研究方案作了充分论证，因此，有关历史回顾和前人工作的综合评述，以及理论分析等，可以单独成章，用足够的文字叙述。

主要章节的介绍

要求：项目名称用小 2 号黑体加粗，居中；内容另起一行用小 4 号宋体。每段起首空两格，回行顶格。

正文部分

问题、论点的提出、背景

问题、案例的分析，方法、工具选用、理论综述、过程、步骤的描述问题的解决思路，策略、建议、实施的方法，创新观点、方法等。

可以包括：调查对象、实验和观测方法、仪器设备、材料原料、实验和观测结果、计算方法和编程原理、数据资料、经过加工整理的图表、形成的论点和导出的结论等。

案例、重视实施对象、环境、文化、结构、过程的介绍、重视图、表的表达训练，包括曲线图、构造图、示意图、图解、框图、流程图、记录图、布置图、地图、照片、数据表、饼图等。严禁抄袭，雷同，老师必须提出要求，学生必须书面文字承诺不准 200 字以上原样摘抄，学院将组织进行网上搜索，提倡有标注的引用，每篇论文至少有 5 个权威的引用，提倡对参考书目的引用，对教科书的引用，对相关理论的引用；提倡有网上若干硕士论文作参考，重视应用单位、实践实习单位的组织结构、管理、文化背景和特色的介绍，论文要有独特材料、独特视野。

要求：

正文：另起一页。

(1) 毕业论文标题用小 2 号黑体加粗，顶部居中排列，上下各空一行；

(2) 文字统一用 5 号宋体，每段起首空两格，回行顶格，多倍行距，设置值为 1.25；

(3) 正文文中标题：

一级标题：标题序号为“一、”，用小 4 号宋体加粗，独占行，末尾不加标点；

二级标题：标题序号为“(一)”，用 5 号宋体加粗，独占行，末尾不加标点；

三级标题：标题序号为“1.”，用 5 号宋体加粗，若独占行，则末尾不加标点；若不独占行，标题后面须加句号；

四级标题：标题序号为“(1)”，用 5 号宋体，其余要求与三级标题相同；

五级标题：标题序号为“①”，用 5 号宋体，其余要求与三级标题相同。

注意：每级标题的下一级标题应各自连续编号。

结论

一个归纳：做了哪些工作

论证什么观点，提出什么建议、方法、策略，有什么新意、创新、价值、成果，还指出课题研究中所存在的不足，哪些要进一步研究的工作。不要发号召，喊口号，不是作报告。

要求：另起一页。项目名称用小 2 号黑体加粗，居中；内容另起一行用小 4 号宋体。每段起首空两格，回行顶格。

致谢

要求：另起一页。“致谢”项目名称用小 2 号黑体加粗，致谢内容另起一行空两格用小 4 号宋体编排，回行顶格。

参考文献

参考文献（即引文出处）的类型以单字母方式标识：

M——专著

C——论文集

N——报纸文章

J——期刊文章

D——学位论文

R——报告

S——标准

P——专利

对于不属于上述的文献类型，采用字母“Z”标识。参考文献一律置于文末。其基本格式如下：

（一）专著示例

[1] 张志建．严复思想研究[M]．桂林：广西师范大学出版社，1989.

[2] [英]蔼理士．性心理学[M]．潘光旦译注．北京：商务印书馆，1997.

（二）论文集示例

[1] 伍蠡甫．西方文论选[C]．上海：上海译文出版社，1979.

[2] 别林斯基．论俄国中篇小说和果戈理君的中篇小说[A]．伍蠡甫．西方文论选：下册[C]．上海：上海译文出版社，1979.

凡引专著的页码，加圆括号置于文中序号之后。

（三）报纸文章示例

[1] 李大伦．经济全球化的重要性[N]．光明日报，1998-12-27，（3）.

（四）期刊文章示例

[1] 郭英德．元明文学史观散论[J]．北京师范大学学报（社会科学版），1995（3）.

（五）学位论文示例

[1] 刘伟．汉字不同视觉识别方式的理论和实证研究[D]．北京：北京师范大学心理

系，1998.

（六）报告示例

[1] 白秀水，刘敢，任保平．西安金融、人才、技术三大要素市场培育与发展研究[R]. 西安：陕西师范大学西北经济发展研究中心，1998.

主要参考文献的格式如下（其中空格、标点照写）：

1. 连续出版物：作者．文题[J]．刊名，年，卷（期）：起始页码-终止页码.

2. 专著（或译著）：作者．书名[M]．译者．出版地：出版者，出版年.

3. 论文集：作者．文题[A]．编者．文集[C]．出版地：出版者，出版年.

4. 学位论文：作者．文题[D]．所在城市：保存单位，年.

5. 专利文献：申请者．专利名[P]．国名及专利号，发布日期.

6. 技术标准：技术标准代号．技术标准名称[S].

7. 技术报告：作者．文题[R]．报告代码及编号，地名：责任单位，年份.

8. 报纸文章：作者．文题[N]．报纸名，出版日期（版次）.

9. 在线文献（电子公告）：作者．文题[EB/OL]．http://…，日期.

10. 光盘文献（数据库）：作者．文题[DB/CD]．出版地：出版者，出版日期.

11. 其他文献：作者．文题[Z]．出版地：出版者，出版日期.

要求：“参考文献”项目名称用小 4 号黑体加粗，在正文或附录后面空两行顶格排列；参考文献内容另起一行顶格用 5 号仿宋体排列，序号用“[1]、[2]……”的形式编排，引用著作和引用文章时的注文顺序同注释。

附录（根据需要）

要求：“附录”项目名称用小 4 号黑体，在正文后面空两行顶格排列，附录内容另起一行顶格用 5 号仿宋体排列，内容编排参考正文。

其他格式要求

表格：正文或附录中的表格一般包括表头、表体和表注三部分，编排的基本要求是：

（1）表头。包括表号、标题、计量单位，用小 5 号黑体（居中），在表体上方与表格线等宽编排。其中，表号居左，格式为“表 1”，全文表格连续编号；标题居中，格式为“XX 表”；计量单位居右，参考格式为“计量单位：元”。

（2）表体。表体的四周端线使用粗实线（1.5 磅），其余表线用细实线（0.5 磅）。表中数码文字一律使用小 5 号字。表格中的文字要注意上下居中对齐，数码位数也应对齐。

（3）表注。表注项文字写在表体下方，不必空行，用小 5 号宋体，按“（1）、（2）……”排列，表注的宽度不可大于表体的宽度。

插图：插图包括图片（稿）、图序和图名，文章中的插图应遵循“图随文走”和“先见文后见图”的原则，图片（稿）画面应清晰、美观，幅面大小适当，应根据内容要求和版面允许放缩至需要大小和放置于适当位置。图序及图名置于图的下方居中，使用小 5 号黑体，其中，图序居左，图名居右，如：“图 2 上海大众销量和国内市场份额演变”。全文插图按出现的先后顺序统一编序，如“图 1.图 2……”，图名以不超过 15 个汉字为宜。

数字：章中的数字，除了部分结构层次序数词、词组、惯用词、缩略语、具有修辞色彩语句中作为词素的数字、模糊数字必须使用汉字外，其他均应使用阿拉伯数字。同一文中，数字的表示方式应前后一致。

标点符号：文章中的标点符号应正确使用，忌误用、混用标点符号，中英文标点符号应加以区分。

计量单位：除特殊需要，论文中的计量单位应使用法定计量单位。

页码：毕业论文全文应连续页码，从目录开始编写页码。